国家社科基金2021年度高校思政课研究专项一般项目"增强内地高校香港学生国家认同研究"（21VSZ139）

九州文库

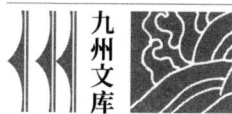

深度报道理论与实践

闫伊默 著

九州出版社
JIUZHOUPRESS

图书在版编目（CIP）数据

深度报道理论与实践 / 闫伊默著 . -- 北京：九州
出版社，2024.9. -- ISBN 978-7-5225-3394-0

Ⅰ . G222.2

中国国家版本馆 CIP 数据核字第 2024E5P700 号

深度报道理论与实践

作　　者	闫伊默　著	
责任编辑	陈春玲	
出版发行	九州出版社	
地　　址	北京市西城区阜外大街甲 35 号（100037）	
发行电话	（010）68992190/3/5/6	
网　　址	www. jiuzhoupress. com	
印　　刷	唐山才智印刷有限公司	
开　　本	710 毫米×1000 毫米　16 开	
印　　张	15	
字　　数	201 千字	
版　　次	2025 年 1 月第 1 版	
印　　次	2025 年 1 月第 1 次印刷	
书　　号	ISBN 978-7-5225-3394-0	
定　　价	95.00 元	

前　言

　　2017年10月18日，习近平总书记在党的十九大报告中指出，"经过长期努力，中国特色社会主义进入了新时代，这是我国发展新的历史方位。""我国社会主要矛盾已经转化为人民日益增长的美好生活需要和不平衡不充分的发展之间的矛盾。""必须认识到，我国社会主要矛盾的变化是关系全局的历史性变化，对党和国家工作提出了许多新要求。"①"新时代"是对当下中国的历史定位，意味着政治、经济、文化等诸多社会结构要素在全球化背景下的深刻调整，也是我国总体上由传统社会向现代社会转型进程中的新阶段。

　　基于我国区域发展不协调的历史考量和现实国情，以风险为突出特征的现代社会所蕴含的阶层分化、思想多元、矛盾频发、信任缺失、认同弱化等问题，因与全球化的现代性进程叠加而显得尤其复杂，而这恰是以呈现和建构"人们头脑中的世界图景"为职业志向的现代传媒所面临的复杂世界。

　　总体上讲，我国所有类型的媒体都承担着党、政府和人民"耳目喉舌"的重要职能。面对"社会媒介化"带来的严峻挑战，如何在新时代有效履行新闻舆论工作"高举旗帜、引领导向，围绕中心、服务

① 习近平. 决胜全面建成小康社会 夺取新时代中国特色社会主义伟大胜利：在中国共产党第十九次全国代表大会上的报告［M］. 北京：人民出版社，2017：12.

大局，团结人民、鼓舞士气，成风化人、凝心聚力，澄清谬误、明辨是非，连接中外、沟通世界"的职责和使命，成为传媒的重要考量。

深度报道是传媒的重要报道形式，但在媒介技术重构的传播生态和格局中，深度报道亟须谋求理念变革和路径转型。

从新闻业务史上看，因应时代变迁和媒介变革，深度报道实践也是"起起伏伏"，尤其是世纪之交，为应对都市媒体竞争和网络媒体挑战，报纸的深度报道实践一时"风起云涌"。但随着媒介技术迭代发展对新闻生产的重组和受众信息接收习惯的重塑，有着较大报道规模和着眼深度开掘的深度报道，似乎显得"不合时宜"，尤其是近些年来，随着媒体深度融合的强力推进，部分媒体甚至放弃了专门的深度报道业务操作。然而，道理显而易见，越是不确定性渐趋增强的时代，越需要传媒的深刻解读和思想引领。报纸如果放弃基于纸媒的深度优势而一味迎合媒介技术带来的碎片化传播，以此参与传媒竞争无疑是舍本逐末。

从现实看，著者在多年从事深度报道的实践中，深刻体会到其间的彷徨和纠结。所见、所闻、所思、所想，都绝非现有书本理论能够圆满解释的。为有源头活水来，只有深入深度报道实际运作中，才能体悟到影响其正常运行的种种"关节"所在。很明显，这些"关节"不合理论和规范，但"现实"却是顽强的。当下主流媒体之地位和社会影响力受到一定冲击和挑战，与其一味埋怨媒介技术、媒介生态和受众变化等外在因素，善于自我诘问和反思似乎才是正途。如果说本研究尚有些微可取之处，应该是其间贯穿着著者个体化实践的经验体悟和反思。

就研究内容而言，首先，著者将深度报道置于历史和时代背景下进行审视，溯其源流，并强调其价值和面临的机遇，为研究进行定位。其次，著者强调"正名"的意义，对深度报道进行了符合实际、便于操作的多元解读。现实中，缺乏对深度报道大体一致的理念和路径认知，大家都是凭着自己的理解去操作深度报道，有时凭一己之见"瞎指挥"

"乱指挥"，导致编辑记者无所适从、深度报道运行步履维艰。最后，著者结合自身实践，对深度报道选题原则和路径、深度报道采访、深度报道叙事等择要展开论述，不求全面，但求拙见能对深度报道运行有所助益。

目　录
CONTENTS

第一章

新时代背景下的深度报道

超越于新闻本体之意涵，宏观而言，新闻是时代的记录和历史的见证。不论真善美或假恶丑，理论或理想意义上的新闻，应是就人类世界演化、变幻出的万千气象而秉笔直书、"有闻必录"，旨在为人类"立此存照"。新闻文体是新闻内容组织和呈现的形式或工具，意在更好地传达、理解内容以实现特定的效果诉求。谈及文体，人们常言"文无定法"，强调形式取决于内容、为内容服务。但究本溯源，"文无定法"的"法"即文体或形式之形成、演化以至相沿成习，却实在是时代造就、时势使然，自有其"一定之规"。因此，对新闻文体的考察应将其置于特定时代背景下进行观照，方可能对其形成演化之缘由得一切近之解。

提及"新闻"，其"求真、求新、求快"之要义颇给人信息潮涌、绵延不绝、动感十足、万象缭乱之形貌和阅知感受，而"从头说起、溯源归因、娓娓道来"之散漫悠闲之文学式叙事似乎与新闻绝缘。溯及中外新闻传播史，新闻与文学何曾泾渭分明过？即便时至今日，新闻文体的变革仍不时向文学回顾甚至回归，"讲故事""非虚构写作""融媒产品生产"等叙事样式即是明证。新闻既强调信息传播，也强调诉诸深度或情感，因此，"深度报道"作为一种相对独立的报道形式或体裁，其所烙印的时代痕迹在实践上同样源远流长。

当下中国正处于新的历史方位，即"新时代"。作为中国特色话语的"新时代",意味着特定的时代变革节点,且对应着经济、政治、文化等多重国际和国内之丰富而复杂的意涵。

但具体到新闻传播而言,面临媒介化、全球化、市场化等时代情境,作为专事信息生产、传播和舆论引导的中国特色社会主义传媒业,遭遇结构重组和全流程变革。在此"新时代"背景下,作为重要新闻文体的深度报道亟须重新审视,以守正创新之定力和顺时应变之视野谋求变革和转型,而其在新时代的价值和机遇亦深蕴其间。

第一节　深度报道面临的新时代情境

当下信息全球化和媒介社会化时代,中国仍处于向现代社会转型的进程中。现代性社会并不仅仅意味着理性、进步和光明,人类社会历史早已证明启蒙本身亦存在辩证法逻辑,一味单一地张扬人类理性,就会走向启蒙的反面,从而使人类陷入异化而难以自拔。就新闻本体诉求而言,复杂交错的问题、矛盾、风险等现代化负向效应恰与基于受众信息需求心理所凝练出来的新闻价值系列标准及其所矢志承当的社会功能相契,在此意义上当下新时代可谓新闻传媒业的"黄金时代"。但同样不可否认,新时代情境下深度报道亦面临前所未有的严峻挑战和发展困境,比如社会复杂性、全球化的联动效应、媒介对传受双方及舆论生态的冲击等。然而,面对现实,也只有将深度报道置于这一新时代情境下,才能对其所面临的挑战和机遇形成较为理性、深刻且符合实际的认知。

一、现代性困境

2017 年 10 月 18 日,习近平总书记在党的十九大报告中指出,"经过长期努力,中国特色社会主义进入了新时代,这是我国发展新的历史方位。""我国社会主要矛盾已经转化为人民日益增长的美好生活需要和不平衡不充分的发展之间的矛盾。""必须认识到，我国社会主要矛盾的变化是关系全局的历史性变化，对党和国家工作提出了许多新要求。"①"新时代"是对当下中国的历史定位，意味着政治、经济、文化等诸多社会结构要素在全球化背景下的深刻调整，也是我国总体上由传统社会向现代社会转型进程中的新阶段。在特定语境下，"新时代"话语是对当下时代情境和我国发展阶段、状态和整体社会面貌的高度总结、概括和界定，旨在"明时世、知国情、懂趋势"，对开启和谋划我国新阶段和新征程的历史使命具有重要意义。但就传媒而言，在明了"新时代"上述旨意的同时，还要意识到自身运作所面对的复杂问题、突出矛盾、思想困境、媒介冲击等时代情境。具体到深度报道，新时代情境既是难以回避的严峻挑战，也同样蕴含着自身调整和发展的巨大机遇。

就全球范围来看，现代性问题凸显为全球性现象，现代性"所指和能指的都不是一种时间性向度，还是一种极其复杂、充满内在矛盾的文明或文化过程，一种悖论式的实践价值取向，一种交织着内在紧张和冲突的内在结构，一种看似透明却又诸多暧昧的生活样式，以及一种夹杂着乐观主义想象与悲观主义情结、确信与困顿的人类精神状态"。②盲目乐观地认同表面上呈现为时间向度的"现代性"显然是肤浅而愚蠢的，更为本质的、应引起人们警觉的却是其对人类理性毫无反思和顾忌的膨胀和张扬所导致的人类异化生存困境。由马克思发展和完善的异化思想和辩证法思想，对人类无羁理性带来的文明恶果进行了深入批判。人类历史上的两次世界大战、以希特勒为首的法西斯暴行、现代科技无视伦理约束的极端进步、经济发展带来的生态失衡等，都昭示着身

---

① 习近平.决胜全面建成小康社会 夺取新时代中国特色社会主义伟大胜利：在中国共产党第十九次全国代表大会上的报告［M］.北京：人民出版社，2017：12.

② 万俊人.现代性的伦理话语［M］.哈尔滨：黑龙江人民出版社，2002：133.

披进步、光明、美好、文明等外衣的"现代性",并不必然将人类带进人间天堂。对此,法兰克福学派以"辩证法"对启蒙进行去魅:一味地理性张扬会导致启蒙走向反面。人们沉浸于现代性带来的舒适不能自拔,追求当下快感,责任伦理失重,面对现代文明恶的一面,奉行"我死后哪怕洪水滔天"。现代人深陷异化,无力摆脱,精神在矛盾中撕扯,在激动兴奋和失望无助之间徘徊游移。

也可以说,现代性是当下全球化时代的文化和社会景观,验证了马克思当年的预言:"生产的不断变革,一切社会状况不停地动荡,永远的不安定和变动,这就是资产阶级时代不同于过去一切时代的地方。一切固定的僵化的关系以及与之相适应的素被尊崇的观念和见解都被消除了,一切新形成的关系等不到固定下来就陈旧了。一切等级的和固定的东西都烟消云散了,一切神圣的东西都被亵渎了。"① 现代性带来了社会结构重组和文化传统的断裂,而新的秩序和文化价值体系很难迅速建立起来,不确定性增强对人们生存安定性的内在心理需求造成冲击,人与自然、人与社会、人与人之间的危机加剧。人们希望改变又无能为力,渴望交流又自我封闭,注重精神又难以摆脱功利诱惑,梦想自我救赎和拯救,却坠入失望的深渊而跃升无门。现代性所表征的各种症候是时代造就,美好与丑恶、正义与邪恶、痛苦与欢愉等呈结构性并存,需要人们张扬人性旗帜去面对和承受,以理性的光辉烛照注定并不轻松的坎途。

相较于西方发达国家现代性的均质化,当下中国"新时代"的现代性困境尤其复杂。基于我国区域发展不协调的历史考量和现实国情,以风险为突出特征的现代社会所蕴含的阶层分化、思想多元、危机频发、矛盾突出、信任缺失、认同弱化等问题因与全球化的现代性进程叠加而显得尤其复杂,而这恰是以呈现和建构"人们头脑中的世界图景"为职志的现代传媒所面临的复杂世界。吉登斯用"时空分离""脱域"

---

① 马克思恩格斯文集:第 2 卷 [M]. 北京:人民出版社,2009:34.

等概念揭示了现代性的动力机制。现代社会，时间和空间的"虚化"造成时空分离，从而使主体从"在场"走向"缺场"，并进而为"脱域"提供了条件。所谓"脱域"，即指"社会关系从彼此互动的地域性关联中，从通过对不确定的时间的无限穿越而被重构的关联中'脱离出来'"。① 传统社会关系的生产和形构因时空共在性而显得温情脉脉、饱蕴人性，现代社会对此进行了无情解构，不仅仅是由不确定性带来的陌生感和双重偶然性，甚至交往主体也因媒介技术带来的异时空互动和虚拟性而变得模糊和飘忽不定。吉登斯提出由"技术专家和专业队伍组成的专家系统"来进行社会结构的再嵌入。面对变动不居的复杂时代，向来以社会风向标而汇聚公众关注焦点的现代传媒，很明显隶属并承担着吉登斯"专家系统"意义上的对现代社会阐释和重组的功能。但面临现代性的上述后果或挑战，当下传媒却显现出解读乏力、动员不足、引导失效、精神失守、受众远离等总体态势，并且面临被边缘化的窘境，而致力于"本质"阐释的深度报道何以自处？该喜还是忧？

二、社会媒介化

就作为人类行为决策的基础和前提而言，信息是一种重要的生存资源，但因传播或交流是人类存在的自然化或常态化行为，尤其是人类早期传播所依凭的工具是自身言说和闻见等生理器官，作为承载信息内容的媒介，其相对独立的工具性向为人们所熟视无睹。而当媒介作为中性的"工具"意义为人们所认知后，内容和意义却成了关注的核心与焦点，并成为传播理论研究和传播实践的重点面向和考量，"媒介"之意义依然不为人所看重。回顾媒介演进史，正如麦克卢汉所言，"媒介是人的延伸"，在此意义上，媒介技术的演进就是一部人类传播能力的外化史，外在于人自身生理功能的媒介技术作为工具的意义得到凸显。媒介技术扩大和延伸了人们对世界的全息感知，突破了时空界限，重构了

---

① 安东尼·吉登斯. 现代性的后果 [M]. 田禾, 译. 南京: 译林出版社, 2000: 18.

时空结构，虚化了社会关系，模糊和矮化了传播主体，从而成为全球化社会形成不可或缺的形构力量。

20 世纪 60 年代，加拿大传播学者麦克卢汉强调"媒介即讯息"，即"任何媒介或技术的'讯息'就是由它引入的人间事务的尺度、速度或模式的变化"，"社会更大程度上总是由人交流所用媒介的性质形塑的，而不是由传播内容塑造的"。① 当内容和意义为众人瞩目时，麦克卢汉转换视角，揭示了媒介相较内容具有更为本质性的意义。麦克卢汉观点表达跳跃性较大，所谓的"媒介即讯息"，其意在顺应人们瞩目讯息内容的惯常思维，强调媒介对人与社会生活具有更为根本的重塑性。媒介技术总体上对人们日常生活方式的改变和塑造，很显然要比具体的传播内容具有更为深远的影响。麦克卢汉对媒介或技术的洞见，深刻揭示了媒介技术的本质，但"技术决定论"的乐观却弥漫着技术异化的隐忧，而这已随着大数据、人工智能等技术对信息传播的介入而成为难以回避的无奈现实。媒介技术对传播生态的重构和对人类交流形态的解构，使得人类生存的异化状态日益加深，但媒介技术学派的洞见和前瞻性，却为重思或反思"媒介与人的关系和价值"这一传播本质敲响了警钟，钟声悠远，振聋发聩。

始于 20 世纪 90 年代中期的互联网技术发展，时至今日其延展迭代可谓一日千里，且日趋频繁和多元。随之而来的是媒介技术对传播内容的重塑、传播流程的再造、传媒生态的重构、传媒权力的消解、传播受众的崛起，显见的是传统报纸发行量大幅下滑、广告经营严重萎缩，尤其是近年来不断有都市报因难以为继而停刊。与此相应的是，传统媒体受众流失和迁移，影响力被稀释，主流媒体的权威地位受到挑战，有的甚至出现被边缘化趋势。媒介技术以高歌猛进的姿态和潜能给予人们以无限遐想，人们沉浸于媒介技术营造的"美丽新世界"而不能自拔，

---

① 罗伯特·K.洛根.被误读的麦克卢汉如何纠正［M］.何道宽，译.上海：复旦大学出版社，2018：57.

却同时遭遇着传媒商业化、娱乐化、庸俗化、肤浅化、碎片化等媒介技术导致的异化，信息生产的无限性与人们信息处理能力的有限性之间的矛盾使人们陷入信息焦虑而无以摆脱。而更加值得关注的则是媒介技术赋权带来的虚无主义、无政府主义、西方自由主义、文化中心主义、狭隘的民族主义等社会思潮对社会主义意识形态和社会主义核心价值观的冲击，以及虚假信息、网络暴力、谣言滋生、隐私泄露、伦理失守、人文丧失等污染网络清朗空间的违法违规行为和现象。

尽管新兴媒体传播带来内容娱乐化、碎片化甚至低俗化等种种弊端，却因其在传播上的技术赋权给网民带来充分的想象和创新空间，并因而被广大网民关注，随之而来的是新媒体运营风生水起。习近平总书记指出，媒体融合发展要"着力打造一批形态多样、手段先进、具有竞争力的新型主流媒体，建成几家拥有强大实力和传播力、公信力、影响力的新型媒体集团，形成立体多样、融合发展的现代传播体系"。①面对挑战，传统主流媒体经历了从早期的被动融合到当下的主动融合，努力克服转型带来的种种阵痛，积极谋求夯实主流媒体的权威地位和影响力。目前，传统主流媒体基本建立了以"中央厨房"为技术基础的融媒传播格局，形成涵盖报纸、期刊、音视频及"两微一端"的多元传播平台，并积极入驻社会化主流传播平台，构建了"一体多元"的现代化传播体系。作为媒介技术体系构建的硬件建设容易，而转变传播理念、坚持以人为本、进行富有人性的传播却非一日之功。反观当下媒体融合实践，融而不合"两张皮"现象并不鲜见，顺应互联网思维的传播尚未到位，凡此种种从传播效果上可以得到验证，越来越多的人对传统主流媒体进行"断连"而转向人人皆可参与的自媒体平台，哪怕以牺牲信息真实性和权威性为代价。如果没了受众，传播活动就成了自娱自乐、孤芳自赏。如此，主流媒体的公信力如何彰显？引领社会的职

① 习近平. 共同为改革想招 一起为改革发力 群策群力把各项改革工作抓到位［N］. 人民日报，2014-08-19（1）.

责如何承当？

事实上，媒介作为人类社会正常运行所依赖的结构性资源，本来就嵌入了人类生活，尤其是互联网乃"人类社会的神经系统"，链接和重组了人类社会形态。在此意义上，当下媒介以其重塑人类日常生活方式的强大能力成为人们瞩目的焦点，社会媒介化由此成为显见的现实。所谓"媒介化社会是在媒介融合的技术支撑下，在受众的信息依赖牵引下，表征媒介对社会环境建构的影响力的一种社会信息形态"。① 在"万物皆媒""万众皆媒"的媒介化社会，人们在乐享技术便利和舒适的同时，对媒介技术的本质及其可能的异化倾向要有清醒的认识，"以人为本，既是未来传播的核心逻辑，也是判别传播领域未来发展是否有价值、能否健康可持续的价值准则"②。社会媒介化强调媒介技术之于社会的基础性意义，但要发挥技术的正向功用，需要社会的、制度的、人文的、伦理的等"属人"的规制和约束，否则技术不是天使，而是难以制服的恶魔，这对人类而言，无疑是人们不愿看到和经历的梦魇。

三、受众碎片化

"受众"概念是舶来品，尽管传媒致效以传播对象的接触、认知和接受为前提，但中国媒体在很长时期内并没有较为清晰的基于信息互动和共享意义上的受众意识，或者即使有但并不以为意。因为我国媒体在总体性质上是"党、政府和人民的喉舌"，这一定位自然会赋予其"权力"色彩，使其自觉成为党政的代表和权威，而传播对象之于效果的决定性意义往往被忽视。并且，我国传媒承担着教育民众、引导舆论以及社会主义核心价值观的宣导等重要功能，实践中很自然地会以启蒙者和教育者姿态对待受众。20 世纪 50 年代，有学者零星地译介了来自西

---

① 张晓峰. 论媒介化社会形成的三重逻辑［J］. 现代传播，2010（7）：18.
② 喻国明，耿晓梦. 元宇宙：媒介化社会的未来生态图景［J］. 新疆师范大学学报（哲社版），2022（5）：117.

方的传播学知识，随后很快因政治运动被抑止。20 世纪 80 年代，改革开放带来的新气象给传播学进入中国提供了宽松空间，但传播学真正在中国落地并进入体制化高等教育课程体系，是在 20 世纪 90 年代。由此，"受众"理论和观念渐为人所熟知。

随着社会主义市场经济体制的确立，基于市场交换体系所内蕴的对真实、平等、自由、公正、诚信等质素的要求，受众理论和观念开始受到传媒业界重视。同时，"事业单位企业化管理"体制改革在传媒行业得到深入推进，自负盈亏的经营压力也使得读者成为传媒运行和传媒竞争的重要考量。始于 20 世纪 90 年代中期的都市化报刊在全国城市"遍地开花"，通过大规模受众调查以把握受众信息需求成为新创报刊的前提。由此，受众理论和观念成为传媒行业的常识。以互联网技术为基础的新媒介不断迭代更新，以链接、沟通、互动、共享、自由、民主等互联网思维释放了大众的表达欲望，大众的媒介接近权和使用权因媒介技术赋权而得以实现和保障。面临新媒介技术的冲击，传统媒体图谋应变，先后经历了"内容为王""渠道为王""受众为王"和"用户为王"的盲动。传媒对受众的过分推崇和一味迎合盲从，忽略了自身所应担当的引领社会的神圣职责。

媒介技术的赋能和对受众的赋权给传媒带来的更大挑战，则是媒介技术对传媒内容组织的重构以及对受众信息接收习惯的重塑。就前者而言，媒介技术带来的海量信息和"时间消灭空间"压缩和重构了人们的时空感知，信息传播加速和信息爆炸带来受众内心的焦虑和无助，反过来使信息内容生产变得碎片化以减缓受众的信息接收压力。同时，新媒体传播给受众带来的集文字、视听一体化的全息感受，使得受众的信息接收习惯也受到碎片化规训。海德格尔就此写道："从本质上来看，世界图像并非意指一幅关于世界的图像，而是指世界被把握为图像了。"① "读图时代""图像时代"或者"看时代"等术语，都是对视觉

① 孙周兴. 海德格尔选集［M］. 上海：上海三联书店，1996：899.

文化时代来临的表征。图像凌越文字的视觉时代注重即时的感性、直观和快感，并且图像或视觉的当下性体验取消了文字阅读的那种想象和反思空间。当下新媒体传播视频化成为常态，视频社会化和社交化的全民使用成为新的时代景观，信息的琐屑无聊、公私领域模糊、庸俗低俗、乐于审丑等传播乱象尚没有找到有效治理办法。

自20世纪90年代起，基于媒介技术变革基础上的互联网媒体发展迅猛，以互联网技术和思想为引领，形成当下传统媒体与新兴媒体相融合的发展态势。显见的是微博、微信、App、短视频等多元媒体传播形态，其背后实质则是互联网技术对传统媒体权力的消解，基于互联网即时、分散、多元、匿名、互动、共享、虚拟等媒介传播优势和赋权，人类交往形态及传播效果或者人类当下媒介化生存面临挑战和危机，尤其随着大数据、元宇宙、ChatGpt以及AI文本生成等媒介技术的发展，沉浸式、智能化及虚拟化传播亦渐成趋势，媒介与人的关系本质取向为何，值得人们深思。

本质而言，人类的社会性决定了人们的群体性存在。基于群体生存状态的运行，在生成意义上圈层文化也随之形成。社会个体与其所属相应群体之间互相生成和影响，一方面，圈层文化的形成有赖于成员间日常的频繁互动；另一方面，身处其中的群体成员，其行为无不受圈层文化的规约。构成社会众多圈层之间，因文化生成演变机制而形成交错复杂的关系。在此意义上，传统意义上的圈层文化已演变为网络圈层文化。所谓网络圈层，可理解为"在多元分化的社会结构中，具有身份认同、利益一致、观点趋同的人们，以互联网技术为物质基础，以社会热点、公共话题、现实利益为驱动而汇聚，在网络虚拟空间形成的一种全新的松散共同体"。① 因本质上互联网技术的赋权，网络圈层内成员之间及圈层外之间的互动交流形成不同于传统现实圈层的新的形态，在

---

① 张华. 网络社群：网络舆情研究的核心概念和分析框架［J］. 新闻界，2014（15）：10.

文化意义上其可称为网络圈层文化。基于互联网技术对时空的颠覆和超越，互联网圈层文化的实质也可视为其对传统圈层文化在时间和空间两个维度的放大、凸显和极化。网络圈层文化的区隔、拒斥、圈层间流动不居等，对传媒通过传播以达成认同带来挑战。

四、媒介产业化

从新闻史上看，我国传媒并不具备商业基因。在漫长的封建社会，基于政治统治的需要和统治理念，古代报纸实际上是一种官方的内部信息传输系统，并没有现代意义上传媒社会化的动力和需求。尽管有所谓"小报"的民间报纸流行一时，但其并非主流且从未形成摇动社会的影响和气候。植根中国自身的新闻业传统与"西风东渐"背景下西方报刊的传入相结合，中国现代意义上的报纸开始出现。在洋务运动、戊戌变法、辛亥革命、大革命、抗日战争等各个历史阶段，尽管有民间商业化报刊并运行良好，甚至还形成了较为现代的集团化发展，但终究囿于较长历史阶段的启蒙和革命变奏双重时代主题，商业化并没有成为中国传媒发展的主流，与旨在政治宣传和社会动员的媒体相较，在主流话语里其也始终处于边缘位置。

新中国成立后，随着社会主义根本制度的确立，民营报刊被重组纳入国有化体制，建立起与社会主义公有制相适应的传媒体制和管理体系。1978年，伴随着改革开放，传媒管理的体制机制改革提上日程，确立了"事业单位企业化管理"总体原则和方向。在此背景下，传媒的商品性得到承认，涉及传媒经营领域的广告、发行被视为传媒商业化改革的先声。媒介机制从政府供给转向自主经营，媒介属性从事业转向事业和企业并重，媒介功能得到多元拓展，媒介结构得到优化调整，媒介内容和形式的变革也风起云涌。

20世纪90年代都市报及经济类报纸兴起，普遍采用了市场化经营管理体制；同时除了极少数外，国家停止向党委机关报进行财政拨款，整个传媒行业在坚持做好宣传工作的前提下，开始走上"自主经营、自负盈亏"的产业化道路。传媒集团纷纷成立，成为国有企业，实行集团化、多元化产业经营。相对于政治宣传和社会动员，我国媒体的经营从来不是重头戏，当二者发生冲突时，经济利益甚至都不值得考量。其实，尽管对传媒单一而直接的财政拨款在传媒管理体制上被叫停，但党和政府却以优惠政策和税收实现了对传媒的间接支持，并且对关涉传媒转型和政治宣传的专项财政拨款一如既往地毫不吝啬。

传媒行业本身具有新闻和商品双重属性，随着传媒行业经营领域的产业化深入推进，新兴媒体的产业化特征尤其突出，而这势必会给传媒的内容生产带来负向效应，从而影响传媒社会价值的实现。马克思指出，"物的世界的增值同人的世界的贬值成正比。"① 商业或资本的本性就是逐利，尽管强调以做好宣传为前提，媒介产业化追逐利润的负面效应很难避免。新闻实践中的虚假新闻、新闻反转、舆论偏差、娱乐化、低俗化等弊病，究其实，都在一定程度上与传媒的商业利益诉求有关。出于利润考虑对内容生产成本进行压缩，既导致新闻同质化、新闻品质下降、公信力衰减，也不利于新闻从业者职业精神的培育和践行。从长远看，经济效益和社会效益的平衡依然是传媒业面对的亟待破解的难题。

20 世纪以来，现代社会经历了从生产型社会向消费型社会的转变。消费社会是工业化、都市化和市场化的产物，工业化带来的商品、都市化带来的消费者和市场化带来的流通及其之间的互动促发，共同形构了消费者、商品和消费空间的消费社会形态。在消费社会，就是物、服务和财富的惊人增长和消费，"富裕的人们不再像过去那样受到人的包围，而是受到物的包围"。② 以物或商品为中心，颠倒了人与物之间的

---

① 马克思恩格斯文集：第 1 卷［M］. 北京：人民出版社，2009：156.
② 波德里亚. 消费社会［M］. 刘成富，全志钢，译. 南京：南京大学出版社，2000：1.

主客体关系，商品拜物教成为消费社会的典型仪式。更重要的是商品消费所具有的社会文化意义，即"通过使用各种物品，每个个体和群体都在寻找自己的特定秩序和结构中的位置；物品则通过分层化的社会结构为每个人保留一个确定的位置"。① 消费社会使人们通过消费商品来区分社会阶层或地位，标志个性和品位，谋求在传统衰落的现代社会里的自我和社会认同，这无疑会在一定程度上对社会主义核心价值观造成冲击。因此，经济利益从来都不是金钱之类的物质利益那么简单，伴随着对利益的追逐，人类精神层面的扭曲和退化更加值得看重。

有闲阶级发明消费的方式及繁文缛节，超越商品实用性和基本生存需求，追求某种社会或文化意义。就此，凡勃伦例举了社会聚会和舞会的炫耀性消费性质："豪华的招待会，如社交聚会和舞会，尤其适用于炫耀性目的。在这种场合下，款待者有心与之较量的对手便恰逢其时地充当了他的帮手：一方面，对手替东道主进行着消费；另一方面，他又是消费活动的目击证人，目睹了主人不可能独立支撑的花天酒地，领略了主人礼仪上的修养。"② 炫耀性消费之所以形成，在于人们在心理上都有追求卓越以实现自尊或自我的动机。消费社会的形成有赖于传媒日常持续不断的传播，传媒自身的商品性和逐利本性与消费社会或炫耀性消费达成共识。消费社会中，人们对商品消费的社会或文化意义的追逐，实际上是一种符号意义，而传媒恰是符号生成的绝佳载体且是其安身立命之本。消费的符号意义或炫耀性消费要张扬的身份意识和文化品位，由传媒建构并向普罗大众进行传播，以完成炫耀性消费不断生成、升级和追随的机制建构。

综上所述，现代性困境、社会媒介化、受众碎片化和媒介产业化等，是深度报道面临的新时代情境。传媒是现代社会结构的重要维度之一，谋求深度报道效果优化和提升，必须将其置于上述宏观背景下对其

---

① 瑞泽尔. 后现代社会理论［M］. 谢立中，译. 北京：华夏出版社，2003：110.
② 罗钢，王中忱. 消费文化读本［C］. 北京：中国社会科学出版社，2003：8.

面临的挑战进行定位和审视。唯其如此，深度报道才能增强在主题确立、材料筛选、内容叙事和受众把握上的针对性以避免出现偏差，也才能在报道"深度"上做到名副其实，从而实现和彰显深度报道之于传媒和时代的文本价值。

第二节　深度报道源与流

人类素有探究事物本质之欲望，新闻报道追求深度便是其内在诉求。在一般意义上可做如是理解，但谈及深度报道却往往是相对于狭义上着重信息传播的"消息"、着重观点传达的"评论"等新闻体裁而言的。这样说，并不意味着消息和评论就不追求"深度"，只是强调作为一种相对独立体裁或形式的"深度报道"在选题、功能及叙事上有其自身侧重和要求，其独有特征清晰可辨。也因此，才有必要对其进行专门探讨。回顾中外新闻业务史，基于现代意义上新闻传播业早出于欧美，"深度报道"之说亦盖源自西方，似无不妥。中国现代新闻业尽管有其自身内在的发展和演化逻辑，但伴随近代中国沦为半殖民地之惨痛历史，其深度报道受西方影响亦是事实。追溯深度报道中西之源流，通过链接历史以求镜鉴其当下并烛照未来。

一、深度报道西方溯源

形之于外，求之于内。深度报道的产生和发展，表面上是新闻报道体裁或形式的创新，但其实质却是特定时代背景下社会变革、传媒生态及受众信息需求等诸多因素交杂互动的产物。就新闻作为呈现客观世界的一种方式而言，基于其所承载的认知、沟通及动员等社会功能，"深度"诉求应是其应有之义，也是公众的信息需求所在。在此意义上，对"深度报道"进行溯源，似无必要，但作为相对独立的一种报道形式，深度报道的出现与发展则显现出较为明显的历史节点。鉴古知今，由表及里，对深度报道进行溯源，探究该报道形式背后的复杂时代情境及其形成之动因，当有助于丰富和深化对新时代背景下深度报道现状、困境和发展的体认。

谈及深度报道西方渊源，一般认为其"最早起源于 20 世纪 20 年代的美国"。① 如前所述，基于新闻产生的动因及其承载的社会功能，其"深度诉求"与新闻相伴生似乎较为符合实际，只不过没有冠以独立的"深度报道"之名而已。在此意义上，有学者指出，"深度报道始自西方，其破土而出的时间大致在 20 世纪 30 年代。西方的深度报道以 20 世纪 30 年代为界，前期为孕育期，后为破土而出后的成长期。"② 这种将"深度报道"置于较长时期的历史视野进行观照，尽管没有明确突出深度报道产生的时间节点，但却较符合新闻运作的实践逻辑。因为作为一种报道形式，深度报道从因应现实而酝酿、出现以至形成相对独立的新闻生产"惯习"或模式，是一个渐变的过程，其时间节点很难截然分明。

作为呈现客观世界的一种形式，深度报道产生及流变是传媒置身其中的时代情境中诸多要素互动的结果。回顾西方新闻传播史，始自 16 世纪的威尼斯小报及至 17 世纪近代意义报刊的诞生，该萌芽孕育时期，所谓的新闻因其主要传递商业贸易信息的相对单一功能，显然尚谈不上表现形式的创新，况且也没有创新的需要和动力。因为商业信息时间差带来的利润受益或贬损使得信息需求者无暇也无意他顾，相应地信息搜集和传播者也就不会自找"麻烦"、自负其累地琢磨报道创新。随后，西方传媒业进入政党报刊时期，作为政党互相攻讦的工具，意见辩驳和攻击谩骂成为该时期报刊内容主流，基于政党纯粹私利之上的舆论争锋，同样没有新闻本体意义上的业务创新空间。可以这样说，当商业企

---

① 杜骏飞. 深度报道写作 [M]. 北京：中国广播电视出版社，2000：8.
② 欧阳明. 深度报道采写概论 [M]. 北京：清华大学出版社，2011：1.

图和政治斗争以绝对优势主导了新闻业运作时，新闻社会功能的单一化就会窒息新闻业自身的创新意识和动力。

19世纪上半期，当政党竞争轮流执政的政治体制基本稳定下来后，以你死我活的政治斗争和攻讦为主要内容的政党报刊就为大众所厌烦和冷落，政党报刊也就完成政治工具性职能而日渐"淡出舞台"。西方报刊的商业基因随之"前缘再续"，被资本逐利之本性激活，进而催生了"大众化报刊"，也即"黄色报刊"。黄色报刊以耸人听闻的手法对"性、腥、星"之类的内容进行大肆渲染，为吸引眼球哗众取宠、孜孜逐利，不惜突破伦理底线而随意虚构、造谣和煽动。虑及新闻业务本体，与政党报刊时期一样，西方黄色报刊同样弥漫着传播者浓重的主观气息，尽管传播效果根本上取决于大众的信息接受，但后者在新闻业务变革中此时仍然尚未成为传播者的重要考量。

根源于市场经济正常运行的内在要求，再加之传媒谋求自身发展与行业竞争对报道主观性的反拨，客观性遂成为西方新闻业自诩和号称恪守及捍卫的"不死之神"，且绵延至今。市场经济运行需要信息的充分占有，且对信息的真实性质素有较高要求，否则依据错误信息所展开的经济实践会付出资本受损的代价，其显见而实在。同时，传媒市场的竞争凸显了公信力和品牌之于传媒自身的重要性，此种情境在一定程度上催生了客观报道的出现和新闻专业规范意识的觉醒。客观报道着力屏蔽主观性的介入，尽可能地对客观世界进行自然科学意义上的"还原"。殊不知，新闻本身作为选择的艺术，其对事实的择取、话语描摹及呈现无不是主观运作的结果。况且新闻呈现有赖于符号的操作，而借以表达信息和思想的符号本身即是一种对世界物象的约定俗成的随意指代，在意指上具有较大弹性，很难说就是对客观情状的准确再现。因此，作为一种主观见之于客观的行为，"价值无涉"的自我期许只不过是一种神话和自欺欺人，而客观报道着眼于孤立事件的"还原"，回避发挥主观能动性对事件进行基于背景和联系的宏阔观照，由此被一味推崇的客观性走向反面。美国记者对"一战"的所谓客观报道未能为公众揭示深层次原因和本质，使后者错愕茫然。有学者指出，事后新闻界反思认为："由于当时大多数记者将客观报道奉若神明，因此完全摒弃了自己的判断和分析，将自己人为地与新闻事件隔离开来，成为一个新闻事件的'书记员'或国家机构的传声筒，结果把一些别有用心的谎言当成了真理，或是把不完整的信息片面地传达给了公众。"① 但客观报道的实际操作，却带来了报道内容的丰富多元以及"用事实说话"的报道呈现方式，这就要求文本叙事要在坚守新闻真实性前提下更多借助多元表达方式，从而使客观报道因具备一种相对独立的报道特征而成为深度报道范畴的一种类型。

客观性预设和尊崇人的理性，亦张扬着西方个人主义思想和价值观，但客观报道实践并没有人们想象的那样完美，人们逐渐意识到事实并不会自动向人们全面而深刻地敞开，公众自身因文化素养不足、信息全面获取受限、思维懒惰以及社群心理负向效应等，很难独立、审慎而负责地运用自己的理性。客观上被赋予公共性的媒体需要主观介入，负责向人们解释所置身其中的复杂世界及其变化的"前因后果"，以助于达成与现实相符的世界认知及在此基础上的有效行动。1947 年，美国新闻自由委员会出版了《一个自由而负责的新闻界》，该报告认为，现代社会对报刊的第一项要求，就是供给"真实的、概括的、明智的关于当天事件的记述，它要能说明事件的意义"。② 由此作为对客观报道流弊的规避和反拨，解释性报道和调查性报道应时风行，并被认为是深度报道较早的重要报道形式。尽管调查报道发轫于 19 世纪末 20 世纪初新闻界掀起的旨在揭露和批判社会黑暗面的"扒粪运动"，但迟至 20 世纪 70 年代，随着以"水门事件"为代表的一批重大调查性报道带来

---

① 杜骏飞. 深度报道写作 [M]. 北京：中国广播电视出版社，2000：3.
② 施拉姆，等. 报刊的四种理论 [M]. 中国人民大学新闻系，译. 北京：新华出版社，1980：102.

的社会轰动效应，"深度报道"才逐渐为人所重。"1978 年，深度报道被美国《世界大百科》列为 20 世纪美国新闻发展的一大趋势，这标志着深度报道的地位开始得到广泛认同"。① 1985 年，解释性报道和调查性报道被正式纳入美国普利策新闻奖项目，标志着其行业地位的最终确立。此后，深度报道不断拓展新的报道形式，并蔓延成为各类介质媒体的常规报道形式，且以知识流通的形式超越国界为行业所认同和践行。

"文以载道"，作为事实或思想的话语呈现，新闻报道体裁或形式产生、演变的动因，根源于现实客观世界变动与人的世界之间的互动。有学者就此指出，"一种主流报道形式的出现，事实上总是与这个时代的人们为更好的认识世界、改造世界的社会主流要求联系在一起的。"②深度报道形式由萌动到相对独立凸显，恰是因应了时代大潮的汹涌澎湃和满足了人们为更好的生活而对世界变动信息的需求。

二、中国深度报道源流

理如上述，就新闻报道的"深度旨向"而言，追溯中国深度报道源流，深度报道实践同样与中国经济社会的发展变革及中国新闻业的形成和发展相伴生。在学术上，中国新闻史将古代报纸追溯到唐代甚至汉代，但所谓的古代报纸只是传统时代官方内部的信息传播系统，类似于官方文件的"上情下达"和"下情上达"，与现代意义上新闻传播的社会化指向相去甚远。中国现代意义上的报纸诞生既有古代报纸传统的因袭，更有"西风东渐"时代情境下西方外部世界对古老中国的冲击性影响。从早期"睁眼看世界"，面对"千年未有大变局"，中国与世界的互动形成总体上较为明显的"冲击—反应"发展变革模式。中国志士仁人为此发起的"体用之争""洋务运动""立宪运动""戊戌变法""辛亥革命""大革命""新文化运动"等，无不意味着剧烈的社会变

① 杜骏飞. 深度报道写作 [M]. 北京：中国广播电视出版社，2000：11.
② 喻国明. 深度报道：一种结构化的新闻操作方式 [J]. 电视研究，1997 (6)：12.

革和思想激荡。世界越是变动不居，旨在为人们呈现世界变动的新闻业
发挥的空间就越大。在此意义上，"最坏的时代"恰恰是新闻业"最好
的时代"。反映在新闻业上，"深度"意义上的新闻报道的存在毋庸置
疑。有学者就此认为："从中国的新闻史看，20世纪初叶名记者黄远生
所采写的'北京通信'，其中有一些报道如《闷葫芦之政局》《张振武
案之研究》等，实际上是我国深度报道的开端与雏形。"① 但很显然，
作为相对独立且具有较为明显报道规范特征的报道形式，深度报道恐不
能溯源至此。因为从时代情境、新闻业水准、记者的社会地位以及民众
的生存需求和文化素质等方面看，当时的报纸和记者都不太可能有明确
的深度报道自觉意识和报道形式创新的动力。

如前所述，新闻报道形式或体裁的产生是一个漫长的新闻实践过程
的产物，其间还夹杂着社会、媒介、受众等诸多因素。因此，纠结于深
度报道产生的明确时间节点，既不可能也无必要。在此意义上，有学者
认为："我国的深度报道以20世纪80年代为界，可以分为自发期与自
觉期两大时期。"② 这种认识具有较大弹性，较为符合新闻实践逻辑。
同样，尽管20世纪80年代前我国新闻业尚无明确而自觉的"深度报
道"意识，但并不意味着没有事实上的"深度报道"存在。比如，20
世纪二三十年代瞿秋白、邹韬奋、周恩来等人的国外旅行通讯以及范长
江的名篇《中国的西北角》等，此类作品传统上被视通讯报道，但如
不拘泥于形式束缚，而以较为宽泛意义上深度报道的特征和规范进行衡
量，其亦堪为深度报道的典范之作。

我国深度报道兴起于20世纪80年代，该论断之所以获得广泛接
受，实际上意味着人们认同了这一历史节点之于中国发展变迁及新闻业
发展阶段所具有的重大而特殊的意义。1978年底，党的十一届三中全

① 张骏德，王博一宝. 试论我国改革开放以来报道方式的革新［J］. 新闻大学，2008
（3）：104.
② 欧阳明. 深度报道采写概论［M］. 北京：清华大学出版社，2011：4.

会召开，标志着旧时代"政治为纲"的落幕和新时代"经济为要"的开启。纵观历史，中国再次踏上由传统社会向现代社会艰难转型之路。具体而言，则鲜明地呈现出由之前"以阶级斗争为纲"的"政治化"向"非政治化"转型。"政治化"语境下，人们为具有道德色彩的一统化政治理想所动员、感染，并在行为上孜孜追随，以党和政府为代表的政治主体对社会形成全面而彻底的控制，使社会、文化和人们的精神空间变得逼仄，整个时代气象显得单调沉闷、活力不足。随着"实事求是"这一马克思主义思想精髓的全面回归和重塑，经济成为重启改革的根本关注，由此带来政治、文化、社会思想的剧烈变动。当虚妄和枯燥的"革命""阶级""反动"等斗争话语被"经济""改革""发展"等带有平和与美好色彩的进步话语所置换，长时期被压抑的人性和情感由此被唤醒和复苏。

20世纪80年代被誉为中国由传统向现代转型的启蒙再续，新一轮的"启蒙热"意味着新时代会进一步祛除蒙昧、落后、保守而奔向理性、进步和开放。经济调整、政治改革、文化多元、社会开放等万千气象成为时代表征，亦承载着人们对未来的美好期待和浪漫幻想。"春江水暖鸭先知"，作为时代风向标和历史记录者的新闻业因应时代变革，带着春的气息扑面而来。新闻报道无论是题材选择、主题确立还是文体文风，都在求新求变，这既是业务自身的变革，也彰显了传媒介入社会发展、"指点江山"的责任担当，"尤其是报道多担负的启蒙作用，对不断涌现出来的新观念进行启蒙，是80年代新闻工作者乐此不疲的努力方向"。① 在改革开放时代语境下，作为西方新闻观念和报道形式之一的"深度报道"亦传入中国，并在报道中为记者所借鉴。因此，"中国的深度报道写作不同于西方的深度报道，它是西方的深度报道写作观念与中国记者的实践相结合的产物"。② 尽管在历史趋势上都是由传统

---

① 刘勇. 媒体中国［M］. 成都：四川人民出版社，2000：34.
② 杜骏飞. 深度报道写作［M］. 北京：中国广播电视出版社，2000：13.

向现代转型，但中西历史和时代语境以及各自所面临的时代问题之差异，形容为云泥之别并不为过，这些差异同样会在中西深度报道上得到体现。

20世纪80年代的改革开放之于中国历史、经济社会发展和广大民众的重大影响和意义，怎么强调都不为过。根源于经济调整和体制改革，社会结构、文化传统、思想观念、精神状况都因此遭遇冲击和挑战，各行业、领域、阶层的大量复杂利益、问题、矛盾、现象和观念思潮等集中显现，让重享主体性的人们既眼花缭乱，也懵懂茫然。面对困惑，人们很自然地期待权威给予解释、指示和引导，相对于政治精英的官员和知识精英的专家学者，大众传媒向以代表社会和公众之面貌示人，与广大民众具有自然的亲近关系。由此，人们对信息要求权威释疑解惑的深层次诉求与传媒担当社会责任的使命相契合，"深度报道"于是在20世纪80年代的中国媒体集中涌现。《中国青年报》《光明日报》《人民日报》《经济日报》等中央级媒体推出了《大学毕业生成才追踪记》《一个工程师出走的反思》《关广梅现象》《鲁布格冲击》、"三色"报道（即反思大兴安岭火灾的报道：《红色的警告》《黑色的咏叹》《绿色的悲哀》）、《中国改革的历史方位》等一批深度报道。这些报道选题重大，聚焦社会热点问题和矛盾，着力超越事件或现象表层而探究其背后的深层次原因且不避丑恶、针砭时弊；写作上视野宏阔、事实丰满、注重细节、文笔生动、融情于理、富有情怀，由此引发了社会广泛关注。在之前新闻报道的宣传模式中浸淫太久，深度报道坚持"用事实说话"和报道平衡等专业规范，以丰富的信息、真挚的情感、深入的思考与人们展开了理性而平等的沟通交流，既给遭受改革阵痛的人们以心理慰藉，又激发了人们参与改革大潮的个体意识觉醒和社会责任感。1986年，深度报道被纳入国家级新闻奖项评选项目。因深度报道在当年集中涌现，1987年亦被称为"中国的深度报道年"。

开弓没有回头箭，中国的改革开放渐次向全面和深层次推进。20

世纪 90 年代，在中国建立和不断完善社会主义市场经济体制大背景下，由改革所带来的利益格局调整和社会风险在转型期中国将长期存在，旨在向人们全面说明和深度解释客观世界的深度报道自身也在不断丰富和拓展。伴随着 20 世纪 90 年代中期都市报在全国"遍地开花"，深度报道从宏大话语转向了个体观照。相对于传统党媒，都市报是传媒市场驱动的产物，由此也就决定了其在更大程度上的民间或公共立场，体现在深度报道上，普通民众成为报道主角，其平视视角和姿态也赢得后者高度认同，尤其是舆论监督类的深度报道受到民众追捧，其所引发的"洛阳纸贵"传播效应成为常态，既为都市报赢得了市场优势，又塑造了自身的社会公信力，并且因迫于广播、电视和网络媒体的竞争压力，报纸深度报道的拓展动力强劲，反过来又促生了广播、电视和网络媒体的深度报道形式。与此相应，基于转型期社会的复杂性而带来的受众对信息的深层次需求，以及媒介技术带来的传统媒体格局重组，传媒亦纷纷设立专版专栏，以彰显权威、使命责任和社会引领为期许，加大深度报道力度，呈现出深度报道的另类面貌。以"深度"旨向观之，许多传媒大多数版面的主打稿件都可以称之为深度报道，深度报道由此成为其遵循和坚持的运作理念。

当下中国所处的新时代，可谓是又一次"千年未有大变局"：全球化风险频发，国际局势动荡，意识形态斗争激烈；转型期国内经济、文化、社会、环境、教育、医疗等各领域问题和矛盾需要统筹解决。再加之基于互联网技术基础所形成的虚拟空间，社会治理面临严峻挑战。越是在大变革时代，人们对深度信息的需求就越迫切，这恰是传媒安身立命之基，也是深度报道大有作为的时代机遇。

第三节　深度报道的新时代价值和机遇

如上所述，在新时代情境下，深度报道之于传媒谋求转型与变革具有重要意义。每个时代都面临属于自身特有的问题，新时代情境尽管对深度报道形成严峻挑战，但毋庸置疑，危机本身同时也意味着无限机遇，关键是要顺应时势、守正创新，在危机中把握机遇，以充分释放和实现深度报道之于传媒自身和社会的潜在价值。

一、深度报道的新时代价值

党的十八大以来，国际局势复杂，世界经济增长乏力、局部冲突和动荡频发、全球性问题加剧；国内形势则是国家处于较长时期的现代化转型，经济进入新常态，社会变革带来新问题，人们的心理受到转型冲击。基于世情国情党情的新态势和"新时代"出现的典型问题和矛盾，新闻舆论工作面临新挑战。

习近平总书记明确提出党的新闻舆论工作的职责使命："高举旗帜、引领方向、围绕中心、服务大局，团结人民、鼓舞士气，成风化人、凝心聚力，澄清谬误、明辨是非，连接中外、沟通世界"。① 很显然，在当前复杂国际国内背景下，仅仅满足于信息的迅速传播不可能完成传媒所担当的职责使命。深度报道以着眼全局、内容丰富、深度挖掘和本质探究等传播优势，成为传媒实现站位高远、思想引领、彰显权威、舆论引导等功能的有效报道形式和载体。就新闻体裁而言，消息重实效，追求信息快速传播，讲求"越快越好"，但时空局限决定了追求时效，很容易造成"萝卜快了不洗泥"，不但无法兼顾内容的丰富多元，并且单一的信息需要将其置于特定背景下才能够更好地理解和把握，而背景资料的获取和筛选同样需要付出大量时间和精力，一味追求时效对此就很难保证。近些年来，新闻反转现象日益突出，不但造成了新闻失实，还极大损害了传媒公信力。深度报道重事实多元呈现，通过事实间的关联探究事物的本质。列宁曾就此写道："在社会现象领域，

---

① 习近平总书记党的新闻舆论工作座谈会重要讲话精神学习辅助材料 [M]. 北京：学习出版社，2016：6.

没有哪种方法比胡乱抽出一些个别事实和玩弄实例更普遍、更站不住脚的了。……如果不是从整体上、不是从联系中去掌握事实，如果事实是零碎的和随意挑出来的，那么它们就只能是一种儿戏，或者连儿戏都不如。"① 深度报道文本自身有较大的事实容量和空间，是对特定单一事实在时空上的纵横延展，其事实的广度及在此基础上的深度挖掘，有利于传媒思想性、权威性、影响力和公信力的塑造。

深度报道有助于提升重大主题报道的传播效果。传媒报道要紧密"围绕中心，服务大局"，宣传党和国家的方针政策和经济、社会、文化等各领域的重大发展战略；在复杂国际背景下，释疑解惑、辩驳谬误，抵制西方在意识形态领域的渗透。重大主题报道，题材宏大抽象、政治性强，仅仅用消息、评论题材进行处理，很难对其意义进行富有成效的宣传。列宁就此写道："多谈些经济，但经济不是指'泛泛的'议论、学究式的评述、书生的计划以及诸如此类的空话——可惜所谓经济往往正是这样的空话。不是的，我们需要的经济是指搜集、周密地审核和研究新生活的实际建设中的各种事实。"② 而深度报道则有着可以充分发挥全面搜集事实进行深度挖掘且以多元方式呈现的报道优势，化抽象为具体、化理性为感性、以细节见情感，增强报道的亲和力、说服力与感染力，从而提升重大主题报道的宣传效果，实现传媒释疑解惑、澄清误区、思想引领的社会功能，以凝聚广泛社会共识，为中国特色社会主义建设营造良好舆论环境。

深度报道有助于传媒开展建设性舆论监督。马克思指出，"报刊按照其使命来说，是社会的捍卫者，是针对当权者的孜孜不倦的揭露者，是无处不在的眼睛，是热情维护自己自由的人民精神的无处不在的喉舌。"③ 通过报道开展舆论监督是中国特色社会主义新闻事业的优良传

---

① 列宁全集：第 28 卷 [M]. 2 版. 北京：人民出版社，2017：364.
② 列宁全集：第 35 卷 [M]. 2 版. 北京：人民出版社，1985：91.
③ 马克思恩格斯全集：第 6 卷 [M]. 北京：人民出版社，1961：275.

统,人民通过媒体对国家和社会事务进行监督批评是实现社会主义民主的重要途径。传媒以负责的态度勇于开展舆论监督,也是提高其权威性和公信力的有效方法,能够使传媒更好地承担起公共职责、践行群众路线和树立"以人民为中心的工作导向"。

相对于新闻宣传的"轻骑兵"——消息,深度报道就是"重磅武器"——主题重大、立意深刻、内容丰富、表达多元且文本篇幅规模较大。采用深度报道的形式展开批判和舆论监督,其杀伤力相应地就比较大。因此,传媒开展舆论监督需要较高的认知和判断能力,更重要的是把握好度,以确保舆论监督的效果能够对党和国家的工作有所助益处,"帮忙而不添乱"。毛泽东曾就舆论监督指出,"报纸上的批评,要实行'开、好、管'三字方针。开,就是要开展批评。不开展批评,害怕批评,压制批评,是不对的。好,就是要开展得好。批评要正确,要对人民有利,不能乱批一阵。什么事应指名,要经过研究。管,就是要把这件事管起来。这是根本的关键。党委不管,批评就开展不起来,开也开展不好。"[1] 这是党报开展舆论监督要遵循的总的原则和路径,直到今天仍不失其重要指导意义,且具有较强的可操作性和艺术性。作为深度报道的重要形式之一,西方调查报道也着重批评和监督,但其意在揭丑和批判,与我国传媒舆论监督报道旨在"建设"有着根本区别。因此,传媒要通过深度报道开展舆论监督,必须秉承中国特色社会主义新闻事业的优良传统,即"团结——批评——团结"的思想,意在惩前毖后、治病救人,坚持实事求是、科学监督、依法依规监督,反对以监督权谋私和有破坏意图的监督。

深度报道有助于增强传媒的竞争力。从媒介发展史上看,在较长时期内都是以报纸为主的纸媒风行于世。但随着广播、电视等视听媒体的诞生和发展,声光电的刺激性传播效果对以静默和思考的阅读方式形成了冲击。同时,随着 20 世纪 90 年代中期大量都市报的兴起和以互联网

---

① 毛泽东新闻工作文选 [M]. 北京:新华出版社,1983:177.

技术为基础的新媒体的发展，传统的传播格局被重组。随着受众的分流和信息接收方式的转变，传统媒体的主流地位和社会影响力一定程度上遭到弱化。在这一过程中，深度报道成为面临冲击和挑战时的应对策略。也正是在该时期，传媒深度报道再次复兴并获得长足发展，全国各级各类媒体几乎不约而同实施深度报道策略，比如成立独立的深度报道部门、设置深度报道常规版面等即是其现实表现。在当下媒体深度融合趋势下，传媒要积极主动融入，并充分利用现有新媒体技术创新深度报道，以强化在当下多媒体传播格局中的主流地位和社会影响力。

二、深度报道的新时代机遇

机遇与挑战并存，尽管传媒面临总体性的传播全流程变革的困境，以及对社会复杂性的把握和呈现面临较大难度，但新时代情境同样给深度报道发展带来不可多得的机遇和广阔的创新空间。

首先，新时代情境给深度报道发展提供了现实土壤。如前所述，与西方发达国家相较，当下中国所处的"新时代"极其复杂且前所未有，其交错复杂的形态是全球性的现代化背景和国内转型期的特定背景叠加共存的产物。转型期复杂的社会变革和世界运作的不确定性，恰是以反应和说明世界变动为职志的新闻业的黄金时代，对深度报道而言，道理亦然。

深度报道着力于对世界本质的探究，所以对主题是否深刻、选题是否重大、事实是否丰富、张力是否饱满等有着较高要求，而这些考量在当下新时代都不成问题。问渠哪得清如许，为有源头活水来，时代大变局的复杂性和信息奔涌汇聚，为深度报道的操作提供了丰厚的现实土壤。可以说，对深度报道而言，当下新时代缺的不是问题，而是缺乏发现问题的眼睛、分析问题的能力和呈现问题的责任担当。习近平总书记指出，"只有聆听时代的声音，回应时代的呼唤，认真研究解决重大而紧迫的问题，才能真正把握住历史脉络。"① 深度报道通过广泛采集事

---

① 习近平. 在哲学社会科学工作座谈会上的讲话［M］. 北京：人民出版社，2016：14.

实，探究事实和现象背后所蕴含的内在本质，向人们解释和说明外在世界变动的内在机理，以实现传媒思想引领、凝心聚力的社会功能。

其次，新媒体背景下"内容为王"为深度报道提供了现实需求。互联网发展初期，传统媒体对即将到来的挑战和冲击并没有明确的意识，甚至对互联网不以为意。即使是顺应互联网发展趋势，传统媒体为了扩大自身内容的范围和影响力，纷纷建立自己的网站，对传统媒体内容进行平移式传播，对互联网再次加工传统媒体内容进行传播也没有明确的知识产权意识。随着互联网崛起带来的信息爆炸态势和受众分流，传统媒体方如梦初醒，互联网作为信息传播渠道的价值和意义不可估量。然而，由于互联网技术的加速更新迭代，互联网头部企业已经占据了信息渠道优势，传统媒体自身的互联网渠道建设几无可能。"渠道为王"的大肆渲染加剧了传统媒体的焦虑，只好放平姿态与互联网渠道谋求合作融合。随后，新媒介技术进一步对受众进行信息和传播赋权，使得信息接收端的受众地位凸显，由此"受众为王"、继而"用户为王"的口号开始风行。传媒一味推崇受众在传播过程中的地位，弥漫着浓重的功利化气息，却忽略和放弃了自身的社会职责，实际上是传媒自我迷失的表现。

媒介技术的迭次激荡，使得传统媒体乱了方寸，在对前述口号的盲从追逐中慌乱迷失。经历了对媒介信息技术带来的兴奋和盲从，传统媒体逐渐意识到，以互联网技术为基础带来的新媒体形态在彰显其内容海量、形式多元、分享互动等传播优势的同时亦暗含隐忧。信息海量庞杂却给受众带来选择压力、信息的全息形式呈现使信息琐屑化且弱化甚至消弭了受众思考的空间、媒介技术赋权释放了受众的表达权却带来信息喧闹和表达的非理性等。新媒介技术带来的传播乱象逐渐使传媒意识到，不管媒介技术如何发展，内容才是传播的根本价值所在，盲从媒介技术幻象实乃本末倒置。在新媒体背景下，传统媒体的内容同质化弊端加剧，也给受众带来信息选择的压力。

超越对技术的盲从，"内容价值回归"为深度报道运作和发展提供了现实动力和社会需求，在此意义上，深度报道可以在丰富传媒信息的同时，也以其对深度的探究性和报道的原创性来实现传媒新闻品质的提升，从而强化自身权威和公信力。习近平总书记就此强调："要有强烈的问题意识，以重大问题为导向，抓住关键问题进一步研究思考，着力推动解决我们发展面临的一系列突出矛盾和问题。"① 问题和矛盾正是深度报道选题的关注点，并且但凡问题总归需要分析、阐释和化解，而这既是深度报道的优势所在，也是传媒实现社会协调功能的职责要求。

最后，新媒介技术为深度报道内容生产及传播效果提升提供了加持。新媒体空间信息海量多元，尽管存在信息碎片化弊端，却能够成为深度报道的重要线索渠道，从而极大拓展选题来源，通过对信息的关联、整合与加工使报道向深度开掘。深度报道要揭示事实、现象、问题或矛盾的本质，尤其需要占有大量背景信息，将报道对象置于关系中去审视，而新媒体渠道多元而丰富的信息为深度报道搜集背景资料提供了极大便利。

新媒体也为记者采访提供了信源，更有可能使深度报道内容丰富且生动鲜活。在写作上，新媒体融文字、声音、图片、画面等为一体的传播优势，可以助力深度报道的传播效果，也使其能够更多地借鉴新媒体传播的表现方式和手段。大数据技术通过数据抓取，能够提高深度报道对事实本质的把握能力和水平，同时也可以通过对受众反馈信息的抓取和分析为其画像，从而提高深度报道的针对性，并加强与受众的连接互动。除此以外，传统媒体自身性质和定位赋予其"居高声自远"的权威优势、传媒自身也集聚了大批优秀人才以及自身所拥有的高端信息资源优势等，都有利于传媒深度报道的实施和运行。

---

① 习近平谈治国理政［M］. 北京：外文出版社，2014：153.

第二章

深度报道多元解读

　　始于 20 世纪 80 年代中期，伴随着体制转轨及社会由封闭转向开放，作为社会风向标，我国媒体顺应时势变迁，在新闻业务上开始明确开展深度报道实践。几十年来，涌现出一大批报道质量上乘、社会影响显著且为受众所喜闻乐见的深度报道作品，成为我国新闻业务史上浓墨重彩的华美乐章。新闻传播实践性较强，尽管实践出真知，但并不意味着就可以忽视对深度报道的研究，实践中因对深度报道本身理解存在误角导致传媒深度报道运行不畅的现象并不鲜见。"深度报道"为新闻从业者所津津乐道，好像已成为常识，无需赘言；实际上却言人人殊，大家都以自己的理解去操作这种体裁，导致在实践中往往无所适从。因此，无论从研究上，还是从实践上，都有必要澄清对深度报道的认识，建立大体一致且为人所广泛接受的深度报道认知，明确其界定、内涵及特点，以助力研究深化和业务实践。本章尝试结合深度报道运作实践对其进行多元解读。

第一节　深度报道界定

　　在多元媒介竞争背景下，传媒自身生存与发展遭遇了严重的挑战。为此，深度报道成了众多传媒竞争的重要选择，但在新闻实践中，深度报道"选题难""采访难""操作难""传播难"等一定程度上成了媒体顺利开展深度报道的制约因素。究其原因，我们认为除了媒介技术发展带来的媒介生态的变化、传媒的市场化取向，以及受众信息接受习惯的变化等原因外，一定程度上也跟新闻从业者对"深度报道"的认识和理解有关。着眼于深度报道运行，著者结合自己从事深度报道的实践，谈谈对深度报道的理解，以期对深度报道工作的开展有所助益。

一、深度报道界定

基于现代传媒的竞争态势，时代的变化对传统媒体的生存与发展提出了新的要求。面对竞争，纸质媒体不约而同地将竞争策略转向"深度报道"。这一转型是符合传媒发展规律的，也符合社会转型期受众对传媒的诉求。转型期社会的常态表现就是矛盾凸显、危机频发、价值混乱、信仰失守、精神空虚等，给人们的生存环境带来较大不确定性，加剧了人们内心的彷徨和无助。面对加速的社会变迁，人们看不清方向，不知道"风往哪个方向吹"。社会个体内心的迷茫无以纾解，亟须外在权威的解释和引导。之前的社会，人们对"他者"的导向期待诉诸传统，传统道德的温情给人以心理慰藉，消解了外在不确定性对心理的冲击。现代社会人们视大众传媒和专家系统为权威，但在新的时代背景下，这两大系统都遭受了祛魅。在当下光怪陆离、愁肠百结的时代，人类将何以自处？时代在变，但人们内在心理需求没变，对外在世界的驳杂需要清晰而确定性的认知，既为心安，也为生存决策和实践能够如己所愿。信息是人们的生存资源，是日常行为决策的基础，在此意义上，信息知情权是基本人权。新闻业成为独立行业和社会正常运行的重要结构性因素，根源于人们的信息知情权。正是人们因自身搜集信息的不可能和不经济，才产生了对专职信息搜集和传播行业的需要，也才进而转让人权意义上的知情权给传媒，委托其代为执行，后者才由此得以拥有采访权，也才获得自身存在的合法性。因此，传媒的基本职能就是搜集和传播信息，满足受众的信息知情权。受众对信息的需求，不仅需要被告知信息，还需要信息被解释、被分析，也即受众要求明了信息所蕴含的深层次意义、价值或本质。在此意义上，传媒要充分实现自身基本社会功能，旨在深度挖掘和揭示世界本质的深度报道就不可或缺。

如前所述，我国传媒明确地进行深度报道的业务操作可以追溯至20世纪80年代。当时恰是一个思想解放的年代，深度报道形式的出现一定程度上风靡一时，实际上是顺应了时代转折关口社会心理的需求，是时代发展变迁在传媒业的折射。一大批聚焦社会热点、触及社会难点、直面社会不良现象的作品引发了受众共鸣，这些把握时代脉搏与受众同频共振的深度报道作品至今仍让人回想、为人乐道。1987年《中国青年报》有关大兴安岭火灾的"三色"报道（指《红色的警告》《绿色的悲哀》《黑色的咏叹》等三篇报道），超越对火灾本身的关注，着力对个别干部急功自利、自以为是、麻木不仁、体制桎梏、机制失灵等人们痛恨而又无力改变的现象和问题进行了生动形象的展示，其行文庄重而不失犀利、情绪饱满而不失理性、批评尖锐而不失善意，着重"用事实说话"、以理服人和以情动人，让人解气、引人深思。正是此类堪为典范的作品，让传媒人看到了深度报道的魅力而积极投身其中。

20世纪90年代以来，纸质媒体普遍地将深度报道作为传媒竞争的法宝进行精心打造，但很多媒体对"深度报道"的理解有所偏差，从而导致具体操作上困境频现，尤其是许多党媒的深度报道运作因机制不畅、保障乏力以及出于各种利益考虑的人为掣肘而步履维艰，以致走进死胡同，最后不得不"关门大吉"。因此，要搞好深度报道，首先要搞清楚何谓深度报道？不能盲目跟风、好大喜功，一味地唱"用深度报道助力媒体'权威、高端、思想、引领'"之类的自以为是的高调，形式上重视深度报道，实际上却视其为可有可无的点缀，华而不实、哗众取宠，贻误事业，着实害人匪浅。

明晰对深度报道的理解，并不是要求新闻从业者死抠概念，再者作为实践性很强的新闻传播实无必要，但不从思想认识上对深度报道的所指和意谓加以厘清，言人人殊、各唱各调，缺乏大体一致的理解和规范，在操作上就很难避免记者会无所适从。何谓深度报道？但凡概念，从来都是众说纷纭，很难有一个明确而又为业界普遍认可的定义或概念，但对基本概念的探讨仍然必要，可以丰富和加深对深度报道的理解。寻根溯源，我们在此先梳理出目前关于深度报道的一些有代表性的看法，以丰富和加深对深度报道的理解。

有一种说法认为，不存在什么深度报道，原因是"新闻"本身即有"深度"上的诉求，或者说"深度"本就是评价新闻质量的重要标准，对新闻本身就应该具备的"深度"质素，将其单独拿出来名之为"深度报道"，实在荒谬。这种说法应该说忽略了事实上新闻呈现的丰富样态和新闻体裁得以成立的合法性，即如果以"深度"为标准衡量，实际的新闻呈现在深度上是有差异的，并且各种体裁在着力新闻社会功能实现上也具有各自的倾向性或侧重点。比如大多数消息类作品实际上重在信息的迅速传播，而无意去探究信息所蕴含的"深意"；并且相对而言，消息类作品形式上规模一般不大，其信息容量有限，也就没有必要对信息进行深度挖掘和呈现。尽管文章深度并不能以篇幅长短而定，但大多数情况下较大篇幅以容纳更多信息却是实现文章深度的必要保障。因此，应当承认旨在探究事物或现象的规律、本质的深度报道存在的"合法性"，否则探讨本身既没有必要也无意义。

有学者认为："在我国，深度报道也称为'全息报道''全方位报道''解释新闻''大特写''社会纪实'。"①"全息报道"或"全方位报道"是提取新闻报道的某种特征来对其进行指称或描述；"解释新闻""大特写"和"社会纪实"等报道，其体裁特征相对较为明显；直接把这些指称或描述与"深度报道"进行同等替换，很显然有点随意

---

① 高宁远，郭建斌，罗大眉．现代新闻采访写作教程［M］．北京：新华出版社，1998：142.

且问题简单化了。同样，有学者认为，深度报道"是一种以'深'见长的新闻体裁"。① 这里简单地用"深"来意指深度报道，也比较随意且笼统。因为"深"不仅仅是深度报道的追求，消息、评论等诸多报道体裁亦追求"深"且能够实现一定的报道深度。

有学者认为："深度报道没有固定的格式，也不应过多地受篇幅长短的限制，只要能从深层反映新闻事实真相，通讯、特写、评论、专稿、调查报告等都可以写成深度报道，即便是一条信息，只要它立意高远，对问题反映深刻，也可以被看作是深度报道。"② 这种认识强调深度报道的内在核心诉求即是报道的"深度"，没必要在意以什么体裁或形式呈现。实际上，新闻体裁或形式之所以成立，就在于其有各自的表现方式和操作规范，否则体裁本身就没有意义，而专就报道"深度"而言，新闻实践中在历史转折或变迁的时代背景下，时常有"一句话新闻"因记录或标志了某一伟历史大时刻而实现了报道的"深度"。如果把此类比较特殊的"一句话新闻"也看作是深度报道，却显得有点勉为其难，仅仅以"深度"来界定深度报道，这种"只及一点不及其余"的认识就取消了表现形式对文本的意义。至于消息、评论、特写等体裁都形成了相应独立的报道规范和具有相应特色的表现形式，如此宽泛地将它们也看作是"深度报道"，很显然无法对"深度报道"本身进行深入探讨。只有承认"深度报道"具有相对明显的报道样态，或者承认其是一种相对独立的新闻体裁或报道形式，才有对其进行专门而深入探究的必要。

有学者指出，"深度报道是介于动态新闻与新闻评论之间的一种相对独立的文体。它是一种报道形式，通过系统提供背景材料，分析和解释新闻事实的性质、起因、后果、趋向等，就社会现象、经济现象、生活形象等进行深层次的思考，分析矛盾，揭示本质，从而晓之以理，导

---

① 张惠仁. 新闻写作学 [M]. 成都：四川人民出版社，1986：238.
② 陈作平. 新闻报道新思路 [M]. 北京：中国广播电视出版社，2000：155.

之以行。"① 这里将"深度报道"视为一种相对独立的"文体",还认为它是一种"报道形式"。文体即是体裁,可以看作是报道形式的一种,所以这种表述就比较模糊,并且,将深度报道看作一种体裁会窄化其所涵括的深度报道形式范畴。有学者就此写道:"深度报道这个概念不是与消息、特写、新闻评论之类'文体',而是与客观报道、新新闻主义等'倾向'属于一个范畴层面;它的本质不在于文体,而在于新闻本体的哲学理念。"② 同时,这里认为深度报道介于"动态新闻和新闻评论之间",不知是就何而言?如此认定的标准或层次是什么?尽管该认识对"深度报道"的描述基本符合实际,但显然它并没有对"深度报道"从概念界定上进行分析和厘清。

我们认为上述关于深度报道界定的引介分析,并未实现对深度报道的有效认知,理论认识模糊很显然不利于深度报道实践的正常运作。有学者就此指出,"深度报道所体现的是一种新闻旨趣,它揭示了新闻的主体和客体间的关系,从深刻(深刻性)和广度(广延性)两个方面指出了新闻文体以受众认知效用为主导的运作方向。"③ 这种认识并未拘泥于深度报道是一种文体或报道形式,而是从更高层面抓住了深度报道着力"深度探究"的旨向,并从哲学层面观照深度报道在揭示新闻主体和客体之间关系中的效用,同时高度概括了深度报道所具有的"深刻性"和"广延性"特征及运作方向。这种对深度报道的界定对诸如调查报道、解释性报道、精确新闻、预测新闻等具体的深度报道类型,具有较强的涵括性,为深度报道可能出现的创新形式留下了空间,因此对深度报道实践具有较强的指导意义和操作性。

也有学者提出:"深度报道就是一种力图通过报道新闻事件与社会的关联性,揭示新闻背后更深层次意义的报道文体或报道形式。它试图

① 黄晓钟. 新闻写作思考与训练 [M]. 成都:四川大学出版社,2002:475.
② 杜骏飞. 深度报道写作 [M]. 北京:中国广播电视出版社,2000:5-6.
③ 杜骏飞,胡翼青. 深度报道原理 [M]. 北京:新华出版社,2001:5.

将重大的事实置于多重事实的脉络中去呈现其核心意义。就其本质而言，不论是写人、写事，还是写现象，深度报道的核心追求就是揭示真相。"① 该认识涉及的问题已如前述，并且特别指出深度报道依赖大量事实作为背景以彰显深度意义的方式，但其强调"深度报道的核心追求就是揭示真相"，这里的"真相"应是哲学意义上的，也即强调深度报道对世界本质的揭示应该成为深度报道的"旨趣"所在。

　　由于对深度报道的认识很不统一，从业者都凭着各自的理解和认识在运作深度报道，但有一点，可能大家都有同感，就是看了某个报道之后我们对其是不是深度报道，总会有一个非常自然而迅速的基本判断。因此，从实践角度出发不妨将"深度报道"理解得更开放一些、包容一些、多元一些。综合上述分析，简单而言，所谓深度报道就体现在三个方面：一是报道的思想深度，另一个是报道所能展现的事实广度，最后是综合各种表达形式的新闻叙事。这是一个总的定位，可以作为从业者的一个依凭基准。以此为基准，一般所言的解释性报道、分析性报道、新闻述评、调查性报道、系列报道、组合报道等都可以纳入深度报道的范畴，而很多教科书对这里罗列的报道类型都与深度报道进行了细微的区分，对实际从业者而言，并无必要。况且文无定法，传统的许多新闻体裁本身也在不断发生变化，很多新闻作品很难按照传统的体裁标准进行框限和评价。比如近年来，主流媒体的很多长篇报道，杂糅了通讯、述评、评论等多种体裁的表现方式，成了"四不像"，但并不影响文本的影响力和感染力。因此，一定不要把深度报道固化为一种报道体裁，认为它一定要具备某种报道模式。严格来讲，深度报道的提法不是指一种体裁，而毋宁是一种报道形式。对深度报道的理解一定要宽泛，只有这样才能够把握其精髓，从而在运作上发挥的空间才能够更大。

---

① 张志安. 深度报道：理论、实践与案例［M］. 北京：高等教育出版社，2015：13.

二、深度报道解读

为更深入理解和把握深度报道，著者就实践中存在的关于深度报道的若干认识误区进行梳理和简要分析，并尝试提出自己的看法。

（一）深度报道"深"几许？

"深度"是深度报道的核心诉求，但对"深度"要有正确而符合实际的认识，否则盲目地追求所谓的"深度"会导致深度报道实践选题难度加大甚至无选题可做，整个机制运行难以得到保障。在深度报道实践中，记者在申报选题时，若干相关主管领导往往各凭一己好恶对"深度"进行任意裁断，意见打架导致记者无所适从。对深度报道缺乏规范认知，对"深度"过分苛求，进而使得整个深度报道业务机制运行困难重重。所谓"深度"，本质上不外乎是抓住了事实所蕴含的规律性的东西，也即我们常说的"深度报道是对事物本质的揭示"，这种说法本身没有问题，但关键在于深度报道能在多大程度上揭示事物的本质。

按照马克思主义观点，"本质"不会自我呈现或自我表白，探究和把握事物的本质是一个复杂而艰辛的过程，而新闻对世界本质的反映是整体性、全局性的，尽管深度报道以"深度"为旨向，但仅仅依靠单篇深度报道就能够实现对世界本质的揭示，几乎是不可能的。新闻是对事实的一种现象式和择取式的捕捉，并且其本身就具有绵延性或暂时性，是"撷取的大海中的一朵浪花"，这样深度报道所能达到的对事实本质的揭示也仅仅具有暂时性。马克思在谈到新闻的真实性时指出，单篇新闻只是对现象的部分反映，新闻的时效性使记者不可能彻底把事实弄清楚再去报道，但"只要报刊有机地运动着，全部事实就会完整地被揭示出来"。① 很显然，新闻对世界本质的反映和呈现，是就新闻业

---

① 马克思恩格斯全集：第1卷［M］. 北京：人民出版社，1956：211.

整体活动而言的，并且这里还只是强调新闻对事实的全面反映，而本质是要在这个基础之上进行理论思维的运作，才可能有所发现和揭示，由此可以看出揭示事物本质的难度。如果以反映和把握世界本质作为深度报道的"深度"的标准，很显然是勉为其难。因此，越是日常耳熟能详的话语，越有必要进行反思和清理，不能想当然地自以为是，把本属于哲学总体意义上的要求跨领域地拿来框限属于新闻范畴的深度报道。

再则，深度报道的"深度"，其实现也受很多条件的限制和约束，这些条件既有主观的，也有客观的，甚至是时代的。因此，对"深度"不能过分苛求，要承认深度报道在深度上的层级性和相对性，认识到深度报道对事实本质的探寻不具有终极性，套用一句广告"没有最好，只有更好"，深度报道也"没有最深，只有更深"。这样说，并不是否认或弱化深度报道的深度，也不是降低对从事深度报道者的要求。其意在强调记者要迅速把握报道时机，不能等所谓的"本质"自动出现了才去报道，从而坐失良机，其实"本质"正是我们在苗头刚出现时所要深度挖掘的。有一类深度报道的切入方式是就当前媒体集中关注的新闻进行深度挖掘，就是寻找所谓的"报道的第二落点"，但部分此类报道并没有对"第一落点的报道"有所超越，无论是在思想上还是在对事实的叙述上，都还停留在人云亦云的层面，或者说是停留在"第一落点"报道的事实堆砌和观点罗列上，可以说是"后来没有居上"，再加上时效性差，使得部分此类深度报道的传播效果大打折扣。

深度报道实现一定"深度"，跟报道选题、主题及相应的角度切入都有关系，而不是武断地苛求日常深度报道运作都能够实现哲学意义上的本质揭示。无视客观实际，苛求深度报道的本质意义上的"深度"，无异于自缚手脚，最终沦于无奈其何。

（二）深度报道"快"几何？

时间和空间构成世界运作的基本逻辑，作为旨在反映客观世界变动的新闻同样以时空为自身运作的基本维度。传统社会较为封闭和保守，社会结构变动缓滞，社会信息需求动力不足，因此对信息获取并没有太强烈的时间意识和心理感知。而现代社会，世界变动剧烈，人们生存不确定性增强，对信息的需求凸显，并且时间性具有了较强的时效性，进而会给人类社会实践效益带来现实影响，因此人们对信息传播所涉时空维度比较敏感。马克思写道："用时间去消灭空间，就是说，把商品从一个地方转移到另一个地方所花费的时间缩减到最低限度。资本越发展，从而资本借以流通的市场，构成资本空间流通道路的市场越扩大，资本同时也就越是力求在空间上更加扩大市场，力求用时间去更多地消灭空间。"① 其实物质商品流通意义上的"用时间消灭空间"，其有赖于媒介的发达程度，而媒介技术发展演进的规律和趋势就是"用时间消灭空间"，因此新闻传播的实质就是时空艺术，面对日常客观世界变动产生的巨量信息，新闻就是基于"用时间消灭空间"之上的选择艺术。

时效性是新闻的基本特性之一，一般来讲怎么强调都不过分，尤其是在当下新媒体背景下，信息的即时传播使得新闻时效真正是分秒必争。之所以如此，其根源仍然在于信息乃人类重要的生存资源，是人类行为决策的基础，决定着人类实践的成败。因此，抢先于他人占有信息即能获得竞争优势，所以人们对新闻有着强劲的逐新、逐快的内在动因。而作为其存在前提即在于满足人们信息需求的传媒而言，顺应人们对新闻求新、求快的心理需求，必然将时效作为衡量新闻大小的重要标准，并将其作为专业原则贯彻到新闻传播实践当中去。在此意义上，新闻是易碎品，而且作为精神产品，其在消费上具有非排他性，就更加强化了新闻的时效价值。

时效滞后往往会造成传媒自身报道跟在别人后面亦步亦趋，强调时效性，就是要求记者要勇于用自己的报道抢占媒体竞争中的制高点或第一效应，不能总是甘于做其他媒体的跟进者，要有"设置媒体议程"

---

① 马克思恩格斯全集：第46卷：下册［M］. 北京：人民出版社，1980：33.

的责任和自信。当传媒因各种原因无法第一时间获取相关信息时，如果该信息又因具备较大新闻价值而不能忽略不报时，就对传媒自身提出了挑战。如果跟在其他媒体后面进行"炒剩饭"式的重复报道，显然意义不大。在这种情况下，传媒需要采用深度挖掘、丰富内容、角度或叙事创新等多种手段，意图实现报道在传播效果上的"后来居上"。对当前热点新闻进行二度资源开掘，进行"第二落点"式的挖掘是深度报道的操作方式之一。但综观此类报道，由于本来在时效上就不占优势，"二次开掘"又没有实现一定程度的创新，传播效果自然不佳。

但对深度报道而言，如果唯"时效"至上，或可商榷。深度报道的完成本身就需要时间的投入，记者再怎么努力，也很难在新闻事实发生后的较短时间内，就能够绘就深度报道意义上的"鸿篇巨制"。深度报道要求内容要丰富全面，而所报道事实本身是需要在时间流中才能渐次展开和多元呈现的；再加之为凸显报道深度所需要的、与所报道事实有关的大量背景资料的搜集和拣选，也需要一定的时间保障才能够完成。鉴于此，可以说深度报道这一形式本身已经制约了新闻时效性的充分实现。如果坚持"急就章"式的深度报道，那只能是浮光掠影之作，很难实现深度报道的初衷和旨向。

实践中，深度报道过分强调时效性会在一定程度上形成单一的深度报道模式。对新闻热点事件的深度挖掘即"第二落点"式报道，是常见的深度报道模式，无形中已经僵化了。这种单一的选题方式也已经影响到整个深度报道的文本呈现，形成了一种千篇一律的结构模式。此类报道在文本组织和呈现上也显得单调乏味，结构模式很多都是由一个新闻事件的叙述开始，然后在内容的丰富性、主题深化、角度或叙事创新上做文章，此种常规模式，我们认为应该突破，应该多元。很显然，这种状况跟过分强调深度报道的时效性导致记者对深度报道的认识偏差有关。

过分强调时效性也会在一定程度上窄化深度报道的选题。其实，深度报道的范围很宽泛，可以说没有固定的边界。深度报道不仅要及时关注热点，还要注意"冰点"，这一点可以《中国青年报》的"冰点"为资鉴。新闻的发生有其规律性，并不会天天有热点、焦点。更多的是日常生活的平淡流逝，但在这平淡无奇的背后却"激流涌动"，这正是深度报道所要关注和挖掘的，也是体现记者功力之所在。

（三）深度报道兼顾主流和监督

传媒正常运行及其社会功能的实现，当然要坚持新闻传播的专业规范即尊重新闻传播规律，但更要认识到，传媒不是在"真空"中运作，它自始就嵌入在社会结构之中，不可能摆脱其他结构因素的影响，无论古今和中外。很长时期以来，西方新闻专业主义在我国新闻界受到推崇，如果不是有意无视常识，就是缺乏理论自信的表现。除此之外，新闻属于精神产品，具有精神属性，会影响和形塑受众的价值观，并进而作为社会动员的有效手段服务于特定意识形态的宣扬和引发革命或社会变革，这是传媒为任何政治或经济主体向来所重之根本所在。基于此，传媒通过信息传播与受众形成需求或利益互动，就使得自身具有了建立在信息传播基础之上的社会沟通协调、文化积淀传承、休闲娱乐等诸多功能。

在任何社会，作为社会结构中的重要维度，坚定承当特定政治意识形态宣教和主流价值观宣导以凝聚社会广泛共识是传媒日常运作的应有之义，也是其坚决恪守的报道原则和捍卫的报道底线。深度报道只是传媒新闻产品的一个类型，以其选题重大、主题深刻、呈现多元、影响显著等诸多传播优势而成为实现传媒上述功能的重要载体和报道形式。深度报道在实际业务运作中，要以中国特色社会主义意识形态和社会主义核心价值观为思想引领，围绕党和政府的中心工作进行选题，深入实际、深入群众、深入生活，对党领导广大人民进行的中国特色社会主义建设和中华民族伟大复兴的生动实践进行深入挖掘和鲜活呈现。这既是对深度报道运作的主流化要求，也是其彰显和实现传媒社会职责的表现。深度报道一般报道规模较大，传统报道观念上很自然地认为其社会影响力大，但是要考虑到深度报道的运作逻辑和规范，才可能取得较好宣传效果。然而实践中，围绕重大主题所展开的深度报道，大多是大块的经济成就报道、陈旧的政治口号阐释、空洞的道德说教，严格来讲，这些很难说是深度报道。当然，这些东西不是不能做，关键是怎么做。怎么将宣传意图与深度报道特定传播优势结合起来，值得思考。比如解释性报道一般被认为是深度报道的一种重要类型，但怎么去解释？是按部就班地图解政策或意图，还是进行富有创造性的多元阐释，也值得探讨。

源于新闻的精神属性，其通过信息传播激动受众思想、激发受众情感的强大社会效应，使得其工具性意义和功能向来为特定政治主体所重。社会正常运行所需要的和谐社会环境，既包括有序物理环境，更需要在精神意义上达成广泛社会共识。其中，传媒因其属性和传播优势成为特定政治主体进行舆论管控和舆论引导的重要工具、渠道和手段。具体到深度报道，其在实际运作中对选题和呈现有特定要求，即选题具有重要性、事实较为复杂、多元化呈现且具有较大张力等。这既是深度报道的特点，也是其传播优势所在。因此，深度报道要充分发挥自身传播优势和社会影响力，围绕中心、服务大局，站位高远，着眼大势，瞄准社会生活中为受众所瞩目的热点、焦点、难点问题，弘扬主旋律和正能量，开展有效舆论引导，发挥沟通协调功能，为和谐社会构建和社会主义建设尽心竭力。

深度报道在坚持主流和正确舆论引导的同时，还要正确看待和处理主流与监督的关系，否则深度报道操作的空间将越来越小，难度也会越来越大，效果自然很难如人意。传媒之所以具有监督功能，实际上仍然源于传媒在社会结构中的功能及其自身所具有的信息传播优势。传媒通过反映人类所置身其中的世界变动为人们展开有效社会实践提供决策基础，因而供传媒传播的由世界变动产生的信息具有客观性，应与世界变动的实际相吻合。唯其如此，传媒才可能有助于人类实践取得实效。在此意义上，作为传媒内容的信息本身并不具有"正面"或"负面"性，惯常对"正面"或"负面"新闻的理解和提法，是以其对社会可能造成的"正面"或"负面"效应为标准进行衡量的，显然是一种主观上的价值判断。因此，建立在新闻的精神属性和价值属性之上，传媒可以通过对信息所蕴含的、对社会整体正常运行产生威胁的潜在风险的揭示，来实现"环境监测"和预警功能，这就是传媒所具有的监督功能。

西方新闻业向以国家这艘大船的"瞭望者"而自诩，并将传媒批评和揭露发展成传媒运作的核心基本理念，推崇至上、奉若神明。调查性报道是西方新闻业的重要报道类型或体裁，其报道往往具有重大社会影响，报道通过诉诸公众舆论压力迫使特定社会问题得到解决，甚至一定程度上推动社会发生变革。在西方被视为新闻标杆的普利策新闻奖中的调查性报道，几乎都是批评性报道，且该类报道在普利策新闻奖获奖作品中往往占有较大比重，体现出鲜明的新闻报道倾向和理念。传媒通过新闻批评实现舆论监督，也是中国特色社会主义新闻事业的优良传统和重要的传媒功能，但需要明确的是，我国传媒开展的舆论监督与西方的批评报道在原则、出发点及运作逻辑上都存在着根本差异。

深度报道具有选题重大、主题深刻以及报道体量大等特点和优势，其舆论监督往往会造成较大社会影响和冲击力。也因此，深度报道开展舆论监督往往左右掣肘、困难重重。实践中，部分传媒往往对新闻批评"闻之色变"，面对问题躲着走，甚至"有闻不报"，习惯于规避关涉国家、社会和人民群众利益的重大难点、焦点问题，自我放弃了其自身所承担的监督职责。这里面有舆论管理问题，但更重要的还是对舆论监督的认识存在偏差，缺乏明确的传媒监督理念。

可以说，没有新闻批评报道，在一定程度上深度报道就没有魅力。舆论监督是深度报道彰显权威性和影响力的重要途径。当然，我们一定不要对新闻批评给予庸俗化的理解，认为深度报道就是纯粹的揭丑、纯粹的批判，等同于西方媒体的"扒粪""揭丑"。习近平总书记指出，"舆论监督和正面宣传是统一的"，要"坚持正面宣传为主，同时加强舆论监督"。① 我们的媒体批评是有传统的，是建设性的而不是单纯的破坏，"团结—批评—团结"既是舆论监督的模式，也是行之有效的批评原则。舆论监督在我们这里是一种艺术，但由于困境的束缚和局限，我们连舆论监督的耐心也没有了。不求有功，但求无过，作为官员和领导可以这样，职业新闻人如果也这样，职业的意义和价值以及对这个职业的认同就出现了危机。党的新闻工作者有着高度的责任心和高度的政治觉悟，怎么样既坚持主流，又能坚持开展正确舆论监督，需要站在一定高度多方运筹。

（四）深度报道叙事要多元

叙事是运用特定符号对世界变动即信息进行有序组织和呈现的活动，由此信息所蕴含的意义得以传达并实现特定社会功能。叙事因关涉意义生产和传播而具有较强的工具性，再加之其生产意义所运用的符号具有较大张力（意即符号能指与所指之间具有约定俗成的"随意性"，其不同组合会生发不同意义），叙事遂为人所重并形成特定的话语权力。根据前述对深度报道的界定和理解，相对于消息作品，深度报道的规模和体量一般较大，且有较高的报道要求，这就为其叙事提供了较为充分的发挥空间，而不必像消息作品那样严守大致固定的叙事模式，并且，着眼于叙事宗旨和目的，深度报道叙事所采用的表达方式也比较综合、多元，明显有别于单一的叙述、说明或议论等表达方式。

基于此，在一般意义上，深度报道具有明显的叙事性。作为叙事文本特征比较明显的深度报道，一般报道规模较大，在实践中大多深度报道稿件在三千字以上，单篇六七千字的稿件也不鲜见。但深度报道是根据其所展现的事实广度和呈现的思想深度而言的，尽管一般来讲，深度

---

① 习近平总书记党的新闻舆论工作座谈会重要讲话精神学习辅助材料［M］. 北京：学习出版社，2016：7.

报道篇幅较长，但万不可以为凡深度报道就要"长篇大论"。如果局限于篇幅长的才算是深度报道这种观念，会对我们的选题和文本组织造成影响，比如把本来意义不大的事实进行人为拉长，这样对我们自己也是勉为其难。因此，能否做深度报道，不是取决于事实所能铺陈的幅度大小，而在于事实本身所具有的"厚度"、其能体现的深度以及所能引发的思考和共鸣。拘泥于篇幅一方面会限制我们的选题，另一方面也会使版面臃肿沉闷。能否破除"篇幅论"，从报道形式上入手，重视组合式深度报道，即围绕一个主题有消息、有评论、特写、花絮、新闻故事等所组合而成的深度报道。在这种形式中，各种新闻体裁的作品共同组合，使整个报道实现一定的深度。这种方式要实践，对丰富版面会有效果。

消息写作强调概述、评论写作强调议论等，自是其历经大量新闻实践而形成的特定体裁要求。作为特定报道形式的深度报道，在叙事上则比较多元，强调综合运用叙述、描写、抒情、议论、说明等多种表达方式对文本进行组合与"编织"，以充分发挥和实现叙事的力量。

深度报道的基本表达方式是叙述，这符合"用事实说话"的新闻报道原则，但实践中，许多深度报道文本的"叙述"则比较单调和干瘪，极大削弱了文本的阅读效果和感染力。其实，叙述本身也有抽象和具体、选择与舍弃、静态与灵动等诸多方面的考究，并不是简单的符号排列与组合。深度报道对事实的叙述要多元，要有灵气，要能使读者在阅读中透过文字感受到作者的态度、意见、思想和感情。很多深度报道在叙述上是单一的，没有很好地将情感熔铸在事实的叙述之中。传媒要以人为本，由此实践中人物类深度报道在弘扬主旋律和正能量上就具有重要意义，且因报道主角是"人"，其理论上应该更能够打动人，从而具有较强吸引力和感染力，但许多媒体的该类深度报道却往往不尽如人意，非但报道思想没有达到一定深度，没有触及人物个性和人性，也体会不到人物的魅力；而且还抱残守缺，以传统上的"高大全"模式对人物进行框限，让人难以卒读，这很大程度上跟文本的组织叙事有关。

在一定意义上，讲求新闻叙事，就是讲求如何更好地对事实、现象、人物、问题和行为进行富有意义和情感的有效表达和呈现。在新闻从业者观念里，这些往往习惯于被视为文学考量的范畴。文学以虚构为其基本叙事特征，一定意义上脱胎于文学的新闻，为建构和强化其真实、客观、公正等社会地位及形象，面对文学往往唯恐避之不及。由此，新闻为强化其"合法性"和彰显其公信力，就无视实际而盲目地割断了其在叙事意义上与文学之间密不可分的关联。实际上，考诸中西新闻传播史，新闻又何曾与文学做过"一刀两断"？实则不是不想，而是不能！

西方新闻界曾有一种思潮叫"新新闻主义"，就是主张用文学的手法来写新闻，但是他们做得有点儿过火，曾经喧嚣一时，但很快归于沉寂。文学叙事与新闻叙事的关系时断时续、起起伏伏，近几年引发广泛关注的非虚构写作又开始风靡。新华社前社长穆青曾经提出过"散文化新闻"，也曾经引起热烈的讨论，但最后为我们所认同。散文的基本特征是"形散神不散"，这一原则完全可以为新闻报道所用，尤其是为深度报道所用。穆青在谈及通讯写作时指出，"在严格遵守新闻必须真实这一原则的前提下，一切可用的表现形式和表现手法——文学的、政论的乃至电影艺术的某些表现手法，都可以适当地吸收到人物通讯的写作中来，为表现主题，刻画人物服务。人物通讯中可以有记者的抒情、议论和评述。甚至类似《史记》中'太史公曰'那样的人物总评的手法，也不是不可以借鉴的。"① 深度报道的产生有复杂的社会原因，与我们新闻报道理念的变革有关，也与日渐加剧的传媒之间的竞争有关。正是基于此，我们才提出要搞深度报道。所以，能为深度报道所用的东西完全可以大胆地运用，前提是恪守新闻报道的底线毫不动摇。

总之，搞好深度报道要在思想观念上解决对深度报道的认识和理

---

① 穆青. 谈谈人物通讯采写中的几个问题［J］. 新闻战线，1979（4）：15.

解，在此基础上采取现实主义的态度，使深度报道具有更强的操作性，从而有助于传媒竞争力的提升，并更好地发挥和实现传媒的社会职能。

第二节 深度报道特点

理论上讲，既然是特点，其一定为特定主体所独具，但这里有程度和主体异同问题，如果对"特点"严苛要求，则恐"特点"将所剩无几。比如，深度报道特点之一是"选题"重大，但实际上其一般也是其他新闻体裁在选题上的要求，如此则该特点之于深度报道就很难成立。因此，从实践上看，这里对深度报道特点的总结和归纳，实际上是强调一种倾向或侧重，即在总体上其契合于深度报道的意旨和要求。在此意义上，作为一种相对独立的报道形式，深度报道自身具有较为明显的特征。这里结合深度报道实践从其选题、内容、主题、功能及叙事等几个方面进行归纳和分析。

一、选题重大

世界无时无刻不在变动，由其变动产生的信息亦无穷尽。信息是无限的，传媒的传播能力和受众的信息接收能力则因受时间的刚性约束而显得极为有限。此一无限与有限之间的矛盾，决定了新闻是一门选择的艺术。选择就要有标准，选择此就意味着排除彼，也即"非此即彼"。"重要性"就是衡量事实是否具备新闻价值、价值大小及是否值得或能够传播的标准之一，在一般意义上，新闻报道的选题都应受到"重要性"标准的审视与衡量。但就深度报道而言，着眼于重大选题既为我国传媒性质、功能所决定，也与深度报道作为一种"重磅报道"本身对内容及其呈现的要求有关。一般来讲，新闻报道篇幅长、版面处理规模大，往往意味着某种态度或立场，传达着超越事实本身的重要意义。

　　作为一种新闻价值判断的标准，所谓"重大"是建立在新闻之于公众利益关涉考量的基础之上的，也即新闻在多大程度上会对公众利益形成促进或损害。以公众利益为衡量标准，新闻所涉信息、现象、事实、问题、人物以及行为等如果对一定范围的公众产生影响，就意味着其具有重大新闻价值。习近平总书记强调，党的新闻舆论媒体的所有工作，"都要坚持党性和人民性相统一，把党的理论和路线方针政策变成人民群众的自觉行动，及时把人民群众创造的经验和面临的实际情况反映出来，丰富人民精神世界，增强人民精神力量"。① 总体上，作为"党、政府和人民的耳目喉舌"，我国传媒承担着党的思想、方针和政策路线的宣传贯彻、政府中心工作动员和落实、社会主流思想塑造和引领以及人民群众利益谋求和维护等重要职能。总体而言，此类范畴因所涉社会面较广、影响群众范围较大而成为传媒深度报道运作重点关注所在。比如《人民日报》推出的深度报道作品《干部进楼栋 精准解民忧》，对重庆市万州区解决群众急难愁盼突出问题和一般性诉求的楼栋工作机制进行了报道。② 报道所涉选题之所以重大，显然是因为其涉及人民群众的利益，尽管报道只涉及重庆市万州区，但基于《人民日报》的性质和权威性，其意在以此为典范向全国倡导工作下沉基层的"以人民为中心的工作导向"。而与此直接相关的背景则是，2021 年 1 月 28日，习近平总书记主持召开的中共中央政治局会议指出，推进基层治理体系和治理能力现代化建设，是全面建设社会主义现代化国家的一项重要工作。各地区各部门要从巩固党的执政基础和维护国家政权安全的高度，深刻认识做好基层治理工作的重要性。很显然，在新时代背景下，转型期社会矛盾的复杂性使得基层社会治理价值具有全局意义，由此彰显了该报道选题的重大价值。

---

① 习近平总书记党的新闻舆论工作座谈会重要讲话精神学习辅助材料［M］. 北京：学习出版社，2016：6.

② 王斌来，崔佳，蒋云龙. 干部进楼栋 精准解民忧［N］. 人民日报，2022－04－22（13）.

　　除了从党、政府和人民等总体意义上考量深度报道选题的重大之外，对"重大"的理解还要考虑到其具有相对性，跟时间、地域及传媒所处行政层级有关。就时间而言，"重大"的考量是变化的，此一时、彼一时，"重大"会随社会时代的变革而调整或转换。就地域而言，特定地域范围的"重大"存在差异，尤其是我国区域发展不平衡是基本国情，这一点在深度报道选题上体现得就更为明显，一地之"重大"选题对异地来讲可能就显得稀松平常，甚至毫无报道价值。因应行政体制设置，我国传媒体制也具有行政层级性，就传媒所处层级而言，低层级传媒所认为的"重大"与高层级传媒显然有异，各个层级所处位置决定了其对选题"重大"衡量的标准。传媒行业类别及受众定位，也是深度报道选题是否重大的重要考量。考虑这些因素，有利于传媒深度报道实践中对重大选题的把握。

　　同时，对选题重大的诉求也是深度报道形式的要求。相较于消息、评论等其他新闻体裁，深度报道一般篇幅较长、版面呈现规模较大，基于传媒代组织发言、表态的性质和权威性，深度报道影响就较大，因此也决定了其对重大选题的诉求。重大选题往往关涉根本，其内容自然就较为复杂，如此也才能够撑得起深度报道这一重磅报道形式。如果选题所涉事实单一、意义浅显，就没有必要削足适履、强求采用深度报道的形式对其进行呈现。

二、内容丰富

　　在一般意义上，新闻报道也有内容丰富的诉求，但对消息而言，其体裁形式在一定程度上对该诉求形成了制约，其报道规模或体量很难容纳大量而复杂的信息。再加之消息传播对时效性的突出要求，即使强调消息要内容丰富，其也只能凭借表达上的"言简意丰"来实现，叙事意义上的延展、描摹、情感、结构设计及铺排等发挥空间极为有限。

　　如前所述，深度报道对事物本质的揭示是建立在事实的丰富性基础之上的，因此内容丰富既是深度报道作为一种报道形式的内在要求，也是深度报道的重要特点，成为衡量深度报道"深度"的外在表征。一般的新闻，着重"一事一报"以追求时效和旨在信息告知，既没有太多的时空延伸，也不需要叙述详尽，并且消息对特定思想或主题的表达也需要事实相对单一和集中，才能实现有效传播。而深度报道则不同，其旨在揭示事实或现象的本质，而本质需要通过对事实信息的搜集并对其进行基于联系、矛盾等哲学逻辑和方法的思维运作，才能逐渐有所揭示和呈现，也才能给人以深刻认知、思想启迪、情感净化或引发人们对其进行深入思考。因此，就深度报道而言，单一的事实或信息意义不大。

同时，深度报道的文本一般篇幅较长，这也给事实的汇聚和复杂呈现提供了延展的容量和空间。比如，《人民日报》刊发的深度报道《"只要愿意干，家门口就有钱赚！"》，其主要内容是："近年来，福建持续开展就业帮扶，助力脱贫，使劳动力就地就近就业：积极打造帮扶车间，规划建设产业园，申请以工代赈项目，开发公共服务类、便民服务类等公益性岗位，创造更多岗位，吸纳更多人员就业。"① 就其内容而言，其信息已经足够写成一篇消息作品。而深度报道则不同，围绕上述内容进行信息放大和丰富，对每一种促进当地家门口就业的措施提供了原因、实施过程及情形，且以生动鲜活的案例展现了措施所取得的成效。由此呈现出深度报道与消息报道在内容上的明显差异，前者的丰富性显然非消息可比，而只有对内容信息进行这种多维度的立体呈现，才能让读者更深刻地体会到党和国家实施和推进脱贫攻坚战略所具有的重大意义，而这恰是该深度报道的主旨所在。

从新闻本身来讲，新闻就是事实的报道。而作为新闻报道内容的事实，不管是事件、现象还是人类行为，其存在或发生的基本维度就是时

---

① 施钰，王崟欣."只要愿意干，家门口就有钱赚！"［N］.人民日报，2022-04-21（14）.

间和空间，也即它们总是在一定的时空范畴里运作，这是事实在哲学意义上的深层逻辑。从新闻学常识看，新闻事实的完整呈现有赖于"5W"。一般认为，深度报道对"深度"的诉求，要求对事实的"怎么样"和"为什么"进行深度挖掘，但并不意味着事实的"时间""地点"和"事态"等要素就无足轻重。其实将"时间"不是仅仅看作某个节点，而是将其泛化为"历史、当下和未来"；将"地点"不仅仅看作某个地方，而是将其泛化为"社会空间、心理空间和精神空间"；就能够更加深刻地理解事实的丰富性及其得以形成的逻辑路径。正是将事实置于这种"时空"交错、纷繁复杂、相互联结的关系中，才能够最大可能地实现深度报道对事实本质的揭示。

内容丰富不仅仅是事实信息在量上的简单堆砌，更是事实所蕴含的信息要素之间的关系形态，正是信息质素之间的关联、互动使事实变得错综复杂，从而使"复杂性"成为深度报道内容丰富的重要内涵。深度报道旨在探究世界的本质，而"本质"是内隐的，其之所以不能被直观认知而需要人们去费力探究，即在于本质所依附事实或信息的复杂性。在此意义上，如果事实本身比较单一，其所承载或蕴含的本质意义比较显见，那就没有必要采用深度报道形式对其进行呈现。因此，之所以将"内容丰富"作为深度报道的重要特点，既是该报道形式功能上的要求，也是其形式要求。凭此，为深度报道选题和运作提供要求和标准。

三、主题深刻

主题即思想，一般来说新闻报道总要通过事实呈现来表达某种主题或观点。就一般新闻而言，尽管需要确立主题，但还有大量信息并没有明确的主题思想，比如说媒体上大量的诸如天气预报、商业活动等服务性信息，很难说要表达什么特定或深刻的主题。但深度报道的旨向即是通过事实的汇聚以提炼和传达某种主题思想，且其功能即在于通过报道来揭示事实的本质，具有明显的"深度"取向。而在一般意义上来说，费尽周折建构一篇较大文本规模的报道，如果不是为了传达某种主题思想，则让人莫名其妙、不知所以。

深度报道不但要传达某种主题思想，而且强调要深入挖掘主题并尽可能深刻。针对同一事实的报道，基于各种主客观原因，所呈现出的主题在深刻性上存在深浅层次的差别，主题深刻也是衡量报道能力和水平的重要标准。比如，《人民日报》荣获第 27 届中国新闻奖一等奖作品《老郭脱贫记》，内容其实很简单，就是通过叙述贫困户老郭在政府帮扶下脱贫的故事来反映脱贫攻坚所取得的成绩。① 该报道如果主题确立仅止步于此，则主题就显得平庸肤浅。实际上该报道在讲述老郭脱贫故事时，着意的是贫困户老郭体现出的思想境界："政府托了底，致富靠自己。"基于脱贫攻坚过程中不少贫困户存在"等靠要"的思想懒惰现象，该报道主题揭示了脱贫致富的关键在于贫困户要有脱贫的主观愿望和积极行动，具有较强的现实针对性。显然，该报道主题与一般性同类报道相较，在深度上更胜一筹。

深度报道追求主题深刻，在主题确立上要做到"顶天立地"。所谓"顶天"，即是要站位高远，着眼全局，将事实置于大局中进行观照，在大局中凸显深度报道主题。习近平总书记指出，"宣传思想工作一定要把围绕中心、服务大局作为基本职责，胸怀大局、把握大势、着眼大事，找准工作切入点和着力点，做到因势而谋、应势而动、顺势而为。"② 因此，深度报道确立主题思想，要以"坚持习近平新时代中国特色社会主义思想""决胜全面建成小康社会、夺取新时代中国特色社会主义伟大胜利""维护国家主权、安全和发展利益"等大局为坐标，通过将报道事实与大局对标来挖掘和确立主题思想。这既由我国传媒在总体上都是"党媒"性质所决定，也是中国特色社会主义新闻事业价

① 马跃峰.老郭脱贫记［N］.人民日报，2015-12-25（1）.
② 习近平谈治国理政［M］.北京：外文出版社，2014：153.

值评价的重要标准和要求。

所谓深度报道主题确立的"立地",即是要深入实际、深入群众、深入生活，将事实置于现实中进行观照，在现实中凸显深度报道主题。群众路线是中国共产党取得革命和建设胜利的重要法宝之一，密切联系群众也是我国新闻事业的优良传统。习近平总书记在全国宣传思想工作会议上指出，"要树立以人民为中心的工作导向，把服务群众同教育引导群众结合起来，把满足需求同提高素养结合起来，多宣传报道人民群众的伟大奋斗和火热生活，多宣传报道人民群众中涌现出来的先进典型和感人事迹，丰富人民精神世界，增强人民精神力量，满足人民精神需求。"① 比如，随着经济社会快速发展，以及国家"家电下乡"政策的实施，家电在农村得到普及。但由于农村地域广阔、家电维修网点少，农村家电遭遇维修难。深度报道《农村家电，谁来维修?》对此进行关注，揭示了农村家电维修状况、存在问题及原因，通过多方采访为缓解农村家电维修难谋求解决办法。② 人民是历史的创造者和推动者，这是马克思历史唯物主义的基本观点。传媒的深度报道运作要贯彻党的群众路线，深入群众中去，以甘当小学生的精神向群众学习，问计于民，聆听呼声，才能使报道主题得到升华并实现一定深度。

深度报道主题深刻性还体现为对现象或问题的关注。事件或事实的发生是事物变化的结果，其是否具有新闻性取决于其变化的反常程度、变化强度、变化范围及其对公众利益的影响程度。就深度报道而言，尽管单一新闻事件或事实常常蕴含着某个重大主题或具有深度开掘的可能，但相对于事件或事实重复累积而成的现象来讲，后者在内蕴主题的深刻性上往往更具有普遍性。在哲学意义上，现象是本质的表现，蕴含和彰显着本质。深度报道以探究本质为要，日常现象自然就成为深度报道在选题上的重点关注所在。问题亦是事物变化的结果，以主体利益来

---

① 习近平谈治国理政［M］. 北京：外文出版社，2014：154.

② 闫伊默. 农村家电，谁来维修?［N］. 河南日报，2012-08-01（8）.

衡量，其往往具有负向性，意味着复杂难解且对社会正常运行或人们利益产生重大关涉。基于问题自身质素及其自身彰显的事物样态，深度报道主题的深刻性也往往外显为对各种"问题"的关照。

四、注重引导

基于中国特色社会主义新闻事业的性质及其在社会运行中承载的舆论反映和思想引领功能，深度报道选题和主题确立体现出较为明显的"正面宣传为主"的特征。2013年8月19日，习近平总书记在全国宣传思想工作会议上指出，"坚持团结稳定鼓劲、正面宣传为主的方针，是宣传思想工作必须遵循的重要方针。我们正在进行具有许多新的历史特点的伟大斗争，面临的挑战和困难前所未有，必须坚持巩固壮大主流思想舆论，弘扬主旋律，传播正能量，激发全社会团结奋进的强大力量。"[①] 如前所述，传媒产品的精神属性决定了其作为社会结构中的重要维度，需要对其所承载的精神内容及其所蕴含的意义进行社会效果取向的谋划、判断和引导，这是传媒舆论引导的"合法性"所在，也是传媒具有舆论反映和引导功能的普遍性存在，无分中外。谈及舆论引导，有一种说法比较普遍，认为其是"中国特色"、为"中国传媒所特有"，其意在强调西方资本主义国家传媒的所谓"客观""公正"等新闻理念。很显然，这种说法不仅片面，甚至是无视传媒属性和传媒客观实践的一种偏见。盲目推崇西方新闻观念，实质上是缺乏理论自信的表现。中西新闻业基于不同传统和基因，其反映和引导舆论的机制、方式或模式自然有较大差异，以外在形式上的差异掩盖甚至无视二者同具精神属性的基本特质，如果不是别有用心，那就是一种无知。

深度报道坚持以正面宣传为主、弘扬社会正能量，符合马克思主义新闻观辩证唯物主义和历史唯物主义的立场、观点方法和内在要求，也是中国特色社会主义新闻事业的优良传统。上层建筑是特定社会经济基

---

① 习近平谈治国理政［M］. 北京：外文出版社，2014：155.

础的集中反映，隶属上层建筑的传媒在内容上反映着特定社会的思想和价值观，同时作为思想载体或渠道，在社会形成和正常运行中厥功至伟。社会作为共同体，其正常运行需要社会成员具有大体一致的思想和价值共识，其间传媒日常运作则成为汇聚共识以实现社会认同的重要手段和机制。多元思想文化和价值观是现代社会文明程度的标志之一，但这种"多元"很显然是以"主流"或"主导"为前提的，否则一定程度上的社会整合就难以形成，并进而影响到社会的正常运行。体现在传媒实践中，深度报道以重大主题、重大活动、重大事件、重大典型、重大问题、重要现象等为主要选题，以揭示其蕴含的社会主流本质，用正能量激发人们的心理共鸣，凝聚社会广泛共识，为中华民族伟大复兴营造正向舆论氛围。因此，传媒深度报道运作坚持"以正面宣传为主"具有哲学意义上的"合法性"，也是社会实践意义上的内在要求。

深度报道坚持正面宣传为主，并不意味着一味回避舆论监督。一般而言，舆论监督就是对政府工作和社会生活中的不良现象或行为，通过媒体进行批评，以形成舆论压力，进而迫使问题得到改观或解决。所以传媒舆论监督给人的印象就是负面的，由此无论是被批评者还是一般公众，往往简单认为传媒搞新闻批评就是添乱、找茬，从而产生心理抗拒并有意阻挠，给传媒舆论监督实践带来困扰。这里存在认识误区，从马克思主义观点来看，所谓"正面"和"负面"都是事物或现象的客观表现，二者是相互转化的关系且处于不断变动的过程中。以此观之，事物或现象的"正面"和"负面"是人从涉及自身利害关系出发的主观判断，并不是事物或现象的本来面貌。因此，舆论监督与正面宣传并不矛盾，而是一致的、统一的。一定意义上讲，舆论监督也是一种正面报道。一味回避或排斥舆论监督，不符合我国传媒性质和职能的要求。因此，深度报道不是要不要做舆论监督的问题，而是如何做建设性舆论监督以实现"帮忙而不添乱"的问题。

深度报道要将舆论引导贯彻全过程，有人认为社会新闻、娱乐新闻等"软新闻"不存在引导的问题,这种看法是错误的。2012 年 10 月,电影《一九四二》即将上映,该电影讲的是 1942 年发生在河南的大灾荒,原著作者和编剧刘震云是河南人,电影制作是冯小刚大牌团队……从接近性上来讲,《河南日报》介入报道是有足够的新闻价值做支撑的。如果仅仅就电影《一九四二》本身来做,只不过是一个娱乐新闻而已。按照传统的惯性思维,党报的深度报道不可能对其进行关注。实际上,《河南日报》是借电影上映这一契机,深度观照了有关 1942 年的大灾荒及其所引发的记忆、人性、道德等人文话题和思考。发生在 1942 年的大灾荒,使河南饿死约 300 万人、逃荒约 300 万人。当时的中原可谓饿殍遍野,"变卖妻女、易子而食"并不鲜见。然而,对这场惨绝人寰的大灾难,我们却忘记了,不论是后人还是亲历者。为什么?原因值得探究和深思!当时在部分媒体的报道中,有报道有意拿当年"河南民变"说事儿,用汤恩伯当年骂"河南人汉奸"的话来挑起有关河南人形象的无聊话题。对刘震云的专访中也提及这个话题,意在借他之口对此进行反驳和引导:

记者问:有媒体就小说里面"日本进攻中国,老百姓缴了国军的枪"等细节,再次提出河南人形象问题,您怎么看?

刘震云回答道:跟很多文明一样,河南依河而居,是中华民族的摇篮。问问母亲来自哪里,母亲从这里来,因此具有包容性。

由电影《一九四二》引发出深层次的复杂问题,为深度报道的运作提供了较大发挥空间,《河南日报》就此刊发了《在遗忘的历史中,寻找微弱的光芒》。① 所谓引导是就思想或导向而言,一般来讲新闻报道都要传达某种思想或观念,不能说非政治、经济等重大题材就不存在价值观引导问题。

---

① 闫伊默. 在遗忘的历史中 寻找微弱的光芒 [N]. 河南日报, 2012-11-26 (7).

综上所述，基于传媒深度报道实践，深度报道呈现出选题重大、内容丰富、主题深刻、注重引导等主要特点。明了深度报道特点，有利于增强对深度报道这一报道形式或体裁的理解、把握和实际操作，从而规避报道选题和报道形式之间择取、匹配和契合的误区，从而使报道内容和报道形式相得益彰，也使二者在报道效果上互动互促、互相成就。

第三节　深度报道形式和类型

报道形式着重外在形态，报道类型着重内容的共性抽象。根据不同标准可以将深度报道分为不同形式和类型，对报道形式和类型的划分和认知，意在从不同角度来加深对深度报道的认知和理解，以利于在实践操作中能够迅速根据选题选择采取合适的报道形式。

一、深度报道形式

文无定法，采取何种方式展开深度报道，要综合考虑题材本身的重要性、复杂程度及思想张力，也要统筹考虑报道背景、时机及版面呈现等多种影响因素，量体裁衣使内容和形式相得益彰，避免和反对削足适履。基于实践考察，深度报道常见的报道形式如下。

（一）独立式深度报道

所谓独立式深度报道，是指以单篇报道来操作的深度报道，是深度报道中最为常用的报道形式。基于传媒的性质和权威性，一篇报道规模本身具有很多意味，因此篇幅规模较大的"重磅报道"形式选择，往往需要慎重考量和谨慎决策。由此，独立式深度报道形式就为深度报道常规化运作所采用。

独立式深度报道，往往就某个事件、某种现象、某个人（群体）或某种行为展开报道，主题相对较为集中，以单篇报道规模即可圆满实现报道意图，并且该单篇报道刊发后所引发的思考、回应或者说报道内容后续的发展等，短时期内不太可能具备再次用深度报道形式进行呈现的可能。比如，深度报道《跨海建大桥 不砍一棵树》，在建的广西第一跨海大桥——钦州龙门大桥动土动海的工程基本完成，"作业区红树林安然无恙，没有一棵被砍伐"。记者以"人与自然和谐相处"为主题，用"避：多花五个亿保树改设计""移：再难也要试 挪树开先例"和"护：多道防线堵 拦死砂石土"等三个模块，对"跨海建桥不砍树"的经验做法进行了报道。① 尽管"人与自然关系"的环保主题需要持续不断地弘扬，但就该报道内容的个案而言，基本上没有再继续挖掘的可能。即使有挖掘的价值，但深度报道内容和篇幅的内在要求，也需要所报道的事实经历较长时间段的变化和延展才有可能。

独立式深度报道是传媒深度报道操作中最为常见的基本形式，其强调通过较为丰富的事实挖掘和呈现以实现其"深度"意旨，且在选题确定、体裁选择、主题提炼以及文本呈现上，都需完全符合深度报道的特定要求。

（二）组合式深度报道

所谓组合式深度报道，即围绕某个主题将其所涉及的内容以类型、时空、体裁等为标准进行组合并在版面上进行集中呈现而形成的报道形式。传媒使用组合式深度报道形式，一方面意在拓展报道内容、综合运用多种新闻体裁表现力以及形成较大版面规模增强报道的重磅效果，同时也可以丰富和美化版面，增强形式吸引力。2008 年 10 月，《中共中央关于推进农村改革发展若干重大问题的决定》指出，"按照依法自愿有偿原则，允许农民以转包、出租、互换、转让、股份合作等形式流转土地承包经营权，发展多种形式的适度规模经营。"同时，随着农村人口逐步转移和现代化农业建设不断推进，各地农村探索"土地流转"

---

① 张雷，吴德星，袁琳. 跨海建大桥 不砍一棵树 [N]. 广西日报，2021-12-23（1）.

步伐加快，在青年劳动力纷纷外出务工的背景下，土地流转给农民带来的不仅是实实在在的利益，更是对农耕文明传承的一种变革，深度报道《土地流转"流"出了什么？》对此进行了调查。① 报道对土地流转的发展演变、土地流转的成效及流转中出现的一些问题和思考进行了全面呈现。同一版面上配发了"记者手记"《让农民成为最大受益者》，对土地流转中涉及农民利益保护的问题进行了思考，进一步补充和深化了报道主题：

> "国家对农村土地允许承包权流转，意义重大。但在流转过程中，既要让流转行为合法合规，也要注意保护农民的合法权益，使土地流转健康运行。
>
> 首先，在土地流转的价格确定上，应该是双方平等协商的结果。……土地是重要的生产要素之一，农民有权利参与土地增值利益的分配，而这一点尚未纳入合作社或开发公司的明确考虑。
>
> ……
>
> 记者走访发现，很多经营流转土地的合作社和公司，其掌舵者及股东都是农村中有经济实力或经营头脑的'能人'。……然而，基于各种背景条件，提高农民的经营意识则是一种必要的选择。土地流转符合市场规律的要求，也符合"先富带动后富"的共同富裕之路，关键的是如何保证掌控大量土地的合作社或农业开发公司能够真正地按照市场化规范运作，从而避免土地流转成为少数人谋取私利的幌子或工具。
>
> 土地流转后的经营是一种市场行为，这就必然存在着经营风险，而这一点关涉到农民的切身利益，需要相关的配套机制加以保障。
>
> 我省是产粮大省，在确保国家粮食安全中起着重要作用。土地

---

① 闫伊默.土地流转"流"出了什么？[N].河南日报，2011-08-22（4）.

流转后，按照市场化经营土地，如何确保土地流转不对粮食生产形成挑战，也是一个值得思考的大问题。沁阳市农业局（注：现为'农业农村局'）的郑建东说，沁阳严禁流转后的土地改变农业用途，同时还硬性要求保证全市35万亩土地进行粮食生产。

土地历来是农民安身立命的根本，事关社会的和谐与稳定。在新的形势下，如何既使土地发挥最大效益，同时又充分保障农民的土地权益，仍然是值得我们思考并有待破解的重大命题。"

这就是一种典型的组合式深度报道，通过报道体裁的组合，充分利用不同新闻体裁的优势来提升报道的深度。"记者手记"作为一种随感式的轻型文体，比较适合将深度报道文本中因各种考虑而无法或不宜体现出的事实、细节、现象、情感以及观点意见进行补充性呈现，这种补充既是对内容的补充，在深化主题上也能收到"意在言外"的效果。

还有一种组合式深度报道不仅是体裁的组合，还包括内容和报道思想的组合，其形式化色彩更为明显。2012年11月8日是第13个记者节，作为记者的节日，乘势进行报道策划既营造了节日气氛，也可以借此倡导和传达记者的职业理念，形成正向引导和良好舆论氛围。《河南日报》为此刊发了一期组合式深度报道《记者节，让我们再一次认识记者……》，该报道在同一版面上刊发了7篇稿件，主打稿件是由该报社社长执笔的《把责任刻在心上扛在肩上》，在总结成绩的基础上，重点强调了党报记者应承担起的社会责任，作为该组合式深度报道的主题思想引领。《谁是"何平"？》和《名专栏是怎么炼成的》对当年获中国新闻奖的新闻作品和新闻专栏进行了报道；《"走转改"成记者常态》《看看新闻咋出炉》《公众需要什么样的记者》等3篇稿件，以"点面结合"的方式与读者展开"互动"，以增加公众对记者职业的认知；《新闻在路上 记者是行者》则对记者的职业责任和伦理进行了理论反思。深度报道《记者节，让我们再一次认识记者……》，尽管是常规的仪式性报道，但主题集中、深刻，内容丰富，情理交融，采用了"形散神不散"的组合形式，在同类报道中实现了创新，获得了较多好的报道效果。

（三）系列式深度报道

所谓系列式深度报道，是指围绕特定主题以内容逻辑为基础而在时间维度上持续刊发呈现的一组深度报道。系列式深度报道，单篇是完整的有相应"分主题"的深度报道，若干篇形成一个系列整体是有相应"总主题"的深度报道。系列式深度报道一般涉及主题较为重大，需要以规模报道形式进行重点处理，以形成报道声势和报道节奏，为实际工作营造氛围或实现主题思想传达。

系列式深度报道形成的内容逻辑还可以根据内容实际进行细分，并相应形成不同的系列式表现。比较常见的是在某一主题统摄下，可以从能反映该主题的不同内容入手相应形成若干独立式的深度报道。2012年11月，"中原经济区规划"上升为国家级战略，中原经济区是以郑州大都市区为核心，中原城市群为支撑，涵盖河南全省延及周边地区的经济区域，为全国主体功能区规划的重点开发区域。《河南日报》迅速策划以深度报道形式对中原经济区所涉周边省份区域与河南相邻区域之间的经济社会互动进行呈现，意在为中原经济区战略规划贯彻落实营造良好舆论氛围。自2011年2月21日起，大型深度报道"建设中原经济区 合作共赢沿边行"系列重磅推出，先后刊发了《大别山的不了情》《"同一个故事"背后的豫皖情》《携手共进看黄淮》《一河相挽豫鲁情》《一条"中华路"串起两座城》《南襄合璧 共赢未来》《印象黄河"金三角"》等6篇深度报道，集中对湖北、安徽、山东、河北、山西等与河南周边交界地区的经济、社会、文化等合作往来进行了深度聚焦，既有效宣传了中原经济区国家规划，为该规划实施营造了良好的舆论氛围和外部环境；又对"区域经济合作"这一经济发展策略和难题进行了较为全面的揭示和深入的探讨，为政府部门决策、企业发展谋划及社会公众认知提供了镜鉴。

还有一种系列式深度报道是围绕某一事件发生、发展及其影响和对策等环节展开的连续性或后续性报道。这种系列式的形成，更多是事件性深度报道，因为事件本身具有延展性，总有自身的发展过程，其间事件发展演变的重要时间节点都有可能为深度报道所关注。但应当注意的是，这种系列式深度报道的刊发时间一般相对比较集中，如果间隔时间太长，就不太好将其归为系列式报道。比如，关于焦裕禄的典型报道，随着时代变迁，时常会有相应的深度报道推出，但要把历经几十年的该类报道统称为系列式报道恐怕有点勉为其难。

总之，报道形式重要，但不能唯形式，归根结底还是要根据实际选择最能够发挥报道效力的合适形式，这也是深度报道立足时代和实践，不断创新求变的需要。

二、深度报道类型

如果说深度报道形式是偏重"形式"形成的分类，那么深度报道类型则更多的是从文本内容、结构及其形成的报道风格进行类别化的结果，而其前提则是必须符合深度报道运作本身的诸多要求。由此，常见的深度报道类型如下。

（一）解释性报道

一般认为解释性报道是1929年美国经济危机的产物，面对经济危机的冲击，人们迫切需要对其进行解释以获得生存的确定性。体现在新闻领域，记者认识到一直奉为圭臬的客观性新闻理念似乎不足以实现媒体介入公共事务以改善社会的职业理想。复杂的社会现实需要向来以公共形象示人的媒体对人们进行负责的解释，于是解释性报道应运而生。

所谓解释性报道，是指着重于对可能引发公众疑惑不解的重要事实、现象、政策等进行原因和结果探究的报道。这种理解，不是说新闻的其他要素不重要，只是说这种报道整体上对原因和结果要素有所偏重，并形成相应的报道内容、结构和叙事风格等明显特征，从而得以成为一种相对独立的深度报道类型。解释是一种说明行为，意在达成理解。如果信息较为简明，很显然无须专门给予解释，因此解释的指向在于表面信息背后的深刻意蕴和事物本质意义的探究和说明，这与深度报道的旨向是一致的，也是解释性报道成为深度报道重要类型的关键所在，并且，信息之所以需要解释，也跟信息本身具备多元理解方向有关，因此解释性报道一般具有鲜明的"传者导向"，其报道目的显然是要实现传播者对解释对象所蕴含意义的理解和界定，意图受众按照这一意义进行接收和解读。

尽管解释性的报道方式貌似与新闻的客观性理念相抵触，但从实质上讲，所谓的新闻客观性在新闻实践中更多的是一种被美化的职业理想。解释性报道以"解释"为主，并不意味着其在倡导新闻的主观性。"解释"只是一种叙述方式，作为新闻报道仍然是要恪守新闻规范，因此这里的"解释"不是一般意义上的"大发议论"，而是要坚持"用事实说话"这一基本的新闻报道原则。比如深度报道《刑事被害人民事赔偿为何屡成"白条"》，对法律实践中因刑事案件导致被害人民事赔偿无法落实的问题进行了原因探究。① 报道首先用约 1/3 的篇幅讲述了一个刑事案件，其意在用故事化的方式让读者对"刑事被害人民事赔偿"这一话题有一个直观了解，而不是直接引用法律相关概念了事。针对"刑事被害人民事赔偿无法落实"的影响，报道写道：

> "然而，在法律实践中，刑事被害人因难获赔偿而使判决屡成'一纸空文。这不但使刑事被害人利益受损，无疑还会损害法律权威，同时也不利于罪犯和受害者积怨和矛盾的化解。3 月 26 日，福建南平一妇女因女儿被强奸赔偿不足向市领导喊冤，言语过激：

---

① 闫伊默. 刑事被害人民事赔偿为何屡成"白条" [N]. 河南日报，2010-04-20 (13).

"如果女儿的问题得不到解决，我也要去杀人！"撇开价值评判，有学者就此指出，"复仇是人类的自然情感，无关文明程度。在法治社会，这种心理需要法律去安抚，从而避免新的犯罪。"

所以，解释性报道的"解释"不是简单地采用"说明"这一表达方式对解释对象进行介绍，而是仍然要严格遵循新闻写作的专业规范。再比如，针对"刑事被害人民事赔偿无法落实"的原因，报道写道：

> "陈雷说，很多刑事罪犯往往'一贫如洗'，有时'杀人越货'本身就是其犯罪动机。对这类没有财产可供执行的罪犯，'被害人提起民事赔偿最后多数仅具有程序意义'。去年10月，在郑州打工的李安超因缺钱实施敲诈，将女青年朱某掐死。受害者家属提起刑事附带民事诉讼，要求李安超赔偿经济损失41万元。一个因为缺钱而犯罪的人拿什么来赔偿？诸如张君案、黄勇案、马加爵案、邱兴华案等轰动全国的杀人案，受害者家属都因罪犯经济状况不好而放弃民事赔偿。"

这里对存在问题的影响及原因的"解释"，都是采用案例的方式进行；即使是主观性的观点，也是采用第三人称的方式进行处理，严格遵循了"用事实说话"的新闻报道规范。

解释性报道强调对事实、现象或问题的原因进行探究，如果仅"止步于此"，那么报道对原因的探究就意义不大，因此报道也要根据实际情况尽可能提出解决问题的办法或者引发路径思考，这是传媒发挥指导性和建设性功能的要求和体现。农业是典型的高风险基础产业，通过保险分散农业风险，不仅关乎农村经济的健康发展，更关乎国计民生。2012年5月4日，国务院法制办（该机构现已被撤销）公布了《农业保险条例（征求意见稿）》，这意味着我国农业保险立法迈出了关键步伐。深度报道《农业保险如何"保险"农业》对农业保险的实施现状进行了调查，并在分析原因的基础上，提出了可能的解决路径和建议。①

　　然而，问题在于如何保障财政补贴到位。"中央和省级财政补贴都没有问题，但有个别市、县财政补贴却很难到位，保费收不齐，保险公司无法出单，农业保险也就无法施行。"某保险公司经理告诉记者。

　　农业保险专家、首都经济贸易大学教授庹国柱指出，农业保险是政策性保险，是国家强农惠农政策的组成部分，而政策性保险不以营利为目的，商业保险则以营利为目的。农业保险的大部分应该是政策性保险，如果没有政府的财政、税收的支持、协助、参与，农业保险是不可能存在的。

　　"农业保险不能光算经济账，不能糊弄农民、挣农民的钱，如果只顾眼前利益，就不符合国企的社会责任要求。"从事了多年农业保险工作的刘祖疆感慨地说，"只要带着感情去做，农业保险就能做好、做深入；长远看，农险搭台、商险唱戏是在希望的田野里构建'希望工程'"。

　　"意见稿"还明确了开展农业保险的原则，即"政府引导、政策支持、市场运作、自主自愿和协同推进"。对此，业内人士深表赞同。

　　"政府在农业保险施行中的角色太重要了，一定意义上讲，农业保险不仅是市场的事情，也是市长的事情。"邹豫阳说。"政府层面要重视农业保险，保险公司能量有限，农业保险启动时政府要引导，否则死路一条。"刘祖疆说。

　　目前，我省不少地方对农业保险高度重视，并且创新工作机

---

① 闫伊默. 农业保险如何"保险"农业 [N]. 河南日报，2012-05-24（8）.

制，取得了较好成效。"济源市政府每年都将能繁母猪补贴列入财政预算，并及时落实到位，同时还将农业保险工作纳入干部考核范围，保障了农业保险的有效实施。"李贞说。该市畜牧局副局长党武军介绍，济源市将能繁母猪保险与猪肉食品安全工作结合起来，建立了一支防疫队伍参与农险工作，效果显著。

习近平总书记指出，"我们的新闻工作者应该更多地起到渠道和桥梁的作用，长期地、耐心地、孜孜不倦地向人民宣传党的路线、方针、政策，解释党对事物的主张和看法，让人民了解党和国家的大事，使党的看法、主张化为人民群众自觉自愿的行动。"① 强调传媒通过解释性报道发挥指导性，并不意味着记者站出来"指点江山"，所谓的解释和解决路径也不是主观地拍脑袋想出"一二三"，而是严格遵循新闻报道规范，"用事实说话"，充分运用背景资料，将"解释"建立在调查研究的基础上，通过专业权威人士来传达报道主题。

（二）调查性报道

谈及调查性报道，有一种观点认为，基于深度报道内容复杂性的要求，通过调查收集信息是必需的采访手段，在此意义上几乎所有深度报道都可以称为调查性报道。这里以采访手段为标准来界定深度报道类型，很显然是把问题简单化了。一种相对独立的报道形式或体裁，一定具备诸多较为突出的倾向性特点，而作为采访手段的"调查"是一般意义上的一种行为，以此否定调查性报道的"合法性"是不合适的。

一般认为调查性报道是相对独立的一种报道形式或体裁，是来自西方的一种深度报道类型，它诞生于 19 世纪末、20 世纪初，是"一种以较为系统、深入地揭露问题为主旨的新闻报道形式"。② 源自西方的调查报道其旨向在于传媒秉持公共性对公权力运行进行批评、监督、揭露

---

① 习近平. 摆脱贫困 [M]. 福州：福建人民出版社，1992：84.

② 甘惜分. 新闻学大辞典 [M]. 郑州：河南人民出版社，1993：153.

和批判，当然也不排除传媒基于各种利益对自身公共性的滥用。从传媒历史看，批评或批判性报道及理念并不鲜见，早在18世纪后期，普利策谈及报纸时就说："什么是报纸的特色？就是斗争和揭露罪恶，为社会谋福利，发表独家新闻。"① 但作为相对独立并形成特有报道规范和风格的深度报道类型，调查性报道形成于19、20世纪之交，基于当时美国政府公权力运行腐败盛行，以"第四权力"自居的传媒对其展开肆意抨击，甚至惹得罗斯福总统就怒斥这类旨在揭丑的报道为"扒粪"。20世纪六七十年代，调查性报道在美国发展到新的阶段，《华盛顿邮报》因报道"水门事件"迫使尼克松下台而暴得大名，也使调查性报道风靡一时。由此，调查性报道几乎成为西方媒体的常规报道，再加之普利策新闻奖对其青睐有加，对公权力"孜孜不倦地揭露"成为调查性报道的理念和鲜明风格。从历届普利策新闻奖评选结果看，调查性报道都占有较大比重。

综上所述，调查性报道成为深度报道的一种相对独立的类型，有着深刻的时代和社会原因，同时也与西方传媒在社会结构中的角色定位和社会功能有关。西方传媒向以独立于立法、行政、司法等"三权"而自诩为"第四势力"，西方记者也乐于沉浸在"无冕之王"的臆想和虚幻中而自得自喜，由此调查性报道因彰显了西方新闻专业主义理念而受到新闻业推崇和传媒界追捧。

20世纪80年代，调查性报道开始在我国兴起，但基于我国传媒性质，调查性报道需要进行"本土化"适用。与西方的商业化媒体自我定位为"第四权力"不同，我国传媒在根本上是"党、政府和人民的喉舌"，党、政府、人民与传媒的根本利益是一致的。通过传媒开展批评，是我国新闻事业的优良传统，也是发挥传媒服务党和政府中心工作的功能体现。我国传媒运行总的原则是"以正面宣传为主"，尽管也给

---

① 威·安·斯旺伯格. 普利策传 [M]. 陆志宝，俞再林，译. 北京：新华出版社，1989：380.

舆论监督或新闻批评保留了空间，强调"舆论监督和正面宣传是统一的"，但要遵循一定的批评原则和规范。习近平总书记指出，"舆论监督的出发点应该是积极的、建设性的"，"揭发的事实，务求准确。涉及党的一级组织和政府的批评，要持慎重态度，不能先入为主。要深入调查，多方听取意见，得出合乎事实的结论"。①

基于以上分析，传媒做调查性报道很显然是要坚持党的领导，着眼于和谐社会建设，注重建设性引导，致力于"团结鼓劲"，而不是破坏和情绪宣泄。因此，传媒在做调查性报道时要慎重，预判报道可能引发的社会负面效果，综合考量各种因素，以实现促进工作的目的。调查性报道《一起交通肇事逃逸案引发的思考》，对一起交通肇事者逃逸、警方却不予立案导致肇事者逍遥法外、受害人利益遭受侵害的案件进行了现场调查和走访，并采访了交警、医院等相关部门，对整个事件及案情进行了还原。② 但报道立意却没有停留在这一案件本身，而是由此引出"交通肇事逃逸导致受害人权益无法得到保护"的问题探讨，力图在更高层面为这一具有普遍意义的问题寻求解决之道：

　　有专家指出，交通肇事逃逸实际上是肇事者作为"经济人""权衡利害的结果"。相比于交通事故致人伤亡后所承担的相应责任和后果而言，"一走了之"往往成了很多肇事者"最为经济"的选择。

　　"这一方面凸显了现行法律对交通肇事罪量刑不够严重，同时也反映出现行制度设计对交通肇事受害者社会救济的不足。"河南高成律师事务所副主任陈雷律师说。

　　现实中交通肇事受害者及家属无力支付救治费用的现象非常普遍，如果说车辆入了保险尚有一定资金可以保证的话，而根据

① 习近平. 摆脱贫困［M］. 福州：福建人民出版社，1992：87.
② 闫伊默. 一起交通肇事逃逸案引发的思考［N］. 河南日报，2011-04-26（11）.

"交强险"规定肇事逃逸则是保险公司的免责条款。

《中华人民共和国道路交通安全法》规定：医疗机构对交通事故中的受伤人员应当及时抢救，不得因抢救费用未及时支付而拖延救治。这只是强化了医疗机构的道义职责，并不能解决受害者的治疗费用问题。该法也规定国家要设立道路交通事故社会救助基金，但由于"规定较为笼统，可操作性并不强"。

可喜的是，2010年12月31日，《河南省道路交通事故社会救助基金管理试行办法》正式出台，明确规定省、市、县（市）人民政府均设立救助基金。这将在一定程度上缓解交通肇事逃逸案件中受害者的经济困境，但出于对受害者的制度救济会不会让肇事者放任逃逸行为，值得警惕。

交通肇事逃逸是一个社会顽疾，有着个人、社会、法律及制度设计上的复杂原因。如何破解，仍将是一个继续探讨的问题。

该报道在操作上严格按照调查性报道的操作规范执行，该选题事先向领导汇报并获同意，在可能范围内做了艰苦细致的查证，行文客观冷静，用事实说话，并且有意超越个案、深化主题，形成普遍意义上的报道价值，舆论引导贯穿始终。报道刊发后，引起有关部门重视，问题很快得到解决，且对报道没有任何疑义，说明报道是扎实的、经得起考验的。

（三）事件性深度报道

从信息角度看，世界无时无刻不在变化是信息产生之源，而事件只是信息的一种。作为客观世界变动的产物，事件往往具有缘起、发生、发展、高潮、结局、影响等结构性特征，且其中每一结构要素的变动或延展，在时间线上显得相对较为集中。现实中并非不存在时间跨度较大的事件，但一旦某一事件生发和延展在时间上体现为较长的"时期"，则一般很难成为深度报道重点关注的对象。究其原因，一方面深度报道尽管不如消息时效性强，但也并非不求时效，只不过容许相对迟滞而已；更重要的是深度报道的日常化运作需要保持一定的报道频率，如果某事件的发生发展是一个长时期持续展开的过程，一定时期内不太可能有一个明显而大致确定的结局，一定程度上会影响深度报道对其进行完整呈现，并进而使得建基于事件基础上的主题凝练失去依凭。

就深度报道着力于"深度"而言，能够成其为选题关注的"事件"应该具有典型性，在此意义上，"事件"能够起到"以一当十"的作用。毛泽东就此谈道："如果有问题，就要从个别中看出普遍性。不要把所有的麻雀统统捉来解剖，然后才证明'麻雀虽小，肝胆俱全'。"①其实就一般意义上的文章写作而言，特定主题或思想的表达，总要有所依托，这里所依托的、作为文章素材的事件或事实显然需要精心比较和选择，以最大程度实现题材和主题之间的完美结合。事件性深度报道在选材上如果比较随意，那么在操作时就可能出现"勉为其难"的情况，要么是事件本身的单一性无法支撑起较大规模的报道形式，要么是事件本身的偶发性无法有效地表达主题。

事件性深度报道所关注的事件，应该具有较强的叙事性，也即有较为生动的"起承转合"，实际上就是要求事件本身具有丰富性和复杂性，在此基础上进一步挖掘事件的因果逻辑以及所承载的深刻主题和思想。其实，这只是一般意义上深度报道对"事件"的要求，但实际操作中不排除事件本身并不是那么宏大、有时甚至很琐屑或司空见惯，但其仍然值得深度报道予以关注。之所以如此，显然是因为该事件本身承载着较为深刻的主题，或者其所蕴含的思想之前并未得到有效揭示。深度报道《升旗仪式上的爱情表白》讲述了一个这样的故事：一位高二男生在周一升旗仪式上的演讲中，面对全校 1600 名师生，突然勇敢地向心仪已久的女孩进行了爱的表白：我喜欢一个女孩，而喜欢一个人，

---

① 毛泽东文集：第 6 卷［M］. 北京：人民出版社，1999：478.

就要负责任。① 这一大胆表白不啻一声惊雷，让家长、老师、同学、学校以及社会一时错愕、无措，由此引发的关于早恋、个性、情感教育、学习、高考、学校管理、家长教育、观念代际变迁等诸多意见和观点杂糅在一起，形成冲击、碰撞。也许是由于媒体持续关注带来的舆论压力，此事尽管一波三折，最后还是以没有对男孩心理造成压力和伤害而得到圆满解决。其实，此事不可谓不"小"，但其所蕴含和要传达的人文价值这一主题又不可谓不"大"：青春期孩子的情感萌动恰是人性的自然表现，基于各种因素考虑对其"谈虎色变"和大加挞伐实属虚伪，对个体心灵的保护和情感的包容与尊重体现了人性的复归，也是社会文明进步的表现。因此，值得深度报道所关注的事件，对其"大""小"的考量具有双重性，或者丰富、复杂，或者"以小见大"，要视事件本身实际而定。

有时，深度报道对事件所蕴含意义的挖掘并没有确定性，报道主题或思想往往具有多元生发性，其意也在于对意义进行多元呈现。此种情况下，事件性深度报道就要求事件本身要富有极强的张力，以此引发受众不同方向、不同角度、不同层面的思考，给人以启迪、镜鉴、教益等，并引发受众情感共鸣。

（四）经验性深度报道

相对于具有较强节奏感且强调一定时效的事件性深度报道，经验性深度报道就显得比较静态。尽管所谓"经验"的形成也是由大量行为实践积淀而成，其间自然会包含大量"事件"，但经验性深度报道更多强调的是"经验"的示范、带动和模仿效应，这也是该类报道主旨和目的所在。正是因为"经验"较为静态，同时也因为"经验"本身的"正向"色彩和基调，如果对"经验"不严加比较、甄别和拣选，经验性深度报道很难实现较好传播效果。

---

① 秦珍子 . 升旗仪式上的爱情表白［N］. 中国青年报，2013-04-17（12）.

首先，作为经验性报道选题的"经验"要有典型性。经验的典型性，一方面是指其在同类经验中更具有代表性，同时也强调该经验在较大范围、较高程度上具有示范和带动效应。

20世纪60年代，浙江诸暨枫桥镇干部群众创造了"发动和依靠群众，坚持矛盾不上交，就地解决，实现捕人少，治安好"的基层社会治理经验。毛泽东曾对此作专门批示，向全国推广"枫桥经验"。近年来，习近平总书记多次就坚持和发展"枫桥经验"作出重要指示。经验性深度报道《以"基层之治"夯实"中国之治"》从"更加强调党的领导""更加彰显法治思维""更加突出科技支撑""更加注重社会参与"等几个方面对新时代"枫桥经验"进行了报道。① 这里"枫桥经验"之所以为经验性深度报道所关注，除了政治宣传考虑外，更多的是考虑到该经验本身对基层社会治理的重要意义，也即其具有充分的"典型性"，与典型的要求具有较高契合度。

其次，作为经验性报道选题的"经验"要有现实针对性。经验性深度报道的目的和诉求即在于通过经验的呈现以对经验所涉领域或工作形成示范带动效应，以促进工作或问题改善和解决，因此"经验"本身要具有较强的现实指向性。经验性深度报道《四川绵阳小处着手提升医疗服务水平》对四川绵阳市"缓解挂号难、避免多排队、推动医疗资源下沉"的做法进行了经验性总结，通过"检查结果互认""先就医后付费""一村一月一义诊"来缓解基层群众"看病难、看病贵"问题。② 与报道中经验性做法相对应的是现实中基层群众就医存在诸多难点、堵点，聚焦的是基层患者"急愁难盼"的问题，使得经验具有较强的现实针对性，从而将经验性报道的效果诉求得到充分发挥，即有利于实际工作的开展和推进。

---

① 张洋，张璁，亓玉昆. 以"基层之治"夯实"中国之治"［N］. 人民日报，2023-11-05（1）.

② 王明峰. 四川绵阳小处着手提升医疗服务水平［N］. 人民日报，2023-11-01（11）.

最后，作为经验性报道选题的"经验"要富有教益和可操作性。"经验"来自人们的社会实践，而行为实践总要受特定时空的影响和局限，也即经验的普遍性存在程度上的差异。因此，在经验性深度报道中不能为了宣传某个主题而对经验进行过分拔高甚至扭曲，从而使经验脱离特定实际而悬空，并使经验的科学性遭到削弱。而从经验性深度报道的传播目的和效果看，经过拔高或扭曲的"经验"也就变得"可敬不可学"，失去了报道本身的意义和价值，并且，经验形成对特定时空环境的依赖，也决定了其不具有一般意义上的推广效果，要避免传统上该类报道无视实际而主观地对"经验"进行宣导。

此外，作为静态的经验性深度报道，特别讲求叙事策略以实现传播效果。经验形成过程中一定有大量鲜活而感人的人和事，这就为深度报道的故事化讲述提供了叙事资源。同时，也要注意经验叙事的话语和基调，传统上基于传媒的信息资源和传播渠道优势，又加之传媒等级的权力色彩，使得经验性深度报道的话语风格往往呈现出较为明显的宣教色彩，在当下被媒介技术重构的传播环境下，尤其要力戒此弊，以平等交流的姿态对"经验"进行呈现。

（五）现象性深度报道

从哲学角度看，现象是事物本质的表征，不管是真相还是假相，都在一定程度上反映和彰显着世界的本质。现象与本质的距离较远且往往对后者具有迷惑性，需要认识主体付出一定努力才能够廓清迷雾，将本质尽最大可能、最大程度地揭示和呈现出来。这一认知路径或模式与深度报道着力探究世界本质的报道取向高度契合，"现象"自然就为深度报道所重点关注。而从实践上看，现象性深度报道往往以对人们司空见惯的心理和思维定式形成冲击而收到"意料之外"的传播效果，较好地诠释了深度报道的"深度"，这也提醒传播者要把现象纳入深度报道选题范畴给予特别关注。

现象一般是某类事实或行为以一定频率不断重复、叠加和累积而形成，相对于突发事件的单一逻辑，引发现象形成的背后逻辑往往更为错综复杂，这就为深度报道提供了较大发挥空间，也能够在一定程度上彰显出报道的"深度"。深度报道《爱买"刮刮乐"的年轻人，"刮"的是什么》对时下年轻人热衷于买"刮刮乐"彩票的现象进行了关注，发现其实际上折射了现代年轻人在现实压力下的多种社会心理需求，通过"刮刮乐"搭建的社交场景来获得与他人交往互动的情感满足。① 从该报道选题操作看，之前我们熟悉的买彩票的主角，更多的是中老年人，偶尔看到年轻人买彩票并不足以引起人们的注意；而当年轻人扎堆在彩票摊前涌动时，已经成为一种"反常"的现象，足以值得对其进行关注以探究该现象意谓为何。

现象与本质实际上是一种因果逻辑，而因果逻辑本身又有着特定的规范要求。比如，不能以时间顺序为标准将在先出现的简单地归之为在后出现的"因"，而实际情况可能是二者没有因果关联。再比如，要注意"多因一果"和"一果多因"，以避免深度报道强扭主题或拔高主题，削弱深度报道的传播效果，甚至动摇报道本身得以成立的"合法性"。

从平凡中见反常、见思想、见本质、见情感、见关怀等，是现象性深度报道的常规思维。因此现象性深度报道最考验记者的新闻敏感和新闻发现能力，其要求记者具备较高的洞察力，能在人人所熟知的现象中"见人所未见"、在人人能"见"中见出思想或观点的深度和高度。人们常说，这个世界不是缺少美，而是缺少发现美的眼睛；就现象性深度报道而言，这个世界不是缺少现象，而是缺少洞见现象背后本质的眼睛。现象具有静态性，其常见性与人们的思维惰性相契合，要想在司空见惯的现象中发现问题、洞见本质，记者需要打破自身思维的舒适圈，养成凡事习惯于究竟其意谓的思维习惯，时刻保持发现新闻的积极思维

---

① 王豪，王海涵. 爱买"刮刮乐"的年轻人，"刮"的是什么［N］. 中国青年报，2024-06-21（5）.

状态。

（六）人物性深度报道

可以说，新闻的本质是人，也即以人为本、由人而为、为人而存，其日常对世界变化孜孜不倦的反映和呈现，根本上是要让人们如何在这个世界上诗意地栖居。面对"新闻无学"的喧嚣，新闻学界也开始变得不自信，对新闻的人文性唯恐避之不及，而对将新闻学归为社会科学趋之若鹜。在当下工具理性张扬、价值理性衰落的时代，新闻传播实践中伦理失范行为频发警示我们需要重新审视和思考新闻存在的价值和本质为何。强化新闻"为人"的人文属性、恪守新闻以人为本的价值理念，意味着向本原复归，也是时势所必然。

因此，深度报道重点关注人就是其应有之意。当然，深度报道不管是写事、写经验还是写现象，都少不了人参与其间，并且对人物的表现也离不开其行为，但人物性深度报道则重在通过人物行为来表现其个性、弘扬其品格、德行、境界和由人物所承载的主流思想和价值，意在以人物打动人、感染人，让大众获得教益，进而引发大众效仿以形成示范带动效应。深度报道《把国学经典"种"进孩子心田》通过"一个学生一粒种子，把国学经典教育播撒开""中国人最有文化积淀，不能遇事只会说'哇塞'""退休教授不取酬不卖书，自费去农村讲课图个啥"等三个部分，对北京师范大学副教授张燕玲几十年力行不辍推广国学的事迹进行了报道，反映了她灌注于国学教育推广中的家国情怀，以及对培养孩子成为未来"有理想、敢担当、能吃苦、肯奋斗"的时代新人的崇高责任感。① 在当下时代文化功能得到充分强调和中央大力倡导传统文化传承、发扬的大背景下，该报道就更显示出其所达到的深度。报道所关注的张艳玲副教授的责任感和情怀让人钦佩、值得宣扬，而时代情境对此又进行了凸显、强化和加持，从而使报道主旨又"深"

---

① 王海，牟昊琨.把国学经典"种"进孩子心田［N］.中国青年报，2024－06－22（4）.

了一层。

有一种大家比较熟悉的说法，即"榜样的力量是无穷的"，意在强调"榜样"之于社会的示范带动效应，而"榜样"之所以有如此效力，则来源于人类对超越性力量的向往。每个人内心都有一个英雄梦，但大部分人终其一生也只是芸芸众生的一分子，于是人们很自然地将对英雄的渴望转移到超越于一般的"榜样"，以实现替代性心理满足。因此，深度报道在选择报道人物时应特别注意其典型性或者作为"榜样"资格的充分性。传统上新闻报道对人物的选择，特别强调真实性，甚至有严格的组织流程来为其背书，以免人物得到传媒关注后因道德失范而置传媒于被动和尴尬境地，并且将人物的"典型性"理解为人物的极端超越性，实践中表现为很多典型人物是在去世之后才得到传媒关注和宣扬。还有就是将典型人物神性化，使其背负上了沉重的道德和舆论压力，使得许多典型人物私下感叹"好人难当"；并且报道将典型人物推上神坛，远离人性，使其变得"可敬不可学"，也使得典型人物的感染力大打折扣，使人物性深度报道的传播效果大打折扣。

随着时代发展和社会变迁，在当下思想观念多元开放的背景下，深度报道对人物的选择逐渐脱离了过去"高大全"模式，一定程度上放宽或降低了对人物典型的严苛要求，更加关注普通人的诸多面向，意味着向普通人性的回归。从实践效果看，不但无损于人物的典型性及其超越性品格和境界，反倒因更加真实而更易于引发受众情感共鸣，有效提升了人物性深度报道的影响力和感染力。

在报道叙事上，同样为了塑造高大上的人物形象，过去不惜以牺牲新闻真实性为代价，乐于采用"合理想象"，有时甚至凭空添加没有发生的事实或细节，从而忽略了人们在认知上的基本常识：金无足赤，人无完人。新时期以来，人物性深度报道与传统人物通讯的一个重大区别，即是严格遵循"用事实说话"的新闻专业规范，以确保报道经得起真实性的严苛考查。至于近些年来流行的非虚构写作，其意亦在强调在坚持事实第一性的前提下，综合采用多元叙事手段以增强报道效果。

（七）精确性报道

一般认为，精确性报道兴起于20世纪60年代的美国，是对当时新闻实践中所呈现出的主观性的一种反拨。新闻是一种叙事，叙事总要凭借某种工具方能完成。这里的"工具"就是符号，不管是文字符号还是视觉符号，作为一种代号的符号与其所代表事物之间的关系是偶然的、随意的，其意义的固定受约定俗成所规约，这是符号生成意义的基本机制，这就使作为叙事工具的符号本身具有较强的主观性。再加之叙事主体基于各种利益考量，使得新闻报道的主观性更加难以避免。西方新闻界奉新闻客观性为"不死之神"，实际上是专业新闻传播者有意无视新闻叙事的诸种"客观"情状，以种种叙事手法和技巧来营造新闻客观的错觉，旨在让对专业新闻生产机制不明所以的大众感觉到"新闻是客观"的，以此形塑专业区隔和专业形象，并满足自身为公众代言的合法性想象。

当新闻主观性为某种利益所驱动或强制时，无论是传播者的良心还是有形的专业伦理都有可能会沦陷和失守。伴随着公众对新闻实践中主观性泛化导致的传媒乱象的抵制甚至对新闻业公共性本身的质疑，作为一种专业回应的精确性报道应运而生。所谓精确性报道即强调采用社会科学研究方法搜集、分析信息，然后针对分析结果展开新闻采写并加以呈现的报道方式。精确性报道之所以形成并被作为反拨新闻主观性的一种报道体裁，实际上反映了学科门类之间长久以来科学和人文之间的冲突和竞争。

就学科范畴而言，现有对知识类型的划分一般包括自然科学、社会科学和人文科学等三大门类。其中，自然科学以探究客观自然规律为要旨，社会科学注重研究人类社会现象、关系和利益，人文学科则注重对精神和价值的研究。研究对象的客观情状，赋予自然科学以"科学"之名、赋予社会科学以"实利"之名、赋予人文科学以"无用"之名。

"科学"以给人们带来可见的实利而暴得大名为人所追捧，这就使社会科学和人文科学因为人所轻而变得自信不足，采取种种办法力图对标自然科学以捍卫和提升自身价值与"合法性"。以研究社会现象、问题和关系为使命的社会科学自信只要确保研究方法及其操作的科学性，就能够确保研究结论最大可能地接近自然科学的"科学性"标准和要求。数字是对事物属性和变化的计量和记录，以其直观的客观、冷静成为科学的表征之一，社会科学意图对标自然科学的努力就转向了数字或数据，并发展出种种量化研究方法以实现对社会运行规律进行最大程度的、符合实际的把握和运用。循此路径，新闻学走得更远，为提升学科自信，在极力向社会科学靠拢的同时，甚至不惜去人文学科之命名和自身人文属性。因此，精确性报道顺势而生并风靡一时，亦可看作是新闻学在上述学科间互动背景下努力提升自我以张扬自信的产物。

数字或数据是对事物的高度抽象，确实能给人们的认知提供新的视角。人们对事物的感知是日常的、直接的，缺乏对事物的整体感知，因此数据在呈现和表达事物上具备特有优势，能给人带来新鲜感且能在一定程度上深化对事物的认知。精确性报道强调用数据来报道新闻，由此成为深度报道的一种重要类型，但要警惕精确性报道盲目唯数据至上，陷入数据崇拜的泥潭。当然，不受人为干扰的数字或数据确实具有客观性，但精确性报道要对数据自身局限保持清醒认识，其关键就是要确保数据搜集和分析方法在操作上尽最大可能与方法要求和规范相契合。可以说，精确性报道之成败取决于方法操作是否科学。数据搜集和分析需要较高的方法素养和操作技能，这就对记者提出了要求，而实践中这恰恰是大多数记者的短板。如果委托专业数据公司进行操作，既要考虑经济成本，也要考虑记者与数据公司之间在新闻报道专业上的沟通成本，偶尔为之可以，但不太可能常态化。当下我国传媒实践中，往往将包含大量数据信息的报道名之为精确新闻，显然是一种误解。也有个别媒体先通过问卷调查搜集数据，然后通过采访对数据进行解读和分析，但考察其操作方法，其科学性和规范性却严重缺失，严格来讲，此类报道也很难称之为精确新闻。

同时，数字或数据只是呈现和说明事物的一种叙事方式，其本身也存在一个伦理问题，而不一定是其常常引以自傲的"赤裸的真实"。数据如果拿过来为某种宣传目的服务，基于其表面上的客观色彩之于传播效果的优势，对公共利益造成的危害可能更大，这是值得警惕的。尽管当下大数据技术在数据搜集和分析上优势凸显，但对技术的中立性仍然要结合现实社会的各种结构因素进行考量，才能够确保精确报道实现一定的报道深度和社会功能。

综上所述，深度报道类型的划分，只是为了更好地理解它，并且类型的产生跟特定标准有关，难以穷尽且难以避免重复。除了上述常见类型之外，也可以按照报道内容所属领域，将深度报道划分为经济报道、政治报道、文化报道、社会报道等，但这种分类因缺乏自身明确特点而显得意义不大。为篇幅所限及尽可能避免不必要的重复，此处从略。

第三章

深度报道选题原则与路径

大千世界，芸芸众生，如永不落幕的戏剧，演绎着人类的欣喜和悲欢。世界时时刻刻的变动不居与人类信息吸纳的有限性之间是永远难以填平的信息沟壑，深度报道运作之开启，需要遵循特定原则、规范及标准，对日常不断涌现的海量信息进行拣选。选题是新闻报道首先要解决的前提，指引着整个报道实施和展开的方向，也决定着深度报道及其所承担的传媒职能所实现的程度。除了与一般意义上的新闻选题存在共性之外，深度报道在选题上有其自身特殊要求，了解和把握深度报道选题的特点、原则和路径，对深度报道日常有序运作具有重要意义。

第一节　深度报道选题

随着深度报道之于传媒重要性得到普遍认同，很多传媒都纷纷组建独立的深度报道部门和记者队伍以加强深度报道力度。而从实践看，就这些相对独立、专职从事深度报道的部门记者而言，与一般行业线口从事日常新闻传播的记者相比，其最大不同即在于后者在新闻选题上基本是固定在某行业或领域之内，而专职从事深度报道的记者在选题领域或范围上却基本没有限制。这一方面，给深度报道选题提供了较为丰厚且不可多得的信息资源，但也相应地增加了深度报道选题的诸多要求和考量。

一、深度报道选题的理解

总体上看，新闻是对客观世界的反映，所以整个世界就是新闻要运作的对象。基于世界变动的信息海量与复杂性，受限于时间的传播渠道资源和满足人们信息需求的功能，新闻运作实际是一种选择的艺术。选择是一种排除和比较的行为，要依据一定的标准，经历长时期发展演变，新闻价值、宣传价值和文本价值等成为衡量事实是否值得报道的标准，据此对客观世界的变动进行择取以纳入新闻报道的范围、对象和内容，这其实就是选题的过程。

（一）选题概念及其内涵

简单而言，以静态观之，选题就是拟报道的内容，涉及报道范围、对象等，是开展报道的前提；以动态观之，选题是一种对信息进行披沙拣金以拣选出值得报道的信息的行为和过程。从新闻实践看，选题运作总体上可以看作是"由面及点"和"由点及面"的双向思维互动过程。所谓"由面及点"，是指围绕某一主题所涉及的内容范围，通过比较、筛选以及缩小范围的信息"集中"过程；"由点及面"则是指围绕某一主题关联相关报道内容的信息"发散"过程，经由"集中"与"发散"的双向互动，作为拟报道内容的选题得以确立。

就选题"由面及点"的"集中"过程而言，这里的"面"是指由某个主题统摄的题材范围或内容，通过不断聚焦，找到那个拟作为具体报道选题的"点"。深度报道《罗山探索农村居家养老》就经历了这样"由面及点"的选题过程。2011 年 4 月 28 日，第六次全国人口普查结果显示，我国大陆 60 岁及以上人口约 1.8 亿人，其中 65 岁及以上人口约为 1.2 亿人，占总人口比重分别为 13.26% 和 8.87%，较 2000 年普查分别上升 2.93 个和 1.91 个百分点。这意味着老龄化社会在我国已经成为现实，随着老龄化社会到来和程度渐趋加剧，养老问题成为社会关注的焦点。而养老问题又涉及方方面面，所统摄的题材范围较大。于是进一步缩小题材范围至农村养老，再缩小至农村居家养老，最后聚焦到罗山县在农村居家养老的探索。罗山县在借鉴城市养老经验的基础上，在全县农村推行"居家养老"模式，为农村老人建立了"没有围墙的敬老院"，其"先行先试"的示范意义值得思考，而这主要是通过该县竹竿镇在农村居家养老的典型做法来体现的。[①] 这里的由"面"到"点"是指题材范围，实际上也可以将"面"看作主题、将"点"看成事实，这样由"面"到"点"的选题运作其实就是循着主题到现实生活中拣选支撑主题表达的新闻事实的过程。

就选题"由点及面"的"发散"过程而言，这里的"点"是某个具体的事实、问题或现象，单一报道这个"点"不能够撑起特定报道主题，于是就由这个"点"进行"发散"，最终确定要报道的"面"。2012 年 10 月 23 日是重阳节，《河南日报》当日推出深度报道《拿什么孝敬您，我的父母》，即经历了这样"由点及面"的选题过程。[②] 重阳节至，养老敬老的话题再次引起社会关注，不断引发人们的广泛共鸣。有多久没有回家了？有多久没有叫声爸爸妈妈了？有多久没吃到爸妈做的饭菜了？有多久没听到爸妈的叮咛和"唠叨"了？面对渐入暮年的父母，他们满头的白发、他们弓起的背影、他们守望子归的眼神是否时常刺痛你的内心？"百善孝为先""老吾老以及人之老""夫孝，天之经也，地之义也，民之行也"，这些古语无不彰显着中华民族敬老爱老的传统美德和为人子女应有的伦理责任。然而，在新的时代背景下，这个话题却说易行难。作为在特定时间节点（重阳节）的选题，如何报道这个"点"？报道首先调查了"老人的心声：操劳了一辈子步入暮年的老人最渴望健康、亲情及与他人交流"，据此提出"我们的努力：我们为老人都做了些什么？家庭亲情的慰藉、社区贴心的服务、民间及公益

---

① 闫伊默. 罗山探索农村居家养老 [N]. 河南日报, 2011-05-24 (9).
② 李运海, 樊霞, 等. 拿什么孝敬您, 我的父母 [N]. 河南日报, 2012-10-23 (5).

组织的关怀，以及政府为养老提供的有力保障，彰显着我们对养老、尊老、敬老的努力"；最后是"未来的期待：每一个人都会变老，在老龄化成为社会现实的今天以及将来，我们该如何养老？以居家养老为主、社区服务为辅的养老模式无疑是一种选择"。由此可以看出，不管将"点"与"面"纯粹理解为事实的范围，还是将二者分别理解为"新闻事实"和"报道主题"，二者很难划分出明确的界限，而是一个不断循环往复互动的过程。

选题之于深度报道实际操作具有先决性意义，只有大致确立了选题，才能启动后续的采写报道工作，因此选题一定程度上成为后续采写活动的指引。选题质量高低会影响深度报道所承载的社会功能能否得到充分发挥，并进而关涉到传媒公信力、权威性及主流品质能否得到有力彰显。在新媒体背景下，所谓"内容为王"的传媒价值回归，有赖于传媒较高水平的选题能力。报道什么、不报道什么既是对题材内容的衡量，也蕴含着深刻的意识形态和价值取向。

（二）深度报道选题特点

与一般新闻选题相较，基于体裁自身定位和要求，深度报道形成了自身比较鲜明的选题特点和风格。了解深度报道选题特点，可以在实践中迅速判断某个事实或信息能否纳入深度报道的视野和范畴进行操作，从而提高选题效率和选题质量。基于传媒深度报道实践，归结起来，深度报道选题总体上大致呈现为以下特点。

首先是政治性强。中国特色社会主义新闻事业，总体上都是党媒，这是我国传媒的根本性质定位，尤其是作为各级党委机关报的党报，其承担着宣传贯彻党和政府基本方针政策的重要职能，具有思想引领和舆论引导功能，因此其报道具有较强的代表组织发言和表态的色彩。基于此，党报深度报道在选题时就特别慎重，首要的就是用政治性标准对选题进行对标、衡量。政治性标准的核心就是要坚持党性原则，习近平总书记指出，"党性原则是党的新闻舆论工作的根本原则。党管宣传、党管意识形态、党管媒体是坚持党的领导的重要方面。"① 具体到党报深度报道选题，就是要围绕党的大政方针做好准确宣传和深度阐释工作，善于从政治上观察和处理问题。2013 年 11 月 12 日，中国共产党第十八届中央委员会第三次全体会议通过《中共中央关于全面深化改革若干重大问题的决定》，其中提到要"研究制定渐进式延迟退休年龄政策"。"延迟退休"涉及范围广，受影响者众，引发社会广泛关注，作为党报需要及时回应社会关切，对该政策作深度解读，做好舆论引导。深度报道《延迟退休，你准备好了吗》以此为选题，对我国拟施行的延迟退休的原因、背景进行了探讨，并对实施过程中可能遇到的问题及解决办法进行了深度阐释。② 报道受到读者好评，起到了很好的释疑解惑效果，体现了党报较强的政治敏感性和党性原则。从事党报深度报道，政治敏锐性强是记者的首要素质。有一次，值班副总编就一篇深度报道标题进行修改，最后拍板确定用当时流行的网络语"元芳，你怎么看？"。总编辑在最后环节审稿时否定了该标题，要求重新拟题。他认为业务创新值得鼓励，但创新不是"抖机灵"，这种标题与党报风格不符，并强调记者需要加强政治修养。

其次是站位高。深度报道选题做到"站位高"，就是要放宽视野，统筹国际和国内两个大局，将选题置于时代大背景下进行审视和观照，用大局来衡量选题的报道价值和意义，在服务大局中履职尽责，这其实也是深度报道"深度"的表现。习近平总书记要求："宣传思想工作一定要把围绕中心、服务大局作为基本职责，胸怀大局、把握大势、着眼大事，找准工作切入点和着力点，做到因势而谋、应势而动、顺势而为。"③ 与大局对标，深度报道选题总体上要呈现出宏观特征，不拘泥于一时一地，具有较为明显的全局性和纵深感。河南人口众多，向来是

① 习近平关于全面建设小康社会论述摘编 [M]. 北京：中央文献出版社，2016：124.
② 闫伊默. 延迟退休，你准备好了吗 [N]. 河南日报，2013-12-17 (9).
③ 习近平谈治国理政 [M]. 北京：外文出版社，2014：153.

高考大省，由于历史原因，河南高校数量不多且高水平大学仅郑州大学一所，再加之现行高考政策的影响，河南考生读大学机会稀缺。高考牵涉到千家万户，影响面大，易成为社会广泛关注的焦点，因此为广大考生积极争取招生指标成为省政府和相关职能部门长期坚持不懈的重要工作。有鉴于此，2013年高考前夕，《河南日报》整版推出深度报道《高考重压下的面孔与声音》。① 围绕高考，该报道呈现了考生、家长和老师的焦虑与期望，也对政府相关部门坚持不懈为全省考生争取招生指标的工作进行了揭示，最后配发大学校长、全国人大代表、全国政协委员以及高等教育专家的呼吁和观点，进一步深化了主题。报道站位全局，围绕政府重要工作，为全省教育公平和广大高考学生鼓与呼，为进一步推进相关工作营造了良好舆论氛围，有力履行了传媒服务大局和中心工作的职责使命。

再次是人民至上。人民立场是中国共产党的根本政治立场，始终坚持以人民为中心的工作导向，是坚持人民是真正英雄的唯物史观的必然要求。习近平总书记在党的新闻舆论工作座谈会上强调，新闻舆论工作者要"牢记社会责任，不断解决好'为了谁、依靠谁、我是谁'这个根本问题"。② 我国传媒性质决定了其"人民至上"的根本宗旨，这是传媒深度报道选题总体呈现出的又一鲜明特点。深度报道选题时要求记者深入践行群众路线，到基层去、到群众中去，密切与群众联系，想群众所想、急群众所急，讴歌群众的伟大实践，聆听群众的苦乐悲欢，为群众纾困解难。比如现实生活中老百姓看病都是"先付费、后看病"，这一门槛带来很多人因没钱看不起病或者被中止治疗的现象，让百姓寒心、愤怒，也在一定程度上激化了医患矛盾。采访中，记者了解到洛阳个别县级人民医院尝试推行"先看病、后付费"医疗模式，一定程度

① 闫伊默.高考重压下的面孔与声音［N］.河南日报，2013-06-06（11）.
② 习近平总书记党的新闻舆论工作座谈会重要讲话精神学习辅助材料［M］.北京：学习出版社，2016：8.

上缓解了群众看病难、看病贵问题。记者认为这是一个意义重大的选题，"先看病、后付费"模式的推行正是践行"为人民服务"宗旨的体现，具有极强的现实针对性，值得宣传推广。随后，《河南日报》推出深度报道《洛阳试水"先看病、后付费"》，对"先看病、后付费"医疗模式出台背景、实施运行效果及面临的困境和应对办法进行了全景式呈现。① 报道积极肯定和赞扬了试点"先看病、后付费"模式，也指出了该模式拟在洛阳全市实施所需要突破的诚信机制不完善、医保支付周期迟缓以及客观上支付不起带来的财政兜底等问题，有力推动了此项工作向纵深发展，也彰显了传媒深度报道选题"人民至上"的立场和情怀。

最后是以正面宣传为主。新闻宣传坚持以正面为主是马克思辩证唯物主义和历史唯物主义的内在要求，主流和支流、主要矛盾和次要矛盾、矛盾的主要方面和次要方面等理论指向，无不在说明着世界的本然状态。作为反映客观世界的一种手段，新闻报道要坚持实事求是，穷尽最大可能以使自身对世界的反映与客观世界相吻合。因此，深度报道选题坚持以正面宣传为主是遵循规律的要求和表现，尤其是党报深度报道选题呈现出明显的"正面"特征，对新闻批评和舆论监督保持着相当的克制。有时选题即使意在批评，但表现却相当温和、含蓄与克制，只是稍微体现出批评色彩。据河南省水文水资源局监测，2010 年 9 月 27 日至 2011 年 2 月 9 日，全省除山区外，136 天无有效降水，全省平均降水量为 1951 年有统计资料以来最少，降水量偏少频率超过百年一遇。在历经 2009 年"50 年一遇"的大旱之后，作为产粮大省的河南再次与干旱不期而遇。全省上下总动员，一场抗旱保苗的战役迅速打响。然而，农田小水利建设薄弱的现状却由此暴露。记者接到群众反映后，深入基层抗旱一线，走进田间地头，进行实地采访。现状确实令人揪心，农田水利设施荒废状况与河南作为产粮大省的战略担当不相匹配。于

---

① 闫伊默. 洛阳试水"先看病、后付费"［N］. 河南日报，2012-02-14（9）.

是,《河南日报》推出深度报道《农田小水利现状扫描》对此进行呈现和深度挖掘。① 其实,明眼人从标题制作的平淡无奇就能看出来该报道较为克制的批评基调。报道内容仅客观展现了基层农田小水利荒废的现象,但却用大量篇幅用水利成就加以淡化。报道没有明显地批评哪个部门,而是将重心放在了历史原因剖析上,并对相关利好农田小水利建设的举措进行展望:2011 年中央"一号文件"将水利提到前所未有的高度,力争今后 10 年全社会水利年平均投入比 2010 年高出 1 倍,并要求从土地出让收益中提取 10%用于农田水利建设;而据 2010 年国土资源部(注:现为"自然资源部")发布的土地出让金数据,这个 10%,应该在 2700 亿元。2011 年 1 月 21 日,河南省委、省政府颁布《关于加快水利改革发展的实施意见》;2 月 11 日,从河南水利会议上传出消息:"十二五"期间,我省水利规划投资将达到 1497 亿元。利好消息频传,农田水利曙光初现。报道整体基调保持客观、理性,没有情绪渲染,将批评的意味淹没在成绩和利好展望上,体现出党报新闻批评的特点和艺术。"团结-批评-团结"是我党开展批评与自我批评的优良传统、原则和有效路径,传媒通过深度报道开展批评应对其精神实质进行传承和发扬,才能保证批评报道"有理、有利、有节",也才能让批评对象口服心服,从而有利于团结同志和推进工作。

(三)深度报道选题类型

根据内容的不同性质及主要倾向,可以将深度报道选题分为事件性选题、现象性选题、解读性选题、人物性选题和经验性选题等五大类型。不同类型选题,尽管它们之间的界限不可能截然分明,但在具体操作上还是体现出各自不同的侧重点及其相应的不同要求、特征和规范。

首先是事件性选题,即指主要围绕某一具有完整而集中发生和演变过程的事实展开的报道,具有动态性。深度报道的事件性选题,强调一

---

① 闫伊默.农田小水利现状扫描[N].河南日报,2011-03-08(11).

定的时效性，要求迅速把握报道时机，及时推出报道。2021 年 3 月 23日，"天宫课堂"第二课在中国空间站开讲，神舟十三号乘组航天员翟志刚、王亚平、叶光富讲了又一堂精彩的太空科普课。《人民日报》随即推出深度报道《太空授课，深播科学种子》，对授课内容及情境进行了呈现：太空"冰雪"实验、液桥演示实验、水油分离实验、太空抛物实验……3 名"太空教师"以天地互动的形式演示了实验，并介绍与展示了空间科学设施。这场充满奇思妙想的太空授课，让科学的种子在亿万青少年的心里生根发芽。① 这里对"太空首授课"呈现，当然有其要传达的内蕴意义，只是不太显性，即以此反映我国在太空领域所取得的巨大成就，以彰显民族自信心和激发民族自豪感，尤其是授课对象是承载着国家和民族希望和未来的孩子，其意义就更加显得意味深长。但更多情况下，事件性深度报道是要强调超越事件本身进行深度挖掘和反思，揭示单一事件所蕴含的普遍性意义。

其次是现象性选题，即针对社会各领域出现的某种带有普遍性的问题或做法展开报道，以揭示现象背后的原因、影响，并就如何认识和对待该现象提出观点和办法。现象性选题动态性不足，不太强调时效，但如果抓住较好的发稿时机，则有利于扩大报道影响力和社会关注度。2013 年 6 月 20 日，上海银行间隔夜拆放利率（Shibor）大幅飙升至13.44%，隔夜拆借利率高达 30%，7 天质押式回购利率最高成交于28%。6 月 23 日，工商银行一次原本正常的系统升级，导致全国部分网点自助系统短时期无法使用；各家银行间却展开了"抢钱大战"，送大米、送油、送手机、返现、提高理财产品收益率等各种优惠揽储手段层出不穷。种种现象，使得"银行差钱"在坊间广为流传。随后，《河南日报》及时推出深度报道《"钱荒"对楼市影响几何》，对所谓的"钱荒"进行澄清，分析原因、释疑解惑，特别强调其对市场尤其是楼市

---

① 吴月辉，占康，余建斌. 太空授课，深播科学种子［N］. 人民日报，2022-03-24（13）.

的影响不大，群众无须恐慌。① 现象性选题本身要求报道对其背后所蕴含的本质意义进行探究和揭示，这是该类选题的内在逻辑，与深度报道着力"深度"的旨向高度契合，并且特定现象的形成往往因为静态性和缓变态势不易为人们所关注，这就对记者的新闻敏感和新闻发现力提出了较高要求。记者要时刻保持捕捉新闻的思维状态和高度的职业责任感，强化"生活是新闻选题的不竭源泉"这一理念，能够在大家司空见惯的平淡无奇中见出不平凡的意蕴，化腐朽为神奇，以引人深思、给人教益。

再次是解读性选题，即对党和政府出台的方针政策、法律法规以及领导人重要讲话精神等进行解读、阐释以形成报道。如前所述，我国传媒承担着"上情下达"的重要职能，积极宣传党和政府的大政方针也是其坚持党性的内在要求。深度报道解读型选题的常规操作，是要将拟出台的方针政策与实际相结合，在互相"印证"中发现问题，对政策实施可能出现的问题进行揭示并提出相应预警和可能路径。2012 年 5月 4 日，国务院法制办公室（注：该机构现已被撤销）公布了《农业保险条例（征求意见稿）》，意味着我国农业保险立法迈出关键步伐。农业是典型的高风险基础产业，通过保险分散农业风险，不仅关乎农村经济的健康发展，更关乎国计民生。深度报道《农业保险如何"保险"农业》对此进行了解读，报道通过实地调查揭示了农业风险状况、农业保险实施背景及现实困境及相应的应对举措，为推动实施农业保险营造了氛围。② 该类选题要求政策解读要准确，通过采访专家、官员、行业人士等权威信源以避免政策误读。

再其次是人物性选题，即围绕人物活动和行为以揭示其个性特点和精神实质，以典型人物形成示范带动效应，树立良好社会风尚和弘扬社会正能量。典型人物报道是我国传统报道类型，积累了丰富而有益的经

---

① 闫伊默."钱荒"对楼市影响几何［N］. 河南日报，2013-07-03（10）.
② 闫伊默. 农业保险如何"保险"农业［N］. 河南日报，2012-05-24（8）.

验，但面对新的时代情境中信息渠道的多元化以及技术对人们的媒介赋权带来的思想观念的开放性，典型人物报道亟须因应时代变革而转变理念。比如，人物择取一定要典型，这里的典型并不意味着像文学典型那样"完美无瑕"，而是说典型本身一定要能够撑得起报道要传达的主题。典型人物报道要体现出个性和人性，不能千篇一律、千人一面，搞脸谱化。同时，典型人物报道要意蕴丰富、有张力，能够以情动人，引发人们心理共鸣。比如，《人民日报》深度报道《靠科技，冬闲田也有好收成》，报道了返乡创业典型邵宗福的故事：2014年返乡创业，注册成立腾冲市界阳蔬菜种植专业合作社，发展蔬菜种植；2017年，合作社与云南省农业科学院合作，将当地的冬闲田盘活，用来种植马铃薯，目前种植面积近3000亩，带动全镇22个村（社区）的1200多名种植户增收致富。① 在建设美丽乡村大背景下，面对农村"空心化"的现实，邵宗福返乡的创业故事就具有较强的典型意义。

最后是经验性选题，即就某项工作的经验性做法进行报道，倡导经验的普及意义和发挥经验的带动效应。深度报道的经验性选题，注重经验的创新性及其推广的普遍意义。操作该类选题，也需要结合实践，用事实来说明经验的有效性。比如小微企业融资难问题，其原因较为复杂，在市场经济体制运行背景下，各市场主体都有维护自身利益的需求，对小微企业来讲其融资问题很难通过非市场化手段彻底解决。《人民日报》推出深度报道《青岛推广专利权质押保险贷款》，报道了青岛市在缓解中小微企业融资难问题上的创新做法。② 报道称，山东青岛推出了专利权质押保险贷款模式，将银行承担100%贷款风险转变为保险公司、银行和担保公司三方进行风险分担，搭建一个整合资源的平台，实现了多方共赢。专利权质押保险贷款模式自开展以来，共为212家科技型中小企业发放贷款382笔，共计13.67亿元。但要注意的是，经验

---

① 叶传增. 靠科技，冬闲田也有好收成 [N]. 2022-04-07（10）.
② 王沛. 青岛推广专利权质押保险贷款 [N]. 人民日报，2022-04-01（10）.

型报道要避免一味进行成绩宣传，也需要对经验的普遍意义及适用条件和局限进行提示，这样才是实事求是的做法。

综上所述，深度报道选题类型是对根据深度报道所呈现出的选题特征进行的类型划分，与前述深度报道类型的归纳相对应。因此，为避免不必要的重复，这里就不再对深度报道选题类型进行全面而详尽的分析，只对其进行"点到即止"的提示，以方便记者在深度报道选题实践中对其加以把握和有效运用。

第二节　深度报道选题原则

深度报道选题原则根本上由我国传媒性质决定，同时也是对深度报道长期运作实践经验和教训的总结与提炼。实践中，很多传媒深度报道实践运行不畅，根本上是由于缺乏明确而规范的选题原则作指导。因此需要深入理解和把握选题原则，以充分发挥我国传媒的"喉舌"功能，彰显传媒的社会功能和价值。结合笔者从事深度报道的实践，这里将深度报道的选题原则总体上归结为以下几个方面。

一、坚持党性和人民性相统一

党性关乎新闻舆论工作方向和立场，具有重要的理论意义和实践价值。只要存在党派，其利益就会为其所属宣传工具所代表和反映，这是政党运作的常识，也是党派所属传媒的基本政治属性和立场。恩格斯就此指出，"在大国里报纸都反映自己党派的观点，它永远也不会违反自己党派的利益。"[①] 坚持党性是新闻舆论工作的根本原则，也是我国传媒在百余年革命和建设伟大历史实践中的经验总结和优良传统。在当下新时代，习近平总书记强调："坚持党性，核心就是坚持正确政治方

---

① 马克思恩格斯全集：第6卷 [N]. 北京：人民出版社，1961：209.

向，站稳政治立场，坚定宣传党的理论和路线方针政策，坚定宣传中央重大工作部署，坚定宣传中央关于形势的重大分析判断，坚决同党中央保持高度一致，坚决维护中央权威。"① 中国特色社会主义传媒是党的喉舌，更要坚定党的立场，维护党的利益。深度报道选题以党性为原则，就是要积极主动"围绕中心、服务大局"，以党性为标准衡量事实、选择事实、报道事实，传达党的声音、贯彻党的意志，在纷繁复杂的舆论场，谋求思想认同，凝聚广泛共识。当前国际形势复杂，意识形态领域斗争激烈，传媒要站稳立场、辨识谬误，以新闻报道为武器，坚定自信、勇于发声、敢于亮剑，廓清思想迷雾，用实际行动捍卫党的立场和利益。面对转型期国内社会矛盾和问题，深度报道选题要以坚持党性为原则，从大局出发考虑问题，讲求社会效果，"有所为有所不为"，纾解情绪、释疑解惑，为党分忧、排烦解难。

坚持人民性是中国共产党的根本政治立场，全心全意为人民服务是党的根本宗旨，实现好、维护好、发展好最广大人民的根本利益是我们全部工作的出发点和落脚点。习近平总书记强调，要"坚信党的根基在人民、党的力量在人民，坚持一切为了人民、一切依靠人民，充分发挥广大人民群众积极性、主动性、创造性，不断把为人民造福事业推向前进"。② 深度报道要以人民性为标准，衡量选题价值，最大程度以满足人民群众利益为出发点和依归。坚持人民性是传媒的力量源泉，新闻工作者要牢记党的宗旨，一切为了人民；牢固树立人民群众的主体地位，坚持"从群众中来、到群众中去"的工作方法；以人民为师，深入群众生活实际；不断解决好"为了谁、依靠谁、我是谁"的问题。深度报道选题上要深入实际、深入基层，探访民意、体察民情、聆听民声、汇聚民智，把人民群众的伟大实践作为新闻选题的源头活水，创造

---

① 习近平谈治国理政 [N]. 北京：外文出版社，2014：154.
② 习近平. 在庆祝中国共产党成立95周年大会上的讲话 [M]. 北京：人民出版社，2016：18.

出具有吸引力和感染力的时代精品。

习近平总书记强调，党的新闻舆论工作要"坚持党性和人民性相统一，把党的理论和路线方针政策变成人民群众的自觉行动，及时把人民群众创造的经验和面临的实际情况反映出来，丰富人民精神世界，增强人民精神力量"。① 坚持党性和人民性相统一，既是深度报道选题的原则遵循，同时也为选题操作实践提供了清晰的方向指引和有效路径。深度报道要把对党负责和对人民负责统一起来，充当好党和人民沟通的渠道和桥梁，将党的声音有效传达给群众，同时又要将人民的需求和心声反映上来，密切党和人民群众的血肉联系。

二、坚持正确舆论导向

作为信息或精神产品的新闻报道，具有激发和形成思想的功能，这是强调传媒要坚持正确舆论导向的前提。基于其"喉舌"性质和主流地位，我国传媒在舆论引导中发挥着重要功能，承担着重大社会责任。江泽民同志指出，"舆论导向正确，是党和人民之福；舆论导向错误，是党和人民之祸。"② 坚持正确舆论导向是传媒的根本工作方针，也是其优良传统和智慧结晶。传媒要牢记自身角色定位，从是否有利于坚持正确舆论导向出发，审视事实以决定其是否能够作为深度报道的选题。新时代背景下，国际复杂形势叠加转型期国内社会复杂变革，传媒更应该勇于扛起思想引领和凝聚共识的社会责任。

2013 年 8 月 19 日，习近平总书记在全国宣传思想工作会议上指出，"坚持团结稳定鼓劲、正面宣传为主的方针，是宣传思想工作必须遵循的重要方针。我们正在进行具有许多新的历史特点的伟大斗争，面临的挑战和困难前所未有，必须坚持巩固壮大主流思想舆论，弘扬主旋律，

---

① 习近平总书记党的新闻舆论工作座谈会重要讲话精神学习辅助材料［M］. 北京：学习出版社，2016：6.
② 江泽民总书记视察人民日报社［N］. 人民日报，1996-09-27（1）.

传播正能量，激发全社会团结奋进的强大力量。"① 传媒深度报道选题要以此为要旨，关注社会生活中的主流，营造正向氛围，增进社会团结，促进大局稳定和矛盾消解。

坚持正确舆论导向，传媒深度报道要围绕中心、服务大局，紧扣习近平新时代中国特色社会主义思想、坚持和发展中国特色社会主义、全面建设小康社会、全面建设社会主义现代化国家伟大实践、弘扬社会主义核心价值观等进行选题，做强做优做大重大主题报道，善于设置议题，引导舆论走向。

坚持正确舆论导向，传媒深度报道在选题上要致力于"弘扬主旋律、传播正能量"，着眼发展、关注进步、崇善尚德、弘扬真理，以鼓舞干劲、增强信心、凝聚共识，激发团结奋进的巨大能量。加强重大典型宣传，增强正面报道的吸引力和感染力。2011 年，记者采访中发现，在河南三门峡市湖滨区涧河街道六西社区有一个特殊"银行"，通过它存取的不是货币，而是由社区居民的爱心行动换算而来的"时间"，居民们亲切地称它为"爱心时间银行"。在存取爱心的过程中，人与人之间的距离被缩短，"我为人人，人人为我"的互助互惠型社会关系也得以形成。随后，《河南日报》推出深度报道《存取爱心的"时间银行"》，对"时间银行"的运作经验及取得的成效进行了宣传，意在向社会弘扬志愿精神和鼓励人民奉献爱心，营造美好社会氛围，增加群众幸福感。②

坚持正确舆论导向，传媒深度报道在选题上要直面矛盾、针砭时弊，敢于监督、善于监督，搞好建设性监督，在监督中提高舆论引导能力。在人民内部，本着"惩前毖后、治病救人"的原则，对危害党和人民利益的不良行为进行严厉批评；批评要以客观事实为依据、以法律法规为准绳，经得起实践检验。传媒深度报道选题要主动回应社会热

---

① 习近平谈治国理政 [M]. 北京：外文出版社，2014：155.
② 闫伊默，吴烨. 存取爱心的"时间银行"[N]. 河南日报，2011-05-26（13）.

点，加强正面引导，在大是大非问题上敢于交锋、善于发声，在众声喧哗中彰显发挥主流传媒"一锤定音"的权威性和影响力。

三、遵循新闻规律

马克思主编《莱茵报》时就指出，"要使报刊完成自觉的使命，首先必须不从外部为它规定任何使命，必须承认它具有连植物也具有的那种通常为人们所承认的东西，即承认它具有自己的内在规律，这些规律是它所不应该而且也不可能任意摆脱的。"① 人类实践中，人们习惯于自动且毫无疑义地遵循自然规律，而社会范畴和领域的规律遵循却因掺杂了诸多利益考量而往往得不到有效落实。规律是刚性的，如果不被人们尊重，就会以违背预期的后果对人们予以惩罚，因此传媒要敬畏规律，顺应规律要求从事日常新闻报道活动。社会主义传媒既是党、政府和人民的"耳目喉舌"，也是媒体，有其自身特有属性和运作规范，其功能发挥有赖于新闻的传播，或者说传媒宣传舆论工作致效的前提是要尊重媒体自身运作规律。因此，传媒深度报道在选题上既要坚持宣传价值，也要考虑和尊重新闻价值；而且只有将党的要求和人民的需要结合起来，传媒的社会功能才可能得到充分实现。

遵循新闻规律，传媒深度报道选题要恪守真实性底线。真实是新闻的生命，不仅仅是新闻行业的常识，而且应该作为专业理念被恪守和捍卫。就新闻作为社会系统的重要结构因素而言，新闻真实性是新闻安身立命的前提和传媒社会价值得以彰显的根本。新闻以反映客观世界变动为职志，传媒通过日常运作所形构的"世界图景"为人们日常存在和行为决策提供信息资源和依据，新闻的社会功能由此凸显。习近平总书记强调："真实性是新闻的生命。要根据事实来描述事实，既准确报道

---

① 马克思恩格斯全集：第 1 卷 ［M］. 北京：人民出版社，1995：397.

个别事实，又从宏观上把握和反映事件或事物的全貌。"① 这既是马克思主义新闻观的要求，也是马克思主义新闻观在新时代的传承和弘扬。传媒深度报道在选题时，要对事实进行全面考察，既要考察现象是否真实，更要考察现象背后的本质是否真实，在确定选题真实的基础上展开深度报道。如果罔顾事实真假，道听途说，职业作风虚浮，势必会给党的新闻事业带来损害。实践中，某记者有一次在乘坐火车时与邻座乘客攀谈闲聊，因彼此相谈甚欢而轻信了后者的虚假自夸，该记者激动之余将其作为典型人物进行了采访报道。报道刊发后，遭读者愤怒质疑该报道的真实意图和立场，指责该记者所属媒体搞虚假宣传，因为这个所谓的典型人物实际上是其所开发的楼盘烂尾但拒绝赔偿买家的"老赖"，当受害者苦于遍寻该"老赖"而不得，却突然发现其作为典型堂而皇之地被传媒大肆宣扬，此时心情可想而知。很显然，该报道基于记者道听途说而又怠于对采访对象身份及所获取的采访素材进行核实调查而仓促行文，因违背新闻报道操作规范导致新闻失实，给传媒和记者个人形象带来不可挽回的负面影响。

遵循新闻规律，传媒深度报道选题要坚持实事求是。实事求是要求尊重事实，从事实的总体去分析、评判和把握事实所体现的思想、规律和本质。在此意义上，实事求是传媒追求的一种品格和信仰。基于现实社会的复杂性，坚持实事求是并不是容易的事情，有时甚至会冒着遭受打击和利益受损的风险。实事求是是马克思唯物主义的现实基础，是中国共产党的指导思想和根本方法论，历史反复证明实事求是之于党领导革命和建设成功的重要意义。实事求是也是中国共产党坚持党性的内在要求，是衡量党性修养和觉悟的重要标准。因此，传媒深度报道坚持实事求是去选题，不仅是方法论问题，更要从党性高度对其心怀敬畏，将实事求是作为选题遵循，以彰显党性品格，维护党和人民利益。2012

---

① 习近平总书记党的新闻舆论工作座谈会重要讲话精神学习辅助材料［M］. 北京：学习出版社，2016：7.

年某市发布"1号"文件，为节约用地、扩大粮食生产和提高土地利用效率，决定大力实施100%火化率的"殡葬改革"，要求农村不出现新坟头、取消旧坟头。随后，"平坟运动"在全市全面强力推进，其间因老百姓抵制而导致的冲突持续不断、此起彼伏，并因此引发全国众多媒体关注。民意滔滔之时，个别媒体不是去调查研究，聆听民意诉求，寻求问题化解之道；相反却逆民意潮流而动，采写刊发了关于"平坟调查"的重磅深度报道，意在引导舆论。该报道强调"平坟是为了节约耕地""平坟受到民众支持""平坟没有导致冲突后果"等内容，与当时的实际情况和平坟地区群众的亲身感受差距较大，导致群众心理逆反，反而引起舆论反弹。随着主要领导因正常干部任用和流动被调离，"人走政息"。该市轰轰烈烈持续一年多的"平坟运动"亦由此不了了之，被平掉的坟头又被老百姓堆起，恢复了原样。综观这一劳民伤财的"平坟"事件，地方政府盲从上级而罔顾民意的行政强推难辞其咎，而个别媒体罔顾事实、丧失操守，在其中更是充当了不光彩的角色。究其思想根源，是该传媒没有坚持实事求是路线和党性修养不够的结果。遵循新闻规律，要站在为党和人民利益的高度，着眼于好的社会效果，把握宣传价值和新闻价值的平衡，避免人为地扭曲事实以迎合某种缺乏以实事求是为根基的报道主题要求。

遵循规律的前提是要熟悉和把握规律，而规律却不是自动显现的，往往需要传媒从业者付出较为艰辛的努力，才可能有所得。记者除了要具备基本的专业知识素养之外，更要具备马克思唯物主义的基本素养，坚持辩证唯物主义的基本方法论，还要具备较高政治修养和开放的全球视野。当坚持新闻规律遭遇外在权力干涉和利益诱惑时，记者要以较高的党性修养，捍卫新闻规律和遵循新闻伦理，勇敢担负起维护党和人民利益的神圣职责。

综上所述，传媒的深度报道运作，只有以坚持党性和人民性相统一、坚持正确舆论导向、尊重新闻规律等为选题原则，才能为深度报道后续采写和传播行为夯实基础，为可能取得好的报道效果奠基定调。

第三节　深度报道选题方法

如前所述，信息全球化、媒介多元化、受众碎片化、媒体经营市场化及社会思想多元化是当下传媒面临的现实传播环境。在此时代背景下，"深度报道"成为传媒在多元"意见市场"上保持主流媒体地位、发挥主流影响力的有效选择，这一点几成共识。但从新闻实践看，很多传媒深度报道的运作并不理想，尤为突出的是：记者普遍感到"选题难"。"题好文一半"，选题不好意味着出发点和方向存在偏差，随之而来的自然是深度报道的质量不高、传播效果不佳，为此有不少传媒甚至干脆取消了专门的深度报道部门或版面。深度报道如何选题？结合传媒性质、特点、深度报道自身要求及从事深度报道实践的体会，著者认为传媒深度报道运作在选题上可以从下述途径着手。

一、围绕"问题"选题

"我是谁？从哪里来？到哪里去？"这是人类的终极之问，贯穿人的一生。问题来源于社会存在与实践，它"是时代的口号，是表现自己精神状态的最实际的呼声"[①]。人类日常存在需要安全或稳定的生存环境以获得心理安定感，而世界本身却是变动不居的存在。以此观之，"问题"就是人们所置身其中的世界的变动带来的生存不确定性。消除不确定性，就是把"问题"消解掉，而问题的生成机制却是"旧问题的解决意味着新问题的产生且循环往复、生生不息"。企求一劳永逸地解决问题，是人类的痴心妄想。在此意义上，人类发展变迁的历史就是"问题"不断产生并不断得到解决的过程，"问题"是推动历史发展进

---

① 马克思恩格斯全集：第40卷［M］.北京：人民出版社，1982：289.

步的动力。马克思辩证唯物主义观点认为：问题就是矛盾。习近平总书记就此指出，"要有强烈的问题意识，以重大问题为导向，抓住重大问题、关键问题进一步研究思考。"①

传媒的"喉舌耳目"性质，赋予其"指导、组织、鼓舞、激励"等社会功能。作为党实施领导的宣传舆论工具，传媒深度报道在选题时也要有"问题"意识，围绕"问题"进行调查研究，发挥传媒联系社会广泛的优势，为党和政府解决问题提供决策基础。同时，就传媒运作规律而言，问题往往意味着矛盾或世界的反常变动，是新闻价值的重要关注面向，恰好符合传媒深度报道选题的原则和要求。通过发现问题、分析问题以及探求问题解决之道，传媒可以充分实现其在党治国理政中的重要职能。

2010年初，记者获取有关部门提供的一条信息：截至2009年12月底，河南省已批准设立各类担保机构810家，注册资本总额205.8亿元，尤其是2009年，全年新增担保机构492家，新增注册资本121.91亿元，均超之前历年之和，平均每天就有1家担保公司诞生。对此反常现象，记者认为其背后一定有原因，它是什么？意味着什么？有什么风险和社会负面影响？如何认识和应对？记者以"问题"为导向，决定一探究竟。通过采访，记者了解到，担保机构确实呈"井喷"状态，数量呈爆发式增长；其根本原因在于中小微企业融资难，从银行拿不到贷款，为担保机构提供了市场契机；担保机构一时风起云涌，难免鱼龙混杂；由于担保业尚属新兴行业，在准入、监管、退出等机制方面都不尽完善，而实际运行中少数担保公司又违规运作，加大了该行业的风险；现实中虚报注册资本、虚假出资、抽逃注册资金、以担保公司为名套取银行贷款等违规现象在业界也"时有发生"；利益驱动导致正常的担保运作滑向非法集资的边缘，一旦资金链条断裂，必定会导致出现社

---

① 习近平关于协调推进"四个全面"战略布局论述摘编［M］.北京：中央文献出版社，2015：57.

98

会不稳定因素。2010年2月9日，《河南日报》推出深度报道《担保业"井喷"后的担忧》，对上述现象及问题进行报道。① 并在报道中提出相关规范建议：

> "在采访中，谈及目前河南担保行业的现状，记者听到最多的就是"面临洗牌"。如何"洗牌"以保证担保行业的健康发展？河南金学苑律师事务所陈雷律师认为应当尽快明确担保行业的法律定位，尽快出台担保行业具有可操作性的规范性文件，"实际操作中，很多担保企业通过先为银行贷款提供担保，后代位追偿的方式，变相成为放贷机构，而这又为当前的金融法规所禁止"。
>
> 专家指出，担保行业健康有序的发展是一个系统工程，加强担保机构和金融机构之间的合作，形成"优势互补"；设立再担保机构分担风险；加快信用体系的培育和建设；继续发挥金融机构对中小企业融资的功能等，都需要继续探索和完善。"

报道就全省担保业"乱象"进行分析，发挥了媒体"预警"功能，为该行业规范、健康发展提供了有益思考和可能路径。该深度报道刊发后，随即引起有关部门关注。随后不久，不少担保公司因涉嫌非法集资遭到司法部门打击，也有不少担保公司因监管不善导致资金链条断裂，有个别担保公司干脆卷款潜逃。诸如此类的担保行业种种乱象导致众多群众"借"给担保公司的资金血本无归，尽管群众自身也难辞其咎，但一夜之间返贫且负债累累使部分群众走上集体上访之路，进而引发社会不稳定。相关部门随即开始"亡羊补牢"，积极介入整顿、规范担保行业发展以避免其重蹈覆辙。由此可以看出，该深度报道以"问题"为导向，体现出了一定的前瞻性，很好地发挥了传媒对社会环境的监测和预警功能。

---

① 闫伊默. 担保业"井喷"后的担忧［N］. 河南日报，2010-02-09（9）.

深度报道围绕"问题"选题，需要记者具备问题意识。问题意识是一种主动性意向和选题指引，凡事习惯于多问几个为什么，就可能会有新的发现。带着问题去观察世界，就有可能找到问题的原因及可能的解决办法。传媒要为党排忧解难，要满足群众的认知需求，而围绕"问题"去寻找答案正是深度报道的努力方向，并且"问题"也是衡量和彰显深度报道之"深"的重要标准。

二、围绕"政策"选题

我国传媒是党和政府的"耳目喉舌"，也是人民的"耳目喉舌"，要义在于传媒要做好党、政府和人民之间沟通的桥梁和纽带，坚持党性和坚持人民性是完全一致的、统一的。传媒一方面要把党和政府的方针政策宣传出去，让群众知晓、明白、认同，并通过汇聚共识将其转化为群众的自觉行动；另一方面，传媒要深入群众，考察党和政府的方针政策的实际运行情况，聆听群众的要求和心声，把意见和问题反映上来。刘少奇同志曾就此指出，"党从两方面依靠你们：中央要频繁地依靠报纸、通讯社、广播电台指导各地党和政府的工作"；同时"人民依靠你们把他们的呼声、要求、困难、经验以至我们工作中的错误反映上来，变成新闻、通讯，反映给各级党委，反映给中央，这就把党和群众联系起来了"。① 因此，传媒深度报道在选题时，要紧盯党的大政方针，及时进行宣传解读；同时也要考察政策执行情况，及时把成绩、问题和群众的心声反映上去，传媒功能亦由此得以有力发挥和有效实现。

2014年9月10日，李克强总理在达沃斯论坛的致辞中首次提出"大众创业""万众创新"，以应对经济下行压力。随后，他在不同场合多次对此进行强调。2015年5月13日，国务院办公厅印发了《关于深化高等学校创新创业教育改革的实施意见》，从开设创新创业必修课、允许学生休学创业，到加强教师创新创业教学能力，打出了一套涉及高

---

① 刘少奇选集：上卷［M］. 北京：人民出版社，1982：399.

校课程、考核、师资建设等的改革"组合拳"。随后，5 月 20 日，河南省政府发布《关于发展众创空间推进大众创新创业的实施意见》。意见指出，我省将推进实施大学生创业引领计划，在校大学生（研究生）到各类孵化载体休学创办小微企业，可向学校申请保留学籍 2 年。

大学生正处于思维活跃期，政府倡导的"大众创业、万众创新"对他们来讲意味着什么？2015 年我国高校毕业生总数达 749 万人，意味着又一个"最难就业季"的到来。在此背景下，有声音质疑：政府号召学生创业是不是在甩包袱？创新难、创业风险高，大学生创业将会面临什么问题？应该如何为大学生创业创新"保驾护航"？记者决定就此围绕大学生群体对"大众创业、万众创新"政策进行深度挖掘和深入解读，为读者释疑解惑，廓清大众认识误区，为该政策贯彻施行营造良好舆论氛围。随后，《河南日报》推出深度报道《让大学生创业成为一道亮丽的风景》。① 报道对"鼓励大学生创业：是'甩包袱'？还是教改突破口"的疑惑进行了结合实例的深入解读：

> 　　教育部数据显示，2015 年我国高校毕业生总数将达 749 万人，这意味着我们又将迎来一个"最难就业季"。有专家认为，就业难已是常态，自主创业也将成为新常态，以创业促进就业，应是大势所趋。也正是基于此，有人质疑国家密集出台一系列促进大学生创业的举措是在"甩包袱"。清华大学副校长杨斌指出，"这并不是单纯地鼓励发起一场大学生创业的运动，而是指向高校育人核心。"教育部一位官员则指出，一系列举措将使创新创业教育成为撬动高等教育整体变革的突破口。
>
> 　　黄淮学院大学生创新创业中心主任薛凡说："创业就是要用一定的产品和服务挖掘市场需求、把握机遇以实现经济和社会价值，这里的前提是创新，创新是创业的应有之义。因此，强调创业势必

---

① 闫伊默. 让大学生创业成为一道亮丽的风景 [N]. 河南日报，2015-05-22（6）.

会对传统的大学教育模式产生倒逼，由知识教育转向创新教育。"大学生这一群体的突出特征就是思维活跃，具有创新潜力，因此也最适合进行创新创业。对此，人社部副部长信长星说："一般来讲，创业有两类：一类是生存型的，一类属于成长型的。各类群体都有可能创造出成长型的企业，但真正最有能力、最有潜力创造成长型企业的还是大学生等知识群体。"因此，国家力促大学生进行创新创业，对我国经济转型与和谐社会建构意义重大。

"大众创业、万众创新"，并不意味着每个大学生都去创业。

"创业毕竟有风险，也需要具备一定条件，尤其是对创业主体的素质要求更高。"大学生创业者、洛阳点石软件科技有限公司总经理张世玉说，"成功的创业者往往具有某种异于常人的精神特质，而创业也就成为一种基于这种特质的个性化选择，并非每个人都适合创业。"

2009 年大学毕业的潘泳是黄淮学院的创业明星，因"买不起 iPhone，就想着能把便宜的 touch 改装一下，把通话和短信功能补上"。2010 年 7 月，他使这款音乐播放器 iPod Touch 具备了短信和通话功能，由此被誉为"苹果皮之父"。他的研发吸引了世界数百家媒体的关注，美国的《华尔街日报》甚至为此发出了"中国终于创新了"的评论。

今年 2 月，潘泳又推出一款手机 App "漫聊神器"，根据人脸识别技术将人的表情及声音动漫化，并可以一键分享。如今的潘泳是广东佳士乐文化创意有限公司的总裁，正致力于将这一创意用于动漫及影视作品拍摄，而这项研发创意竟源于他上大学时"用鼻子控制鼠标"的奇思怪想。

薛凡回忆说："当时他给我说这个想法，我说你真会开玩笑，不可能，也没啥用。谁知后来他硬是做出来了。当时对我的观念是一种颠覆，搞创业就是要敢于创新，要敢想敢做，这是创业者必备的精神特质。"

有人认为将创业引入学校有违高等教育的初衷，仅仅用薪水、创业业绩来衡量成绩可能会给学生的价值观造成不良影响。对此，在美国硅谷有着 8 年投资经验、现任 Plug & Play 集团中国区经理的赵晨说："就投资而言，一切不以赢利为目的的投资都是要流氓。但创业教育的本质是对人的心灵和精神的培育，也就是要实现'完人'教育的目标，不管创业与否，这对谋求更好的人生都不可或缺。"

针对社会对"大众创业、万众创新"的质疑，报道通过大学生创业成功案例及行业专家的权威观点对其进行了一一回应，意在释疑解惑，为"新生事物"呼吁社会宽容空间。尽管如此，"大众创业、万众创新"到底成效几何？对大学生这一特殊群体而言，有哪些问题需要解决？报道并没有一味地"唱赞歌"，而是理性地提出政策实施面临的问题，并提出可能的解决办法，报道在《大学生创业需要多方助力》中写道：

去年 5 月，国家有关部门发出通知，提出"力争实现 2014—2017 年引领 80 万大学生创业的预期目标"。而当下我国大学生创业现状却并不乐观，在去年的一次新闻发布会上，信长星表示："高校毕业生创业比例大概在 1%。"而美国的这一数据却高达 20%。"这里面重要的问题就是思想落后、保守，'学而优则仕'观念根深蒂固，传统的应试教育、精英教育理念抑制了大学生自主创业的意识、能力和选择。"赵晨说，"美国的创业教育可以说从小就开始了，儿童送报纸赚零花钱很正常；美国大学生选择创业是一种极为正常的职业选择，没什么贵贱之分，也不会引起任何非议。"

"公务员、事业单位，再其次就是国企，这些都是毕业生眼里的好工作、正常工作，稳定无忧；而那些自主创业者则往往被认为是混不下去的人。"薛凡深有感触地说，"2003年我在郑州创业一个月就能拿到2万多元，可在母亲眼里就是一个打工仔，不被瞧得起，硬是逼着我回去当了老师。这种对创业者的观念歧视必须转变。"

谈起大学生创业，河南财经政法大学的一位大三同学告诉记者："创业？没钱没关系咋创业？失败了咋办？我们院这一届同学大部分都在准备考研呢。"

依托科技园区、孵化中心等服务运营机构，为"两眼一抹黑"的大学生创业者提供创业培训、融资指导、信息交流、人力资源支持等服务，对促进大学生创业意义尤巨。

5月20日，河南省"创新创业引领中原"系列活动启动。依托黄淮学院组建的黄淮众创空间作为唯一的高校创新团队获得了现场路演机会，团队成员李勇冬展示了他们研发的光固化3D打印机及商业计划，获得了与会专家和投资者的好评，并受到现场投资者的青睐。

"李勇冬今年读大三，是我们团队的主力创客之一，这次路演对他下一步独立创业将是一个有力促进。这有赖于我们有一套完善的创业孵化体系。"该团队负责老师付华说。

而西亚斯亚美迪中美创业孵化中心在成立一年半的时间里，已经投入种子基金1000多万元，孵化成功20多家公司；依托黄河科技学院组建的"黄河众创空间"，目前在孵企业66家，培育创业团队和项目131个，拥有自主知识产权（专利）的创客170人。

"我们园区86家企业中，有1/3是大学生创办企业，并且运行良好。"洛阳国家大学科技园一位工作人员说。

目前，国家提出要把创业教育作为必修或选修课列入高等教育培养体系，但课程设置、师资都是当前亟须解决的问题。"让没有创业经验的老师去讲创业，难免会使'创业教育'沦为'创业理论教育'。"赵晨说，"在美国高校，创业课程的老师自己就是经验丰富的投资者，实战性很强，效果显著。"

对此，郑州大学商学院教授孙学敏呼吁："无论是大学生创业教育，还是大学生创业融资，社会投资者都应该给予关注和支持，因为大学生是一个充满活力的群体，他们创业的成功，将是我国经济转型进程中一道美丽的风景！"

"现在国家关于大学生创业出台了很多好的政策，需要整合相关部门的合力，避免一盘散沙；同时也要重落实，防止'大众创业、万众创新'成为一阵风。"郑州大学西亚斯国际学院党委书记费鹤祥说。

从观念转变、创新孵化机制、创业实战教育及相关部门合力等方面，为大学生创业、创新面临的问题，提供了保障和路径建议。报道"点面结合"、有理有据，澄清认识误区、着力释疑解惑，为政府实施"大众创业、万众创新"营造了良好的舆论氛围，也为政策的贯彻落实提供了现实的可行路径。

综上所述，传媒深度报道围绕"政策"选题，既是"围绕中心、服务大局"，又对国家政策的施行进行了有效引导。同时，还对政策施行进行理性审视，不避问题，而是提出建设性意见和办法，符合深度报道解读政策的原则和要求。习近平总书记强调："我们的新闻工作者应该更多地起到渠道和桥梁的作用，长期地、耐心地、孜孜不倦地向人民宣传党的路线、方针、政策，解释党对事物的主张和看法，让人民了解党和国家的大事，使党的看法、主张化为人民群众自觉自愿的行动。"①

---

① 习近平. 摆脱贫困 [M]. 福州：福建人民出版社，1992：84.

三、紧跟"新闻"选题

一般新闻重时效，重在传播信息，而客观来讲，新闻求新求快很大可能会牺牲内容的丰富和报道的深度，这是由"时间"这一世界万物运行的客观维度而框限和决定的，尤其是深度报道，其重在挖掘信息或事实背后的本质，更加需要一定时间的保障，一定程度的时效滞后对深度报道来讲，自然难免且不可规避，尤其是在当下新媒体传播情境下，就作为纸质媒体的传媒而言，追求时效的意义并不大，有时甚至没有必要，反倒是发挥其长、做强做优深度报道是其更为现实的有效选择。基于一般新闻与深度报道之间的差异和各自侧重，紧跟"新闻"进行二次开掘，则成为传媒深度报道的有效选题路径。这里紧跟的"新闻"是指已经刊发并进入传播渠道的新闻，通过对已刊发的新闻进行内容上的全面还原、角度上的独特呈现以及主题上的深度开掘，来成就传媒深度报道对事实或现象的本质揭示。

据媒体报道，2011年11月1日，河南省许昌市78个乡镇（不含办事处）全部建成"廉政食堂"并正式投入运行。按照规定，乡镇日常必要的公务招待一律安排在"廉政食堂"，并严格限定消费标准，禁止烟酒。新政一出，叫好声众，但也不乏"作秀"的质疑。在"三公经费"成为媒体及公众关注焦点的背景下，记者认为该新闻仍有较大的二次开掘空间。为什么要办廉政食堂？廉政食堂与之前的机关食堂区别何在？在廉政食堂接待就一定意味着比饭店接待节约费用吗？在机关自办廉政食堂进行公务接待是不是因比较隐蔽而更容易腐败？以建廉政食堂来解决公务接待腐败问题是否靠谱？还是正如社会质疑的那样，廉政食堂就是作秀？廉政食堂是否能够成为乡镇公务招待的破局之策？相对于已发"新闻"，这里对相关问题的提出、延展和思考，已经极大拓展了"廉政食堂"这一选题，完全符合深度报道选题的要求和价值，有必要以"二次开掘"的形式对其进行深度挖掘。

　　记者由此对该市廉政食堂建设展开了实地调查、体验和采访，在了解廉政食堂建设背景及运作机制后，亲身体验了廉政食堂的运行，针对上述问题进行了深入采访、多元思考并对其意义进行了深度挖掘和揭示。随后，《河南日报》推出深度报道《"廉政食堂"能否破解乡镇招待困局》，对"廉政食堂"进行了深度呈现。① 报道针对"为啥建'廉政食堂'"这一问题写道：

　　　　蔡华智说，为解决家不在本地的干部吃饭问题，其实各乡镇都有机关食堂，平常的公务招待一般就在内部食堂解决，现在的"廉政食堂"应该说是对原来机关食堂公务接待的一种"规范化"。

　　　　在充分调研的基础上，许昌市委、市政府办公室联合转发了《市纪委、市监察局关于规范全市乡镇机关公务接待，推行"廉政食堂"的意见》（以下简称"意见"），决定在全市乡镇机关推行"廉政食堂"。梁金良说，同时我们不搞试点，在充分准备的基础上于11月1日在全市乡镇机关全面铺开，决心很大。

　　　　蔡华智说，乡镇80%以上的工作在农村，需要面对面跟老百姓打交道，过去"个别干部下乡喝酒喝得红头涨脸，确实影响不好"；同时，干部下乡吃饭势必要给村上增加负担，乡镇接待上级领导在饭店吃饭开销也很大，"算清这笔政治账和经济账，'廉政食堂'势在必行"。

　　　　一位不愿公开姓名的乡长告诉记者，乡镇财政紧张也是实行"廉政食堂"的原因，"有钱不用教都会吃喝，没钱你不叫他廉政也会廉政"。话听起来有点偏颇，但一定意义上不无道理。据他介绍，他所在的乡每年财政拨付约400万元，支付全乡工资就用掉300万，剩下的100万再加上有限的税收返还等其他资金来源，就是全年工作运行资金，这些钱相对于乡镇复杂的工作头绪来讲，往

_____

① 闫伊默. "廉政食堂"能否破解乡镇招待困局［N］. 河南日报，2011-12-19（4）.

往是捉襟见肘，"就一项秸秆焚烧，每年就要投入一二十万"。

这里对建设廉政食堂的原因归结为：规范机关食堂公务接待、市委书记倡导、避免喝酒影响干部形象、避免增加村上接待负担、乡镇财政紧张等，并且对上述原因的呈现，严格遵循了新闻报道"用事实说话"的基本规范。

针对"廉政食堂是否作秀"这一问题，报道进行了回应：

采访中，对于"廉政食堂"记者也听到一些不同的声音。一位乡干部听了记者关于"廉政食堂"的介绍后脱口而出："不是在作秀吧？县长来乡里视察工作，我就不信乡长会让他去食堂吃饭！"

一位副乡长也说："实事求是地讲，即使推行'廉政食堂'是作秀，其勇气和信心也值得肯定，关键是如何保证'廉政食堂'能够真正长效运行。"

上述质疑也是许昌市主要领导最为关注的问题，"李亚书记曾亲自带队深入乡镇暗访'廉政食堂'，这本身就是一种姿态，此项工作要作为一项常态工作去抓。"梁金良说。

记者在该市出台的"意见"中也看到，制度化、监督化、长效化是搞好"廉政食堂"的重中之重。市纪委副书记崔合荣表示，督查是推进"廉政食堂"建设最好的方法，追究是最好的措施，一旦发现问题将从严从重追究有关领导责任。同时，纪委还要会同财政、审计等部门对乡镇公务接待费用进行财务管控和审计，确保"廉政食堂"真正发挥实效。

市纪委书记陈智勇也自信地公开表示，"廉政食堂"的运行要经得起检查、经得起暗访、经得起参观，确保"廉政食堂"公务接待长期坚持，有效运转。

　　蔡华智告诉记者，县里主要领导在"四大班子"会上明确要求，县里干部下乡不准去营业性饭店接受招待，"只要形成这样的氛围，我们基层干部在'廉政食堂'招待领导也没啥后顾之忧"。

　　据梁全良透露，市纪委正在积极起草相关文件，准备对市直各单位因公下乡作出规定，即不准要求乡镇超标准接待、不准要求去营利性餐馆就餐，"对吃请者和请吃者都作出要求，就堵住了乡镇接待超标的口子"。

　　据了解，自"廉政食堂"在该市乡镇运行以来，截至目前，纪委部门尚未发现违规违纪现象。

　　最后，遵循"由点及面"的思维逻辑，报道由该地建设廉政食堂这一个案，将其上升到更为宏观的层面，即如何破解乡镇招待？在梳理了国家相关规定后，报道借专家之口，提出了破解之策，并对廉政食堂的效果和前景表达了审慎的乐观：

　　乡镇公务接待为何有令不行、有禁不从？国家行政学院教授汪玉凯认为，"一是，目前相当多的公务接待费用在预算外循环，很难掌握具体数目；二是，在各级政府预算及其执行的权力分配格局中，实际决定权掌握在政府而非人大手中，人大难以监督。"

　　如何破解乡镇公务接待的困局？有专家认为，除了制度建设之外，还要强化落实，实行信息公开，接受媒体和社会监督。

　　也有专家表示，就乡镇基层而言，当其发展过多受到条条块块行政权力掣肘时，它必然要用"讨好"这些权力的方式，为地方发展打开通道。因此，打破乡镇公务接待的"潜规则"，治本之策是要建立一套科学合理、公正公开的公共财政体系。

　　面对乡镇公务招待的困局，许昌市通过推行"廉政食堂"作出了自己的探索，其勇气和决心值得肯定。但要彻底打破乡镇公务接待的"潜规则",还有很长的路要走。

综上所述,深度报道紧跟"新闻"选题,符合报道实际,且有利于发挥纸质传媒的介质优势,可以作为常规选题路径进行发挥。需要注意的是,该类选题因为是对已发新闻的拓展和延伸,因此一定要对已发相关同类报道做了解,以预判"二次挖掘"的空间及其有可能达到的深度如何,力争在"同题新闻"竞争中出新出彩,在报道效果和社会影响上"后来居上"。

四、延伸"节日"选题

由民间信仰或对历史人物、事件、建筑等的纪念形成的节日,是新闻报道的一个重要选题来源。这种做法极具仪式性,通过循环往复的"重复"以强化某种信仰或情感,实现文化或精神的传承,很多时候也意在传达鉴往知来的历史价值,以烛照当下、催人奋进,但其在仪式意义上的"重复性",又与一般意义上新闻的"求新求变"诉求相抵牾。因此,以"节日"为选题的新闻报道,如何从"平凡中见出新意"是其关键,但"节日"本身又具有新闻生发的"时机"性,节日的周而复始与人们的心理节奏和期待形成互动,与此有关的新闻报道通常易于为人关注。因此,深度报道在选题时,可以围绕"节日"进行多维度延伸和生发,尽最大可能借力"节日"实现以深度超越常规。

深度报道围绕"节日"选题,要注意变换角度以深化主题。比如来自西方的圣诞节,这个节日对国人来讲其原初意义几乎毫无关涉,但出于各种社会心理,该节日很是风靡,与此相对,传统节日却比较落寞。为什么?之前围绕圣诞节,曾经发生过抵制事件,其意在守护传统文化,使其免遭西方文化侵略。2012 年圣诞前夕,《河南日报》推出深度报道《过节,只是一个放松的理由》。① 报道叙述了圣诞节传入中国

---

① 闫伊默. 过节,只是一个放松的理由 [N]. 河南日报,2012-12-24 (6).

的背景、圣诞节为国人热衷的情景以及圣诞节与中国传统节日的比较，在此基础上传达出报道立意，认为在全球化背景下，文化之间的交流、碰撞势所难免，人们需要做的不是情绪化地抵制，而是要以"开放、交流、包容"的心态取长补短，报道写道：

> 传统文化是我们的根，昭示着我们"何所来、何所去"，我们借此而获得文化、民族和心理的认同。每一种文化都意味着特定的价值，如何在全球化背景下，以一种开放的胸襟兼收并蓄，是我们始终要面对和考虑的现实问题。对圣诞节，我们大可淡定，网友总结得很形象："中国人很聪明，给商人一个赚钱的机会，给自己一个放松的理由，给朋友一个喝酒的借口，给家人一个温馨的感觉。总之，开心就好！"

　　该报道立足现实，对圣诞节带来的节日气氛进行了客观、冷静的分析，面对不可逆的全球化态势，对类似圣诞节之类的西方文化进行情绪化抵制，意义不大，并且圣诞节之类的西方节日并不是我国传统文化节日相对落寞的"罪魁祸首"。现实的理性态度和做法，则是以更高层面的文化交流和文明互鉴实现对传统文化的保护、提升与传承。习近平总书记指出，新闻舆论工作各个方面、各个环节都要坚持正确舆论导向，"时政新闻要讲导向，娱乐类、社会类新闻也要讲导向"。① 在此意义上，该报道寓引导于事实叙述之中，实现了对同类报道的深度超越。

　　深度报道以纪念性"节日"为选题，要注意发掘其蕴含的精神意义，尤其要结合当下实际，强调其时代价值。由纪念重大事件或重要人物形成的"节日"，更多具有浓郁的历史色彩，其人其事人所共知甚至耳熟能详，这就给新闻报道带来很大创新难度。"一切历史都是当代

---

　　① 习近平总书记党的新闻舆论工作座谈会重要讲话精神学习辅助材料［M］. 北京：学习出版社，2016：6.

史"，此类选题操作要强化历史在当代的传承，凸显其对当下时代的价值和意义。

有一种精神，总是充满着激荡人心、催人奋进的力量。1960 年 2 月，太行山上的开山炮声，拉开了林州（原林县）人民"十万大军战太行"的序幕。那时候正值"三年自然灾害"，是共和国最困难的时期，缺水的林州人民不等不靠，凭着一锤一钎一双手，迎难而上，向大自然开战了。这一战，就是十年。1965 年 4 月 5 日，红旗渠总干渠举行通水仪式。1969 年 7 月，全长 1500 公里的红旗渠工程全部竣工。在巍巍太行的层峦叠嶂中间，从此多了一条代表水的蓝色曲线。红旗渠是一条渠，它从此结束了林州人民吃水难的苦难历史。红旗渠不仅仅是一条渠，它更是林州人民树在太行之巅的一座丰碑，是中原儿女刻在太行山上的中国力量和中国精神。风雨数十载，弹指一挥间。如今，缠绕于太行山腰的红旗渠，仍然在崇山峻岭中静静地流淌着，但随着时代的发展，历久弥新的红旗渠精神，已经成了一面精神旗帜，正引领着林州人民和全省人民在中原崛起、河南振兴、全面建成小康社会的道路上阔步前行，汇集着中华民族实现中国梦的强大正能量……。2015 年 4 月 2 日，在纪念红旗渠通水 50 周年之际，《河南日报》推出重磅报道《永远屹立的精神丰碑》。① 报道在回顾红旗渠建设历史时，主要通过当年曾参与红旗渠建设的健在者的口述实录呈现当年的峥嵘岁月，意在增强报道的历史厚重感和沧桑感，以凸显当年红旗渠建设的艰辛并彰显红旗渠精神的时代价值。报道在强调红旗渠精神传承时，同样选择了当年红旗渠建设者们的后代作为采访对象，从他们的生活、工作和创业的故事中，让读者体会到红旗渠精神已经渗入他们的血脉，作为精神的种子生根发芽。报道最后部分，由点及面，将红旗渠精神与林州市、河南省经济社会发展结合起来，深化了主题：

---

① 李东红，任国战，闫伊默. 永远屹立的精神丰碑［N］. 河南日报，2015 - 04 - 02 (4-5).

在经历了"战太行""出太行"和"富太行"之后，如今的林州人又站到了新的历史起点，追逐着"美太行"梦想。

当前，安林高速、鹤辉高速、晋鲁豫铁路穿越太行千古屏障，与正在推进的石林焦高速在林州形成三重立体交会，晋冀豫三省交界区域中心城市的轮廓已初步显现，以"转型提升、城乡统筹、生态和谐、精神传承、民生幸福"为主要内容的"美太行"画卷正渐次展开。

2014 年，林州全市生产总值、规模以上固定资产投资、公共财政预算收入保持较高增速，分别达到 450 亿元、486 亿元和 14 亿元。群众收入大幅增加，幸福指数不断攀升。

林州市委书记郑中华说："回望 50 年前的壮怀激烈，我们必须以当年气壮山河的勇气、重新安排河山的豪迈，再次奏响'美太行'慷慨激昂的创业新篇章。这是我们为党为民的历史责任和政治担当。在这个全面建成小康社会的紧要关头，我们越发需要以红旗渠精神为引领，越发需要久久为功的韧性，用自己的实际行动和令人鼓舞的成就，为红旗渠精神注入属于这个新时代的鲜活内容。"

是啊，一个人如果没有精神家园，就不会幸福；一个民族，如果没有一种努力向上的精神追求，就不会进步。

50 多年过去了，修建红旗渠时铁锤钢钎的交响和隆隆的开山炮声，早已湮没在历史深处，但先辈们当年高亢的呐喊，仍在太行山和红旗渠儿女心中回响。

如今，省委、省政府已经绘制了中原崛起、河南振兴、全面建成小康社会的宏伟蓝图，要想实现这一伟大目标，就必需一种信念和力量，青春永驻、永不过时的红旗渠精神，必将成为这股强大的推动力量，让河南在协调推进"四个全面"重大战略布局和实现中国梦的进程中更加出彩。

红旗渠精神永放光芒！

五、发掘"现象"选题

"为有源头活水来"，记者要有新闻敏感，要善于在司空见惯而平淡单调的日常现象中"见人所未见""言人所未言"，于平常中见奇崛。新闻实践中，大量新闻信息由政府日常行政行为生成，因此政府新闻源占比一般较大，记者采访一般是遵循官方路线，采访活动需要请求相关部门协助安排。这种采访运作模式虽然给记者提供了极大便利，但其所获信息不一定就能够满足报道需求，并且记者一旦习惯了这种采访路线，其新闻敏感性会逐渐变得钝化，实际上也违背了新闻来源于实践的唯物主义路线。由于远离现实生活和新闻现场，大量感性的、鲜活的信息匮乏，使很多报道显得单调乏味，丧失了对受众的吸引力和感染力。因此，记者要转变理念，强化到火热的实际生活中去发现选题的自觉行动，这既是在践行和发扬党的群众路线的优良传统，也可以极大提升记者的生活感知能力和新闻敏感性，有利于对事实的深度开掘和丰富呈现。选题越来自实践、来自生活，建基于此的深度报道也就会越接地气，越能吸引人、打动人、引发人们的心理共鸣。

2012年9月初，记者行驶在高速公路上时发现，高速公路两侧的杨树林带，却已经出现大面积落叶现象，光秃秃的树枝直刺天空，景色萧索。这种景象让记者感到疑惑，因为按正常情况来看，这个时节的杨树应该是枝繁叶茂，它的叶子也应该是绿色的。随后，记者又特意行驶了省内不同高速路段做进一步观察，发现情况大同小异，"夏树冬景"比较明显，而且较为普遍。为释疑解惑，记者决定一探究竟，随后走访了高速公路附近的村民、省林业厅专家、高速公路沿线路段涉及的地市园林局以及高速公路管理部门和运营企业，获取了大量一手材料。随后,《河南日报》推出深度报道《高速公路两侧缘何"夏树冬景"》。①
报道中发现很多人对"高速路两侧杨树林大面积落叶"现象并不以为
意,认为虫吃树叶,没什么大不了,但通过采访,记者发现情况并非如
此简单,高速公路两侧的绿化带设计其实有着较多功能上的考虑,报道
就此写道:

> 采访中,问及高速公路两侧杨树过早落叶有啥影响,很多人都
> 不以为意,认为不值一提:"树遭虫吃落个叶子有啥影响?不就是
> 棵树嘛,再说树又死不了!"
>
> "不到季节就落叶,首先肯定对树木生长有影响。树龄三年以
> 上的杨树遭虫害一般不会死亡,但树叶过早脱落会影响其进行光合
> 作用,从而影响其生长和材质。杨树生长期为3月底到11月初,
> 其中四五月份和七八月份是生长高峰期,因此'夏树冬景'的危
> 害不可小觑。"黄维正说。
>
> 其实,高速公路两侧杨树林带过早落叶的危害远不止于此。尽
> 管高速公路对经济社会发展的重要性不言而喻,但其给沿线生态环
> 境及群众生产、生活带来的影响同样存在,比如空气污染、噪声污
> 染和重金属污染。
>
> 根据有关规定,高速公路属于道路干线,其噪声标准为白天不
> 高于70分贝,夜间不高于55分贝。由于平原地区高速公路路堤较
> 高,噪声波及较远,从而使得噪声影响具有成倍的发散性。
>
> 而杨树林带则可以起到较好的降噪效果,据研究者测定,快车
> 道的汽车噪声在穿过12米宽的林带后可以降低噪声3~5分贝,穿
> 过40米宽的防护林带后,噪声则可以降低10~15分贝,并且林带
> 越宽、越高,降噪效果越明显。
>
> 另外,由汽车尾气污染导致的高速公路两侧土壤重金属污染也

----

① 闫伊默. 高速公路两侧缘何"夏树冬景"[N]. 河南日报,2012-09-19 (4).

不容忽视。据了解，重金属污染物质主要以铅、镉、铜、铬为主，其次是锌、砷、镍、锰等，而农作物中重金属含量、种类与土壤中重金属含量、种类呈明显的正相关。目前，通过林带减少高速公路对沿线土壤重金属污染是理论和实践界的共识。

"今年麦收前，我们对107国道西平段两侧一定范围内的农田小麦进行了对比研究，发现防护林带能分别降低小麦中30%、25%、46%的铅、锰、镉含量。"河南省林科院林业研究所所长李良厚说。

有学者对连霍高速郑州到商丘段土壤重金属污染的研究表明，在公路两侧300米范围内，已经形成轻度污染带，距路基50米范围内重金属污染较为严重。

有关研究结果显示，高速公路两侧80米范围是重金属污染最集中的扩散区域，因此日均6万车流量的道路两侧，防护林带宽度至少应达到80米，才能对重金属污染有较好的防控效果。而有关统计显示，今年7月份，郑漯高速公路日均车流量已达55 226辆。"我省高速公路两侧防护林带宽度达到理想状态的不足1/4，其所带来的对粮食安全的影响应该引起人们的重视。"李良厚说。

有关资料显示，我省高速公路通车里程今年底将达到6000公里，按照每公里永久占地面积8公顷计算，总计占地面积为4.8万公顷。作为产粮大省的河南，高速公路发展无疑与有限的土地资源形成矛盾。而与高速公路两侧绿化带紧密相连的农田防护林带，却对粮食的稳产、增产起到防护作用。

据8月12日省政府发布的河南省林业生态效益评估报告数据显示：农田林网的防护作用，能够使农作物平均增产10%。目前，我省农田防护林体系控制面积已达到8500万亩，按增产10%计算，农田防护林体系每年对河南省粮食生产的贡献可达百亿斤。

同时，高速公路两侧杨树林带也具有净化环境、防风固沙、增加交通安全、美化景观等重要功能。也正是基于此，高速公路两侧的防护林带才显得如此重要。但遗憾的是，现实中防护林带的景观绿化功能得到了强调，其他更加重要的功能却被忽视。

上述报道由日常司空见惯、不为人注意的现象中，发掘出了有价值的主题，增加了受众的认知；在此基础上，报道着力探讨了出现"夏树冬景"的原因（部门扯皮及村民因成本考虑放弃防治等）和解决办法。报道刊发后，收到有关管理部门反馈，就相关情况作了解释，并就解决办法表了态。

从"现象"中选题，一方面需要记者保持高度职业责任感，时刻用新闻敏感观照现实社会；另一方面要求记者养成善于思考的习惯，凡事习惯于多问几个为什么。唯其如此，记者才能够对蕴含重大问题和事物本质的现象给予及时捕捉和挖掘。如果记者自以为见多识广，在他眼里，大千世界和芸芸众生都不过尔尔，不值一顾，以如此玩世不恭的心态做新闻工作，不仅找不到深度报道值得关注的选题，更重要的是其自身需要反思是否适合从事新闻工作。

六、直面"热点"选题

某个事实、现象或某人成为"热点"，即指其影响大，公众关注度高。"热点"是舆论的表现形态，其发展走势如何关系重大。因此，面对社会热点，传媒要勇于承担起舆论引导的责任，而不是视而不见、置若罔闻，在多元舆论格局中自甘放弃自己的主流声音。应当说，面对社会"热点"，不是要不要涉及、引导的问题，而是应该积极主动、如何有效引导的问题。传媒深度报道不避"热点"，主动触及问题、化解矛盾、缓和情绪及引导舆论是社会主义传媒的性质及其应承担社会功能的内在要求。传媒只有主动作为，及时在舆论场发出主流声音进行有效引导，才能够彰显其主流地位，不负党和人民之重托。

2012 年 10 月 15 日，河南省义务教育均衡发展推进会在郑州召开。会议再次强调对农村义务学校进行布局调整和撤并（即"撤点并校"），务必要因地制宜，实事求是，处理好提高教育质量与方便学生就近入学的关系。同时，要求保留并办好必要的村小和教学点。而更大的社会背景则是，新时期我国进城务工人员随迁子女增加、农村人口出生率持续降低，直接导致农村学龄人口不断下降，对农村义务学校进行布局调整和撤并（即"撤点并校"）以促进办学条件改善、教师队伍优化和办学质量提高，成为迫切的现实需求。

为此，2001 年国务院发布了《关于基础教育改革与发展的决定》，提出要"因地制宜调整农村义务教育学校布局"。据有关统计显示，从 2000 年到 2010 年我国农村小学从 55 万所减少到 26 万所。2011 年部分地区出现的校车安全事故使"撤点并校"进入公众视野。有专家指出，个别地区在"撤点并校"的执行上偏离了布局调整的初衷，以整合教育资源为借口"为撤并而撤并"，其实质是为了方便对学校的管理并减少教育投入。在今年的政府工作报告中，温家宝总理明确提出，"农村中小学布局调整要因地制宜，处理好提高教育质量和方便孩子们就近上学的关系"。

针对这一涉及民生尤其是落后地区孩子上学的热点问题，河南省"撤点并校"施行情况如何？是否做到了"因地制宜"？为此，记者赴豫西山区农村对"撤点并校"情况进行了调查。随后，《河南日报》推出深度报道《山区农村"撤点并校"调查》。① 报道在对当地"因地制宜"实施"撤点并校"取得成效的基础上，也指出了诸如孩子太早过寄宿生活而心理抚慰缺失、城乡教育不均衡、校车配备不足等问题，并就公众对"撤点并校"的质疑进行了解释和回应，有效实现了党报释疑解惑、纾解情绪和舆论引导的功能。

有些热点话题还涉及更高层面的民族情绪问题，在全球化背景下如

---

① 闫伊默. 山区农村"撤点并校"调查［N］. 河南日报，2012-10-24（11）.

何既坚持我方立场，又摆脱狭隘民族主义情绪，促进文明交流互鉴，也考验着传媒的智慧、彰显着传媒舆论引导的职业责任。2012年伦敦奥运会同样吸引了全球的目光，然而围绕比赛中的种种事件、意外、细节等，无不引起一轮轮热议，其间各种情绪交织，众声喧哗。基于此，《河南日报》推出深度报道《我们不仅仅收获了金牌》，对此进行分析和引导。① 报道指出，伦敦奥运会已经闭幕，然而中国代表团在本届奥运会上展现出的中国风采、中国形象，易思玲、叶诗文、孙杨、林丹、刘翔等一大批中国运动员用自己的行动所创造和表现出的中国奇迹、中国精神，以及国人在面对纷杂世界时所拥有的中国气度、中国自信，分明标志着我们这个民族在复兴、崛起的道路上已然跨上了一个新的台阶。伦敦奥运会的中国印象带给人们的视觉冲击、思想震撼和心灵思考必会长久地留存在我们的记忆中，成为我们民族史上弥足珍贵的一页。

在总结此次奥运会中国运动员取得成绩的基础上，报道肯定了刘翔带伤坚持跑到终点、吴景超屈居亚军大喊"愧对祖国"等运动员所张显的中国精神、奥运精神。针对奥运会上发生的裁判不公、主办方有意无意矮化中国的细节以及西方媒体对中国举国运动体制的攻击，报道没有去反驳，而是用中国运动员和民众变化了的可喜表现所彰显出的"中国心态"和"中国自信"进行了巧妙"回应"，达到了"意在言外"的舆论引导效果：

中国心态

四年一度的奥运会战火再燃，报纸专版、电视转播、网络专题、微博论坛……有关伦敦奥运的传播一如往届，热闹非凡、异彩纷呈。人们对奥运以及我国体育健儿顽强拼搏的关注热度未减，但记者还是明显地感觉到人们对奥运的关注多了很多内涵，那就是平和与包容。

① 闫伊默. 我们不仅仅收获了金牌 [N]. 河南日报，2012-08-13 (5).

8月6日，在男子吊环决赛中，中国"吊环王"陈一冰近乎完美地完成了规定动作，结果冠军却被动作明显稍逊于他的巴西选手夺得。当得知结果后，陈一冰没有愤怒，反而非常平静，并主动微笑着向对手祝贺。赛后，陈一冰还是忍不住泪流满面。随后，他更新了微博："我尽力了……对不起大家！让大家失望了……但还是感谢所有朋友！谢谢你们！"没有埋怨，只有谢意，陈一冰用自己的方式面对痛苦。

然而，赛场上输了金牌的陈一冰却收获了另一块"金牌"。8月9日，陈一冰回到北京，在机场遭遇媒体和粉丝的"十面包围"，场面几近混乱，粉丝们扯起"十万网友补金牌"的标语给他安慰和鼓励。网上也有网友发起"筹款为陈一冰做金牌"的活动，并进展迅速。

陈一冰更新微博道："没有想到那么多的朋友来接机，我都震惊了，当他们说我是最棒的时候，我很感动，而且收到了很多'真心'的礼物！"

吴景彪发出悔恨的怒吼之后，很多评论认为他没必要自责，银牌也很棒！有网友也送去安慰："银牌也是牌，谁说非得拿金牌？你不必给自己那么大的压力！"在网友为吴景彪发起的"一句话为英雄加油"活动中，一网友写道："他已经很棒了，能够站上奥运的舞台，拿不拿得到金牌又有什么重要的呢？获得冠军是好事，但更好的是努力过。失败没关系，你们仍然是中国的英雄！"

有专家分析指出，亲历北京奥运会后，中国老百姓的体育意识发生了较大变化，现在老百姓更多的是以包容、平和的心态对待中国队的成绩。此次伦敦奥运会，中国老百姓更关注的是运动员在赛场上的具体表现，"这种表现不仅仅是拿几块金牌，而是运动员的奥林匹克精神和体育道德，以及更人性化的形象"。

随着我国经济社会的发展，在经历了20多年的奥运征战尤其是北京奥运的辉煌后，我们欣喜地发现，人们的体育价值观正在悄然发生着变化，一种大气、宽容、平和的大国公民心态正在形成。

中国自信

综观历届奥运会，没有哪一届奥运会像伦敦奥运会这样充满争议，除了比赛本身之外，历史、政治、文化、思想、伦理、体制、民族等种种纷争都在这里汇聚、碰撞和交流。在这样的争议中，有关中国的"话题"无疑特别多，中国以前所未有的"待遇"被置于伦敦奥运这一国际平台，让全世界用显微镜去"关注"。

"中国国旗被放低""陈一冰以金牌动作获得银牌""叶诗文夺冠被兴奋剂选择性猜想""金牌至上"以及"举国体制"等事件及指责，无一不触及国人的民族感情，让我们感到委屈和愤懑。

是我们出于弱国心态而极度敏感，从而将伦敦奥运会上国际社会对中国的"过分关注"无限放大了？还是部分西方国家出于不良心态故意与中国为难？

今昔对比，可以给我们启示。

1948 年伦敦奥运会，中国代表团住不起奥运村，把吃剩的大米兑作英镑仍然凑不够回程的路费，只能找当地华侨化缘……

2012 年伦敦奥运会，开幕式上燃放的烟花、观众手里挥舞的吉祥物、多国代表团的队服都是"中国制造"，而且中国已经无可争议地跻身奥运"金牌大国"。64 年，转瞬已是沧海桑田。

木秀于林，风必摧之。

面对无端指责和别有用心的"借题发挥"，中国表现出了应有的大国风范：尊重规则、尊重裁判；奥运健儿也用自己顽强的拼搏和友好比赛风格坦然面对、宠辱不惊。

这种风范体现了中国应有的自信。因为我们清醒地认识到，全球化背景下，"多元化"是一种常态，我们要学会并习惯于倾听和沟通。凭借奥运这一不可多得的平台，无论褒贬，反观自身，有则改之、无则加勉，善莫大焉。

　　同时，也正是建立在自信基础上的"多元中国"，使得围绕奥运的很多话题能够提出并得以展开，话语的多元彰显着中国的自信，砥砺国人奋然前行。在此意义上，感谢伦敦奥运，因为中国不仅仅收获了金牌！

综上所述，传媒深度报道选题有其所遵循的原则和自身特点。著者结合从事深度报道的体会，大致归纳了几种选题路径。选题是传媒深度报道运作的前提，记者只要胸怀大局，立足实践，遵循新闻传播规律，就一定能从万千变化的世界撷取出折射时代韵律的浪花，完成党和人民赋予传媒的职责和使命。

第四章

深度报道采访

选题确定后，接下来的新闻采访就成为另一关键环节。选题意图能不能实现、后续写作能不能完成、预期传播效果如何？采访具有决定性意义。作为实践性较强的活动，谈及采访多是经验之谈，并无太多新意。因传媒性质和报道形式具有自身要求和特点，传媒深度报道的采访还有其自身特殊要求，因此有必要在总结采访经验、方法的基础上，对其做一些理论性的深入探讨和思考，以期更好地助益深度报道实践。

第一节　深度报道采访理念

"巧妇难为无米之炊"，采访获取信息多寡、信息质量高低、信息价值大小等，对传媒深度报道的文本呈现具有决定性影响。在采访实施之前，深入认识和理解采访的本质及其理念，具有重要意义。有时采访过程出现心情不快、一波三折甚至伦理失当等，究其实是缺乏对新闻采访的正确认知。明乎此，具体的采访方法和技巧则应是有章可循、水到渠成。

一、新闻采访的本质

就新闻工作而言，采访是获取报道信息的环节、手段和行为。有学者指出，"采访是收集绝大多数报道中使用的素材的主要途径。"① 作为一种工作方式，新闻采访实际上是一种职务行为，尤其是党报的采访，因党报作为党委机关报的"耳目喉舌"性质而在国家和社会治理结构中具有较高的行政地位和较强的官方色彩，采访实践更像是一种公务行为。因此，党报深度报道采访活动大多是依赖官方部门给予安排和协助，而不是记者职业化要求的那种独立调查。当然作为权威信源的官方部门，给予新闻采访以各种资源支持和行动协助，有利于传媒深度报道提高运作效率，也是传媒所拥有的不可多得的信息资源优势。但长此以往，如果记者对此缺乏反思和自省意识，完全被动地依赖官方提供便利的采访路线和信息资源，其新闻业务能力和职业精神势必会被日渐弱化，显然不利于传媒职能和社会责任的实现。实践中也可以看到，有记者履行职务时态度恶劣、趾高气扬，甚至不惜滥用采访权、以公谋私，实际上是其忘记了自己的职业身份和社会角色，更没有意识到采访对象是记者完成工作不可缺少的帮助者。究其实，一定程度上是因为记者缺乏对采访本质的正确认知。探本溯源，有必要反思和厘清采访的本质为何？

出于工作考虑，如果仅仅是把采访看作获取信息的职务行为，很容易把采访对象看作实现自己工作目标的"工具"。如果采访对象拒绝接受采访，那就依靠组织行政力量的介入强行安排和协调。那么慑于组织压力接受记者采访的采访对象，不管其情愿接受采访与否，很显然也是把采访看作自己的"职务行为"。以此看来，记者和采访对象都是出于职务行为共同展开采访活动，采访变成了"公对公"的官方谈话，有时记者往往还自觉或是被视为一级组织的官方代表，以此方式实施的采访，对记者而言，尽管也完全能够获取完成新闻报道所需的信息，但很难说这是一种理想的采访状态，相对于传播效果对深度报道文本呈现

① 谢丽尔·吉布斯，汤姆·瓦霍沃. 新闻采写教程：如何挖掘完整的故事 [M]. 姚清江，刘肇熙，译. 北京：新华出版社，2004：199.

的要求，记者所获取的信息也不太可能有较高的质量。

有一种从权利角度看待采访的认识：既然记者的采访权来源于社会个体信息获取权利（知情权）的让渡和集中，这样记者的采访行为也是在为公众知情权服务，作为公众一分子的采访对象自然没有拒绝采访的理由。实际上，记者代为行使的采访权尽管是个人权利的集中让渡，但这种让渡是"时势"使然，随着社会的庞大化和复杂化，客观上社会个体已经不可能以"亲力亲为"的方式获取关于世界变动的信息。信息采集以新闻职业化运作的方式实现了分化和独立，作为相对独立的社会组织，自然有其独立的行业或组织利益诉求，而社会公众也相应成为新闻行业得以正常运行的基础。尽管客观上新闻行业以服务公众利益自许，但由职业性质形成的传者与受者关系并不存在组织隶属或行政管理关系，采访对象自然没有义务去配合记者的采访，而是需要记者在遵循新闻专业规范的前提下，运用职业能力从采访对象那里获取所需信息。如果采访对象愿意接受记者采访，不管出于何种动机，似应看作他们在义务帮助和配合记者完成工作。记者如果以此种认知角度来看待采访及其与采访对象之间的关系，出于人际交往的基本规范和礼仪，记者的采访观念及其对采访对象的态度就会有所转变，相应的采访效果也将会有所提升和改善。

看似简单的对话或访问——新闻采访，其本质到底是什么？我们认为应该超越于传统的职业意义上的工具性认识，从更高层面上去审视和探究采访为何？采访何为？简单而言，新闻采访就是人与人之间的对话，其实质就是基于人性意义上的信息交流和分享。正如巴赫金指出的："一切都是手段，对话才是目的。单一的声音，什么也结束不了，什么也解决不了。两个声音才是生命的最低条件，生存的最低条件。"[1]人的社会性本质决定了人需要交流，而交流是一种信息互动以实现意义

---

① 巴赫金. 陀思妥耶夫斯基诗学问题［M］. 白春仁，顾亚铃，译. 北京：生活·读书·新知三联书店，1992：344.

共享和思想生成的行为，只有这样认识新闻采访的本质，才能形成正确的采访观念，并进而有助于理想采访境界的达成。有学者就此认为，新闻采访就是"代表背后的观众，双方以对话的形式来交换信息，以达到任何一方都无法独自达到的知晓程度"。① 既然新闻采访的本质是交流，而富于人性则是交流的内在要求，由此就屏蔽了现实功利性考量对有效交流的影响。同样，基于人性交流的要求，新闻采访所应该遵循的、符合人性的互动、平等、尊重、伦理等理念及相应的规范才得以形成。或许这种标举"富于人性的交流"为新闻采访的本质太过理想化，在新闻采访实践中很难完全实现，但理想或理念的尊奉无疑会实现对采访实践的优化和纠偏。

二、新闻采访的理念

结合上述对新闻采访本质上是交流的认知和采访实践中存在的问题，我们认为应该确立如下新闻采访理念。

（一）到现场去

一般观念中，既然是作为与人对话和交流的新闻采访，当然要到现场去，这不是人所共知的常识吗？这里却将"到现场去"作为新闻采访的理念加以强调，似乎画蛇添足或小题大做，但从当下新闻采访实践所呈现出的诸多问题来看，将"到现场去"提升至理念层面进行倡导和强化，实属必要。20世纪90年代之前，记者采访一般还普遍注重到现场采访，但随着互联网技术的发展，诸如电子邮箱、手机、QQ、博客、微博、微信以及各种短视频平台等诸多新的且更为便捷的信息交流工具的出现和使用，客观上对记者到现场采访的观念形成了一定冲击，一般会乐观地认为运用新的沟通工具同样可以实现新闻采访目的，并且节省人力物力等采访成本，还能极大提高新闻时效。同时，随着媒介市

---

① 肯·梅茨勒. 创造性的采访 [M]. 李丽颖，译. 北京：中国人民大学出版社，2004：12.

场化的推进，新闻采访的成本压缩成为媒体开源节流以提高经济利润的诉求。再加上个别记者职业精神不够，新闻采访"到现场去"就因有足够理由自我开脱和安慰而显得有点"奢侈"。

之所以强调新闻采访一定要到现场去，与信息产生、呈现及人们对信息的感知有关，具有较强的客观性和现实必要性。从信息角度看，新闻采访要获取的信息来自客观世界的变动，记者拟采访的目标信息变动或生成总是处于特定时空情境，而这些情境本身亦是信息且对目标信息的意义发挥着"背景"功能。新闻采访到现场去，前述丰富而庞杂的信息是一下子呈现在记者面前的，需要记者用眼去看、用耳去听、用心去感受且夹杂着记者思维和情感的运作，这样记者采访获取的信息才更加符合客观情境。如果不到现场去，上述丰富的信息只是通过电话等传播媒介进行单一的语言转述，记者不但感受不到现场的情境，而且转述本身即已经对信息进行了出于转述者立场的主观处理，信息可能的损耗、衰减和扭曲自是难以避免。

深度报道的一个重要特征就是其具有较强的叙事性，其叙事文本的编织和构建需要信息丰富且形式要多元，诸如事实性信息、场景信息、背景信息、人物形貌、人物的个性化语言和形貌、富有表现力的细节、现场各主体之间的互动、形象感、画面感等，对深度报道文本生产都具有重要意义和价值。如果记者没有到现场去进行全身心介入，深度报道叙事的有效完成就会变成"巧妇难为无米之炊"的勉为其难。

当然，记者以现代媒介交流手段获取的信息为基础，在大多数情况下尽管也能够完成深度报道，但作品因单调乏味而带来的传播效果可想而知。对此，著者深有体会。为配合2015年"三八"节的宣传，记者采写了一篇深度报道《三位女警的侠骨柔情》，主要讲述了三位优秀女警察为工作兢兢业业、无悔付出的故事。① 由于是3月6日接到的临时任务且是为了配合"三八"妇女节宣传，又要求3月7日见报，所以著

---

① 闫伊默. 三位女警的侠骨柔情［N］. 河南日报，2015-03-07（8）.

者根本没有时间采访，写作素材主要来自公安部门提供的众多公安战线女警察的先进事迹材料。为增强稿子的可读性，著者对其中一位女警察进行了持续两个多小时的电话采访，但与现场采访的感觉完全不同，整个电话交流过程也不顺畅，需要不断地确定和解释所交流的信息，使得本该富有人性的交流沟通变成机械式问答。后续写作也是磕磕绊绊、勉为其难，最后尽管完成并刊发了报道，但报道单一呆板、枯燥乏味的不足亦显而易见。

与着重于信息传播的一般新闻不同，传媒深度报道着重于报道内容的拓展和思想深度的开掘，因此不必与一般新闻去拼抢时效，并且由于深度报道内容生产和文本呈现需要耗费较多时间和精力，客观上决定了其与一般消息类新闻拼抢时效毫无意义，这就为传媒深度报道采访提供了较为充裕的"到现场去"采访的时间。至于影响"到现场去"采访的成本考虑，则应该认识到，在当下"加速社会"背景下，深度报道本身就是新闻消费的"奢侈品"。如果传媒认同深度报道之于自身的重要价值，成本就不应该是重点考虑的面向，因为深度报道的规模决定了其如果不以扎实的现场采访作为基础，单是成稿就勉为其难，更不要说有好的传播效果了。

因此，传媒深度报道的采访应该将"到现场去"作为基本理念去强调，并要求从事深度报道的记者严格遵循。"到现场去"采访不仅仅是传媒深度报道获得丰富和鲜活素材的基本路径，更重要的是记者能够通过深入实践、深入生活、深入群众而更好地感知现实中国的能力，同时对记者职业精神和社会责任感的提升也具有重要的意义。

（二）平等和尊重

如上所述，新闻采访的本质是采访者与采访对象之间富有人性意义的信息交流和意义共享。因此，记者和采访对象之间即是平等关系。所谓平等，就是非差别；平等交流就是交流活动参与者之间不因相貌、年龄、健康、身份、地位、种族、阶层、经济状况等自然或现实社会差异而遭受差别对待。这里强调记者与采访者之间的平等地位或姿态，主要是由传媒的性质决定的。媒体作为职业化的传播者，不管是出于政治宣传还是谋求经济利益，媒体都是一种社会化组织，而记者与采访对象之间并不存在任何隶属或管理关系，所以也就没有理由强求作为社会成员的采访对象对记者的采访行为进行义务配合。

如果说，媒体具有"组织""鼓舞""动员""教育""激励"大众等社会责任，但这些职能的实现是建立在传媒自身经由日常新闻传播活动而形成的影响力之上的，而非来自其他外力。公众接受来自大众传媒的信息，是一种社会化自主行为，不是组织或制度化行为；媒体传播对大众而言，不是组织传播，也无权强制后者接触、接受信息及其意义。

特别是作为各级党委机关报的党报，是"党、政府和人民的耳目喉舌"，机关报的性质决定党报的政治地位，从而形成党报是"行政权力的延伸"这一普遍的社会认知。现实中，个别记者受这种错误认知的影响，认为采访权是党赋予记者的权力，新闻采访行为是对这一权力的行使，进而有意或无意地在采访实践中流露出自以为是、高人一等的交流姿态。在这种非平等交流状态下，体制内的采访对象或许慑于组织压力配合接受记者的采访，但交流质量如何应不难想见。而对非体制内的普通群众，如果遭遇记者这种非平等的交流姿态，大概率会不欢而散。因此，记者要正确认识自身职业身份、社会地位以及与采访对象之间的关系，以平等姿态实施采访活动不仅仅是职业规范的要求，更重要的是由"采访本质即交流"而决定的。著者在新闻从业实践中曾经听闻，一位喜欢摄影的媒体老总，路过山区乡间，恰逢夕阳西下，有农人牵水牛在稻田间劳作，远处是群山剪影……想来在现代社会此情此景已属鲜见，机会难得，便让司机马上停车，他要下车拍照。不料在他凝神敛息、忙不迭取景对焦时被老农发觉，不但没有得到配合，还遭受老农一顿严词呵斥。

与平等有关的就是尊重，如上所述，尊重采访对象是平等关系所蕴含的内在要求。尊重是一种态度，尊重或受尊重都有一定理由。既然记者与采访对象之间是平等关系，基于大众传播的职业特征，采访对象对记者也不负义务，采访对象牺牲自己的时间用来接受记者访问，实际上是在义务帮记者完成工作。对此，记者理应抱有感恩之心对采访对象给予尊重，有何理由和底气对后者指手画脚、趾高气扬呢？

再者，尊重他人是人之为人的社会性需求，人同此心，己所不欲勿施于人，这是文明社会中人所应具备的修养，更何况记者代表着媒体和党的形象，采访中对采访对象咄咄逼人恐怕也不为职业规范所允许。党的根基、血脉和力量是广大人民群众，党的宗旨是全心全意为人民服务，这也是中国特色社会主义传媒的宗旨，因此记者更没有理由不对采访对象报以应有的尊重。采访实践中，在尊重采访对象上，个别记者"因人而异"，对较自己经济社会地位高的采访对象毕恭毕敬，对比自己经济社会地位低的采访对象则傲慢十足，这种"双标"态度显然是错误的。不消说个人人格修养不允许这样做，更重要的是它也不符合新闻职业规范的要求。因为对采访对象"不卑不亢"是新闻职业规范的基本要求，其原因不仅仅是个人修养问题，更重要的是如果对采访对象"看客下菜"，最终导致的一定是对新闻品质的损害。

综上所述，记者一定要端正采访态度，以敬畏人民的历史唯物主义态度对待采访对象，才能得到群众的尊重和爱戴。只有记者和采访对象形成基于利益和情感的共同体，记者的采访活动才能够取得成功，也才能不负人民，圆满完成党交给的新闻报道任务。

（三）灌注情感

近年来，随着新媒体技术的发展，各种传播平台之间的竞争白热化，为了吸引眼球以更多地实现经济利益转化，可谓使出浑身解数。在此背景下，所谓"情感传播"成为学术研究和传播实践争相追逐的热点，通过强调情感或情绪在传播中的功效，意在更好地把握受众需求，从而实现传播者自身利益诉求。传播是人的传播，人是情感的动物，传播很自然是情感渗入其中的行为。道理显而易见，却只是在当下媒体竞争下被作为传播策略被过分突出和强调，由此可以想见之前传媒的受众意识是如何缺失，而当下传媒的功利意识又是多么强烈。

如上所述，作为"属人"的传播，其本身就应是情感性传播。"情感传播"特意将"情感"独立出来着重强调，当然有其价值。其实，就记者采访而言，基于"传播本质在于交流"的认知和理念，带着情感与采访对象进行富有人性的交流，可以算是回归常识和初心。有学者指出，"记者们常犯的错误之一便是没有情感投入。"[①] 理想的交流，是心灵之间的无障碍互动，这里没有功利性考虑，只有基于信息的意义共享和情感共鸣。一旦达此交流境界，至于形而下的通过采访获取报道素材的诉求，应是水到渠成。

从传播实践看，灌注情感于新闻采访，可以更好地实现与采访对象的交流。记者对采访对象来讲，普遍的情况是陌生人。面对陌生人访问，人自然都有"祸从口出"之类的安全之虞。若想采访顺利，这里有个交流氛围或情感营造问题。记者如果表现出真诚的情感，则在一定程度上能够缓解采访对象的心忧，有利于获取采访对象的信任。与心怀叵测之人虚与委蛇的交流，其成本和压力过大，没有人愿意为此无谓付出。记者采访时真诚待人，才会换回采访对象的真诚回应，因为人同此心是人类的共有情感。

灌注情感于新闻采访，可以更好地实现与采访对象的心理共鸣。每个人的痛苦自是不同，但同情则会激发心理能量，因分担而减轻痛苦者的压力。共情是一种对他人遭遇感同身受的能力，如果记者设身处地为采访对象着想，从而与采访对象在心理上形成"我们的共同体"，极易激发他们之间的心理共鸣。人都有不忍之心，记者对采访对象抱有同情之心，就会"言有度、行有止"，也就不会有违背新闻伦理之虞。再

---

① 布雷恩·S. 布鲁克斯，等. 新闻报道与写作［M］. 范红，译. 北京：新华出版社，2007：71.

则，作为记者，心怀国之大者和民本情怀，本是其职业规范要求。早些年曾经出现过"记者"与"人""何者为本"的讨论，很显然记者首先是人，然后才是其承担的职业角色，明乎此，知轻重，才会在关键时刻，做出符合人性要求的选择。

有人认为，新闻讲求客观、理性，强调记者将情感介入采访，会伤害新闻的客观性。这里暂不讨论所谓的新闻客观性是否存在或在多大程度上能够得到实现，作为深富人文色彩和人性气息的新闻业，如果没有炽热情感而全是冰冷的信息获取和叙述，那么该行业借以安身立命的人性何在？如果记者连自己的作品都没有阅读兴趣，有什么理由要求读者对它感兴趣呢？如果说记者自己都不能感动自己，为何要苛求自己能够引发受众心理共鸣？所谓新闻客观性的实现，是严格遵循"用事实说话"这一基本新闻操作规范的产物，而不是指记者施行新闻采访时的情感有无。

（四）恪守伦理

2014年3月8日，马来西亚航空公司称从吉隆坡飞往北京的MH370航班客机于凌晨2时40分与公司失去联系。该航班共有来自14个国家和地区的乘客227人，其中中国乘客154名，另外有机组人员12人。对此空难，我国传媒进行了持续关注，提供了充分的信息，很好地履行了传媒的职能。但综观传媒表现，其中所表现出的新闻伦理失范令人遗憾，记者在采访和报道呈现中不断暴露出我国传媒长时期人文关怀缺失的弊病。马航失联报道中出现的强行采访和发表、悲痛图像不加处理地裸呈、以公共利益或人性关怀为名的无谓煽情等有违新闻伦理的行为，引起了公众的注意、讨论和批评，传媒对采访对象的新闻伤害这一话题也由此再次凸显。

在一定意义上讲，但凡传播，就会有效果，与效果的价值无涉，因此传媒的新闻伤害并非什么新问题。基于某种目的的宣传或市场利益的驱动，无中生有、道听途说、夸大其词、恶意炒作、渲染煽情甚至

"公权私用"的传媒监督等所造成的新闻伤害，在传媒实践领域屡见不鲜。我们这里所探讨的新闻伤害，指的是传媒在正常的新闻传播过程中，有意或无意地对具体采访对象造成的基于人性意义上的伤害，并且这种伤害往往以满足公众知情权为名而显得较为隐性，有时甚至采访对象亦不自知。在此基础上，著者认为传媒对采访对象造成的较为隐性的新闻伤害主要有以下几种情况。

首先，以正面宣传为由，记者单方面认为采访对象会赞成对其进行吹捧或无中生有地拔高，从而使采访对象在社会生活中遭受不应有的尴尬。全国劳模、大连造船厂工程师陈火金的事迹见报后，他看了很生气，不得不给有关部门写信诉说："……我生病吐血，报道为大口大口的鲜血直往外喷，哪有这样的事？有的宣传我们的爆炸加工已经达到了世界先进水平，自吹自擂。我只不过是个中专毕业生，却称我是'爆炸大王'，让人反感。"① 这种新闻伤害，轻则会给当事者造成不必要的尴尬，重则会有"捧杀"之虞，因此记者不能因主观无恶意而不顾事实为所欲为。

在采访实践中，著者也经常会听到采访对象的抱怨。一位从小父母双亡、兄妹两人相依为命、身世艰辛而通过打工、事业小有成就的农民工，因多年捐助扶养家乡近700多名老人当选全国道德模范。这位模范说，其实他压力很大，早就力不从心，有时候甚至是"拆东墙补西墙"去做慈善捐助，他不知道自己能撑多久，但很遗憾，这位道德模范所承受的压力和痛苦，没有传媒关心和关注。传媒的"社会地位赋予功能"，认为任何事物和人只要得到大众传媒的广泛传播，就会获得很高的知名度和社会地位，但这种"赋予效果"并非每个人都能够承受。有学者指出，"大众传播的社会地位赋予功能是一种客观的传播效果，然而，主观的运作会带来操纵大众的效果。"② 由此对采访对象造成的

---

① 尤永奇. 别让人不敢出门 [J]. 中国记者，2004 (8)：28.
② 陈力丹，闫伊默. 传播学纲要 [M]. 北京：中国人民大学出版社，2007：115.

隐性伤害值得警惕。

　　其次，传媒因对新闻事件的当事者及其家人无休止地"后续报道"而造成新闻伤害。这种"后续报道"，记者自有其报道初衷和理由，但却忽略了报道对生命个体应有的人文关怀。灾难本身是将"人生有价值的东西毁灭给人看"，而这种"后续报道"却对采访对象造成持续的心理伤害。比如2004年云南大学学生马加爵因琐事砍杀室友致死的"马加爵事件"，这既是一个生命或家庭悲剧，也是一个社会悲剧。斯人已逝，生者尚存。因为马加爵杀人，父亲一夜之间满头白发，母亲一度昏厥，精神几近崩溃，家人为此背负着或许永远也卸不下的道德重责。但时隔三年后，某电视台以《我的儿子是马加爵》为题的专栏节目再次将马加爵的家人拉回公众的视线："马加爵的奶奶，看到有记者来访，老人有些放心不下，不时过来观望，但却什么也不愿意说，只是满眼泪水走开了。""马加爵的父亲反复请求记者，我们这个大家庭的照片，你们别拍了。我请你们回去不要发表，因为我的家人不愿意在公众场所露面。"面对如此悲剧，传媒怎么忍心一次次逼迫痛者反复咀嚼过往的伤痛？面对采访对象的"求饶"，记者怎么还忍心继续把节目做下去？对此类悲剧或灾难事件的回访式报道自有其传播价值，但传媒以教化的名义进行追踪报道时要就事论事，不要旁涉无辜。不被打扰的正常生活是生者的权利，传媒要予以尊重，但遗憾的是，在当下的各类灾难报道中，传媒对采访对象的隐性伤害仍不鲜见。

　　最后，记者因不熟悉或不重视职业规范而导致对采访对象的伤害。就前述马航失联报道而言，之所以会出现伤害采访对象的悖逆新闻伦理之行为，与记者缺乏相应的职业规范有很大关系。在马航失联报道中，有很多失联家属痛不欲生的图片被媒体采用，并着意放大和突出，极具视觉冲击力。很显然，这些照片是真实的，因为这些痛苦得扭曲的脸部特写并没有得到出于人性化考虑的处理，而是"原生态"地裸呈。从现场记者对采访对象的围观采访和不厌其烦发问的情况看，这些图片的拍摄和刊发似乎没有征求采访对象的任何意愿。

在这方面，传媒往往以新闻价值或公共利益为名，对采访对象的特征进行足以使人辨认的详尽披露，在高扬的道德旗帜背后却潜伏着对采访对象的新闻伤害。2002年8月，发生在西安的"夫妻家中看黄碟"事件，在云集西安的上百家媒体的炒作下迅速传遍全国，作为当事者的夫妻二人也随之"家喻户晓"。然而，时隔数年，当一切尘埃落定，"黄碟夫妻"却因传统道德的压力而在社会上饱尝嘲讽和歧视，生活几乎陷入绝境。他们迷茫："什么时候，我们才能摆脱这件事的阴影呢？我们多么想和其他人一样好好过日子，可又有谁能来帮帮我们呢？再这样下去，我们真的是无路可走了……"试想，当初如果传媒的报道谨慎一些，规范一些，这种伤害是否可以避免？传媒如何避免对采访对象的隐性新闻伤害？我们认为可以从以下三个方面着手改进。

首先，记者要树立人文理念。新闻本质上是人学，记者要有悲天悯人的情怀。人文理念应该成为记者的素质底色，记者要将人性关怀灌注到日常新闻报道实践中去。在人文理念的支撑下，新闻传播实践中的诸多考量才会有人性的参与，也才会散发出人性的光辉，从而避免对采访对象造成伤害。

其次，记者要走出传媒"权力"误区，明确传媒的"权利"意识，在此基础上重构记者与采访对象的平等关系。传媒因其公共性而自有权利，但采访对象的权利同样值得尊重，以所谓公共利益为名而牺牲个体生命的做法并不比反过来高尚。

最后，记者要强化新闻伦理意识。基于宣教或市场利益的驱动，我国传媒的新闻伦理意识普遍不高，这种状况亟须改变。新闻伦理是新闻传播实践的历史积淀，为行业所普遍认同，记者要有意识地将其内化为自己的自觉行动，从而在新闻传播实践中明确"行止所在"。

在现代社会，传媒作为人们获取外界生存和发展信息的中介和信息权的托管者，公共性是其应有之义。有学者强调，传媒在面临涉及隐私的决定时应该在"传播新闻、寄予同情、教育大众"三者间寻求平衡。① 唯其如此，传媒才能最大程度地避免对采访对象的新闻伤害，也才能更好地履行其应有职责。

综上所述，基于对新闻采访的交流本质，结合传媒实践状况及存在的诸多问题，传媒在实施深度报道的采访时，应将"到现场去""平等和尊重""灌注情感"及"恪守伦理"等作为理念去遵循。唯其如此，才能够较好地完成符合深度报道文本叙事和呈现要求的信息和素材，为深度报道后续环节的专业行为夯实基础。

第二节　深度报道采访准备

有人喜欢自然而随意地与采访对象交流，采访显得漫无目的，这样有可能会获得更为自然丰富、生动鲜活而有价值的信息，但在新闻实践中，这种散漫做法往往不太可能被允许而成为新闻采访的常态。与一般的人际交流不同，基于新闻时效性考虑，新闻采访的信息交流是时间限制较强的活动，即使深度报道也不可能对一个选题无休止地进行采访，如果说有打造精品的自我期许，只能说新闻是遗憾的艺术。因此，做好充分的采前准备，对采访效率来讲，事倍功半。

一、深度报道采访之对象选择

新闻采访首先要有采访对象，谁是合格或理想的采访对象？同样需要记者认真谋划。找对了采访对象，可以获取较为丰富而可靠的报道素材；采访对象选择失当，可能会影响采访进程和采访质量；有时即使能勉强完成采访，后期写作阶段同样会出现因采访不够而需要补充采访的问题。因此，采访对象选择精准就可以有效推进深度报道顺利运行。

---

① 罗恩·史密斯. 新闻道德评价 [M]. 李青藜，译. 北京：新华出版社，2001：196.

　　首先，深度报道采访要围绕所要表达的主题选择采访对象。尽管一般锤炼主题是在新闻写作阶段进行，但记者在采访前大多也要对报道主题有所认知，并以报道主题为指引去规划和实施采访。因此，以报道主题作为选取合适采访对象的衡量标准，具有较强的实践意义。从 2013 年 7 月 1 日起，新修订的《中华人民共和国老年人权益保障法》（以下简称"新法"）开始施行。新法第 18 条明确规定：家庭成员应当关心老年人的精神需求，不得忽视、冷落老年人。与老年人分开居住的家庭成员，应当经常看望或者问候老年人。用人单位应当按照国家有关规定保障赡养人探亲休假的权利。新法一出，该条规定就被很多人解读为"常回家看看入法"，并引起热议。记者以此为选题进行采访，《河南日报》随后刊发了深度报道《立法：让咱"常回家看看"》。① 回顾当时对采访对象的选择，就是围绕报道主题确定的。当时报道主题是要倡导社会关注老年人的精神抚慰问题，国家之所以就此立法，显然是现实中老年人精神健康问题表现得比较突出或严重。老年人缺乏家人的陪伴和情感抚慰，显然有着各种各样的现实原因，只有对这些原因进行全面梳理，才能把道理讲清楚，也才能够让人信服，进而才能发挥报道的舆论引导作用。报道内容涉及大量背景资料以支撑观点，记者采访了因现实各种原因而没能经常回去看望父母的人；采访了突破现实障碍而常常回家探望父母的人；采访了思念孩子而隐忍的父母；也采访了理解孩子的现实困难而自寻乐趣的豁达老年人等。这样就使得报道主题涉及的"原因"展现得比较全面、充分，从而使得对报道主题的理解建立在了复杂的现实基础之上，而不是简单的价值评判。反过来讲，报道对上述采访对象的多元选择，实际上始终在遵循着报道主题的指引。

　　其次，深度报道采访要围绕事件或事实本身选择采访对象。对于事件类选题，与一般新闻相比，深度报道需要对事件从丰富度和深度上进行拓展，因此可以"与事件相关"为衡量标准来选取和确定采访

---

① 闫伊默. 立法：让咱"常回家看看"［N］. 河南日报，2013-07-12（5）.

对象。《河南日报》推出的深度报道《一起交通肇事逃逸案引发的思考》，对一起交通肇事者逃逸、警方却不予立案导致肇事者逍遥法外、受害人利益遭受侵害的案件进行了现场调查和走访，并采访了交警、医院等相关部门，对整个事件及案情进行了还原。① 在采访中，记者就是围绕该交通肇事案所涉及的交通肇事受害者、目击者、受害者丈夫、肇事者父亲（肇事者逃匿）、与肇事者电话联络人、对该交通肇事逃逸不予立案的交警以及律师等展开采访的（采访对象以下划线标识），这些采访对象基本上能够完成对该交通肇事案的还原及其中的种种玄机：

一场噩梦

2月27日下午一点多，汝南县古塔街道办事处果园村的孔喜茹骑电动车送儿子杨磊（化名）去县城上学。

当他们骑行到汝南县环城公路和汝正公路（汝南至正阳）交叉口附近时，一辆小车突然从对面正常行驶的一辆货车后窜出来强行超车。随着"哗啦"一声响，坐在电动车后面的杨磊被甩了出去。孔喜茹和电动车被拖行20多米后也被甩出。肇事车逃之夭夭。

除了身上两处擦伤，杨磊幸无大碍。然而，孔喜茹却没那么幸运，肠子被截去90厘米、右小腿粉碎性骨折，被鉴定为重伤。

同村的咏梅（化名）送孩子上学回来看到孔喜茹坐在地上呻吟，忙让人拨打120，同时捡到了肇事车被撞掉的车牌及断落的前保险杠及车标。

扑朔迷离

根据这些现场遗留的物件，汝南县交警队经调查后确认该肇事车为套牌奥迪Q7越野型汽车。

那么，肇事者又是谁呢？

---

① 闫伊默. 一起交通肇事逃逸案引发的思考 [N]. 河南日报，2011-04-26（11）.

事发当日下午，孔喜茹的丈夫杨拥军接到朋友的电话说："嫂子被车撞了。"杨拥军问他："谁撞的？"他说："是胡峰（附近范胡村人，现在三门峡开矿）。"这个朋友跟胡峰也是朋友，而杨拥军与胡峰仅仅是认识。

随后，杨拥军接到胡峰的电话，问："嫂子碰得啥样？"杨拥军说："腿撞断了。"他问胡峰："撞着人了，你跑啥？咋不把人送医院？"对方说："我不是喝了点酒嘛？"

2月28日，胡峰的父亲胡富喜来医院送了1万元钱，并对孔喜茹说："只管看病，没钱了就给我打电话。"曾经担任村支书多年的胡富喜说是儿子胡峰让他来送钱的。随后，胡富喜隔三岔五来探望孔喜茹，前后给医院拿了3.5万元医疗费。

杨拥军对记者说，3月6日，交警以胡富喜可能不再出医疗费为由"劝说"他写了一份对胡峰暂时"不予抓捕"的申请。后来，杨拥军感觉不妥，将此申请要回。问及此，汝南交警队事故中队队长霍得正说该申请是杨自愿写的，"他要不写，谁能按着他的手写吗？"

当杨拥军再次去交警队询问情况时，办案交警却说，证据不足、尚未立案。而此前，交警一直说证据充足、正在抓人。

汝南交警大队副大队长郭东升就此解释："交通事故已受理，但没有刑事立案。"原因在于"没有直接证据认定胡峰就是肇事嫌疑人"；同时，"只有定责才能立案"，但由于逃逸"无法认定肇事方负全责，也就无法立案"。

"现在抓不到人，也找不到车，无法立案。"霍得正说，"没有立案，也就不能抓人"。

根据《道路交通事故处理程序规定》，"交警部门在调查交通事故过程中，发现当事人有交通肇事犯罪嫌疑的，应立案侦查，并依法对其采取强制措施。"《道路交通安全法实施条例》规定，"发生交通事故后当事人逃逸的，逃逸的当事人承担全部责任。"

这起看似普通的交通肇事逃逸案一时陷入窘境。

在汝南中医院，孔喜茹痛苦地坐在病床上，"肚子仍然隐隐作痛，右小腿还不能动"。"真是一场噩梦，不知道啥时候是个尽头。"她无奈地说。

上述报道对采访对象的选择和确定尚比较简单，因为他们都是与该事件有着直接关系或关联的人，比如交通肇事的当事人、受害者、处理交通事故的警察等。通过采访他们，基本上能对所报道的事实有一个全面而清晰的把握和呈现。如果深度报道所涉及的事实比较复杂，只要循着"与事实相关"这一标准去选择和确定采访对象，基本上都能够保证较高质量的采访，进而有效完成深度报道的采访任务。

最后，深度报道采访要考虑采访对象的"权威性"。这里的"权威性"，意在强调采访对象要能最大程度地支撑事实呈现和主题表达，就是要有较强的"说服性"。在此意义上，就有一个对采访对象比较和筛选的问题。比如，在事件性深度报道采访中，事件的当事人、目击者、事件发展演变过程中涉及的人以及事件所涉及的利益方等，都是记者要确定的核心采访对象。只有因各种各样的原因无法联络到核心采访对象时，才能退而求其次选择确定相对外围的人作为采访对象，这里有个优选和次选的问题，其标准就是采访对象之于报道主题表达和题材呈现的可支撑性。这里的"权威"采访对象，也指报道所涉及的各领域、各行业中对特定问题有专业意见的人，比如涉及农业问题的权威采访对象应该是农业方面的专家和从事农业生产实际的农民。遵循"用事实说话"这一基本新闻业务规范，深度报道写作中时常需要受采访的专业人士发表意见或观点。这时采访对象的选择，就要以其专业知识与问题的高度契合性为标准来确定。

还有一种情况需要注意，即通过召开座谈会的方式进行采访，此种

"一对多"采访的情况下对采访对象的选,要充分考虑到采访对象之间因各种"利益"或身份考虑而相互影响的因素。如果对参与座谈的采访对象选择不当,就很难让采访对象畅所欲言,自然也就不太可能实现较好的采访质量和较高的采访效率。

至于采访对象与记者的交流质量,比如是否说实话或是否善于表达等,这个要看记者的引导和事实挖掘能力。深度报道采访对象的选择,总的原则还是要遵循前述原则,强调采访对象与报道的高度相关性与契合性。

二、深度报道采访之材料搜集

谈起新闻采访,一般容易被误认为就是记者对采访对象的现场访问,其实现场访问只是新闻采访的一种方式。所谓采访,即指"采集"和"访问",除了访问之外,通过其他非访问形式获取信息的行为也是采访。由于不像"访问"那样"可见性"较强,非访问形式的信息搜集行为往往易为人所忽略,但就其对完成报道的重要性上来讲,作为采访重要方式之一的材料搜集一点儿也不亚于"访问",尤其对深度报道而言,其重要性更加凸显。

搜集报道材料的工作大多是案头工作,因"可见性"较弱而易被忽略。尽可能广泛地搜集到与选题有关的各类材料,可以为访问提供背景和指引。新闻采访总是要围绕某个主题、奔着某个目标而展开,那么主题提炼和确立是建立在大量材料阅读基础之上的,并且搜集材料、消化材料也是深度报道选题的重要路径之一,在此意义上搜集材料为新闻采访施行提供了采访内容和范围。获第33届中国新闻奖二等奖的消息作品《南京大屠杀再添史料新证!亲历者回忆录手稿首度公开》讲述了南京大屠杀亲历者回忆录手稿被发现的过程及手稿关于南京大屠杀的亲历记录,对日本否认南京大屠杀的荒谬言论是一个有力驳斥,传达了较为深刻的主题。① 从报道内容中可以看出，该报道选题来自"亲历者回忆录手稿"的学术研究论文，而学术期刊也是记者日常应该关注、搜集资料的一个重要渠道。很显然，该报道是记者搜集和分析资料的产物。另外，对采访对象进行现场访问，问题的设计也需要以熟悉前期搜集到的材料做支撑，以使问题不至于偏离报道主题和采访目的。

搜集材料一般是要尽可能把与选题有关的材料能够汇集在一起，应该说对材料占有越全面，记者对报道主题的认识和确立就越深刻，在采访的具体操作中也就越从容，尤其是当深度报道涉及较为专业的理论时，就特别需要通过案头工作进行理解和研究，以便具备与作为专家的采访对象进行对话的资格，并且不劳烦专家在采访现场向记者做相关理论的普及工作，本身即是对专家的尊重，还能够彰显记者较高的理论素养，赢得社会尊重。所以，总体上案头材料搜集工作之于显见的新闻访问和后续深度报道写作具有重要的基础性意义，应该为从事深度报道的记者所特别重视。

另外，为深度报道采访搜集资料，还要充分考虑到材料本身与主题的权威度和契合度问题。材料的类型多样、来源各异，比如有政府文件、法律文本、学术期刊、学术著作、地方史志等各种各样的纸质材料；还有更多的网络、各新媒体平台、社交平台等电子材料，这就存在比较、筛选和鉴别的问题。当然，围绕特定主题搜集相关材料是一个基本路径，但对材料的判别也有一些规范需要遵循。基于材料产生的过程和流程规范性，一般纸质材料可信度较高，在确保真实的前提下，可以直接采用，因为其形成有一套严格的审核体系；电子材料因传播的规范性不够，可信度较弱，深度报道尽量不予采用，如果不得不用的话，必须多方核对、仔细鉴别。还有一个判断资料可靠性的方法是看信源，即材料出自哪里。一般而言，来自官方机构和组织的材料比较可靠，来自

---

① 杨甜子. 南京大屠杀再添史料新证！亲历者回忆录手稿首度公开［N］. 扬子晚报，2022-12-10（A3）.

社会化媒体或个人的材料可靠性就较弱，因为毕竟前者有官方机构做背书，一旦失实就会损害官方权威；而社会化媒体及个人的失实行为因约束性不够，其材料失实的可能性较大。

深度报道采访搜集资料，要尽可能地搜集一手材料，对二手材料要进行核实，尽可能找到可靠出处。一手材料是材料直接产生的源头，一般可靠性较高。二手材料经历了再传播，而传播过程中极易因传播者各种考虑、取舍而造成信息损耗，导致其在完整度和真实度上与一手材料存在出入。很显然，二手材料的可靠性较弱，要慎重取舍。《河南日报》的深度报道《农田小水利现状扫描》，其中谈到"小农水之困"时，就使用了大量搜集来的材料。① 阅读以下引文（材料使用以下划线标识），我们可以体会一下对材料的取舍和使用情况。

"小农水"之困

谈起农田水利建设，记者听到最多的声音就是投入严重不足。

有关数据显示，1980 年以前平均每年国家对水利投入占全国基本建设投资比例为 6.7%，1980—2007 年下降到 2.84%。

2011 年 2 月 1 日，河南省水利厅发布了《关于全省小型农田水利重点县（专项县）项目工程进度情况的通报》。通报说："全省 2010 年度在建的小型农田水利重点县（专项县）建设项目共 66 个，下达投资计划 9.3 亿元，截至 2011 年 1 月 30 日，共完成投资 4.0 亿元，占计划的 43%。"一年过去了，被列入规划的 25 个县（市、区）"工程没有任何进展"。一位地方官员说："原因就是地方没有资金进行配套。"

我国历来有利用农闲兴修水利的优良传统，农田水利设施建设有着"农民的事农民办"的典型特征。农民王红亮对当年集体劳动的热闹场面记忆犹新："全村青壮劳力一块出工，清沟渠、修路

---

① 闫伊默. 农田小水利现状扫描 [N]. 河南日报，2011-03-08（13）.

面，大家干得热火朝天。"

据中国老年科协农田水利专题调研组 2009 年发表的报告显示，几十年来，我国以农民劳动积累为主，建成了 8 万多座水库、50 多万处机电抽水泵站、460 万眼机电井以及 2000 多万个塘坝、涵闸、旱井、水窖和沟渠等小型农田水利工程，累计完成土石方达数千亿立方米。

中国人民大学教授郑风田说，1989 年至 2000 年，全国平均每年投入劳动积累工 72.2 亿个工日，如果以每个工日 30 元计，则农民每年对水利投入的积累达 2166 亿元，如此推算，1989 年至 2000 年农民对水利投入累计达 25 992 亿元。

2004 年，随着农业税取消，曾经对农田水利建设发挥巨大作用的"两工"制度（义务工和积累工）也随之退出历史舞台，并由此形成对农田水利建设投入的巨大"亏空"。

根据水利部有关资料显示，农村税费改革后，全国平均每年减少农田水利基本建设投工投劳约 75 亿个工日。河南省水利厅厅长周月红说，河南省 2004 年全面取消"两工"以前，每年"两工"投入折合资金 30 亿至 40 亿元，这项亏空有待弥补。

不可否认，国家每年都对水利建设进行了较大的投入，但绝大部分资金都流向了治理大江大河的骨干工程，而农田水利建设却被有意或无意地忽略。据水利部统计数据显示，1980 年至 2008 年，农田水利投入占水利基本建设的比重平均为 6%。其原因则在于大型骨干工程立竿见影，而农田水利建设在政绩的体现上却较为隐性。

这种现象在农田水利建设上同样存在。汝南县三里店乡熊湾村孔庄村村民孔耀威说："我们村没人浇麦，这么多年全村 600 亩地就一口井，很麻烦。"记者就此向当地一位官员询问缘由，该官员坦言："农田水利建设确实存在一些表面文章。"

由上述报道中与主题相关的背景材料可以看出，其来源大多是政府机关及政府出台的相关政策和文件，具有较高的权威性，深度报道操作者可以直接拿来使用。在新媒体背景下，目前党政机关及其部门基本上都主办有传统媒体或政务新媒体平台，用于信息公开及与公众沟通，该类平台上的信息因具有公开性，同样可以作为权威信源纳入深度报道资料搜集范畴。还有一类材料来源于党政机关及其相关部门主办的内刊，深度报道对该类材料的使用要事先与主办部门沟通，经同意后方可使用，尤其是涉及各类机密信息时，记者更应该具有保密意识，以免违反保密法相关规定造成不良社会后果。

三、深度报道采访之方案设计

就新闻实践而言，除了突发事件的采访外，大部分新闻采访是有一定预期的，这就为采访准备提供了余地，尤其是对时效相对滞后的深度报道来讲，其内容往往较为复杂，相应对采访质量的要求就相对较高，因此也就更有必要对采访进行预先谋划和精心设计。有备无患，在做采访准备时对采访活动本身进行方案设计，可以最大可能地确保采访活动顺利进行。谈到采访方案设计，有必要澄清一个常见的表述，即"新闻策划"。应该说"新闻策划"是"新闻报道策划"的简称，意指对新闻报道活动进行整体谋划，用来指导新闻报道实践。但"新闻策划"这一表述，容易让人误解其意为"策划新闻"。新闻实践中出现的"策划新闻"行为，是指现实中不存在新闻事实而由传媒或记者"自导自演"新闻事实并加以报道的行为。很显然，"策划新闻"是应受抵制的错误行为，其不但违背新闻伦理，更重要的是严重违背了"先有事实、后有新闻"的马克思主义基本新闻理论。这里作为采访准备重要内容的采访方案设计，是就采访活动本身的谋划设计而言的，绝不是对新闻事实进行"天下本无事、无中生有之"地人为"导演"和策划。

深度报道采访方案设计，首先要明确报道主题。如前所述，深度报道操作不管是"主题先行"还是主题从采访实践中"后出"，采访前记者都要对主题有一个大致考虑，哪怕是方向性思考，也很有必要。明确深度报道所要传达的主题，可以用主题来统领和指引记者的采访实践，比如明确采访重点、把握文本叙事需要的内容及其类型、筛选采访素材、捕捉采访对象的个性化语言和有利于主题表达的细节等，以提高采访质量和采访效率。

其次要预想大致的呈现形式。根据选题类型，记者要对深度报道拟采用的叙事文本呈现形式进行预先规划。这样也可以起到指引记者采访实践的功用，因为人物性深度报道、经验性深度报道、事件性深度报道等类型，其文本风格都有各自相对较为稳定的特点，以此为据，可以确定采访的侧重点和采访素材的类型，做到详略得当、重点突出，使素材与文本呈现形式的要求相契合。

再次要精心设计采访提纲。深度报道采访方案设计中，采访提纲是对访问具体实施和展开的大致规划，因其更为微观和具体，对访问实践具有较强指导性，以避免现场访问时记者"想到哪问到哪"的"意识流"式的访问弊病。这里有必要指出，实践中采访提纲一般要准备两份，一份提交给采访对象，另一份用来指导采访实践。但要注意，这两份采访提纲在内容上是有较大差异的。提交给采访对象的采访提纲，一般用来让采访对象明确记者的采访意图和做接受访问的相关准备。因此，该提纲宜粗不宜细，只需交代采访的大致意图和需要了解的大致内容即可。否则，过分详细反倒往往会给记者采访实践带来被动。而用来指导记者采访实践的采访提纲，则尽可能要详细，包括提问内容、提问方式、采访意外的应对、采访技巧的提示、采访时间和地点的计划、采访对象的次序安排、要获取的采访内容的要素类型等，都要有所规划和设计。这样记者采访时完全可以"照章"落实，有所凭借就会避免采访慌乱、意外和眉毛胡子一把抓等不良状况出现，从而有力确保记者采访能够做到游刃有余、顺畅有序。

最后要做好采访的"硬件"保障。这里的"硬件"保障，主要是指为确保记者采访活动能够有效落实，在人力、财力、物力、交通、住宿、记录设备、通信设备、采访行程等方面所进行的规划和设计。实际上，"硬件"保障也可以看作是后勤保障，"兵马未动、粮草先行"在深度报道采访方案规划和设计中是完全适用的。此种采访保障，大多是"技术"性的，需要认真、细致、周全、有预见性，并且要未雨绸缪，提供备选或可替代的保障方案。

四、深度报道之采访心理准备

心理既是人的生理机能反应，也夹杂着复杂的社会性因素，其是人的行为表现的内在动因或规律，并对人的行为产生重要影响。由此，深度报道采访准备就有必要做好心理准备。一方面，记者与采访对象之间往往是互为陌生人，如何由陌生变熟悉以实现采访目的，需要记者具备一定的心理素养；同时，新闻采访就是人际交流，要实现好的交流质量，记者就要"知己知彼"即要了解采访对象，而尤其重要的就是要了解其心理。对社会个体而言，心理现象是规律，具有普遍性。而且就一般性而言，人与人之间的心理具有共通性，这就为记者深度报道采访做心理准备提供了可能性。

就记者自身心理素质而言，要习惯"不确定性生存"。从心理学上看，环境的安全、安定是人类生存最基本的内在心理需求，否则人们就会紧张、焦虑，进而会影响到自身行为实践和表现。而记者的工作本身即具有较高的不确定性，这里的"不确定性"不是指职业意义上的稳定与否，而是指构成记者日常工作流程的各个环节对记者把握来讲都具有较强的不确定性。记者寻找新闻线索、确定选题、约访采访对象、采访实施、稿件写作、刊发及其传播效果等，对记者来讲都不是其能够完全掌控的。采访实践中，当记者被采访对象爽约时往往会感到沮丧甚至恼火；当记者采访被拒绝或吃"闭门羹"时，往往会感到尊严受损甚至愤怒；当记者劳心费神采写的稿件被编辑毙掉时，往往会感到愤懑甚至怨恨；当记者因报道触及某种利益而遭惩处时，往往会感到懊恼甚至绝望，等等。面对上述日常新闻实践中或大或小的"不确定性"事件的冲击，记者轻则会感到伤心、难过，重则可能会遭遇自信心打击和价值观打击，会自我怀疑甚至自我否定，以至于自我放逐和沉沦。

　　其实，记者应当理性地认识到，新闻实践中出现上述不良心理或情绪反应都是正常的，关键是自己该如何应对、如何自处以使自身不受其影响或免遭心理冲击。记者在大学接受新闻教育时，曾经被这样教导：做记者要脸皮厚！做记者要学会"不要脸"！这些略显粗俗的表述其实别无他意，其意在强调，面对新闻工作的不确定性，记者应该具备一定的心理素养，如果心理过于敏感，动辄情绪波动起伏、患得患失而又不能及时有效排解，那么工作起来就会磕磕绊绊、痛苦不堪，也就很难做出好的新闻报道。因此，记者要认识到新闻职业的"不确定性"特质，学会在不确定性中生存，面对不确定性引发的种种不良心理和情绪波动，能够自我调节并及时有效化解，保持心理状态正常、稳定，做到"任尔东西南北风"，我自泰然自若、云淡风轻。

　　另外需要记者注意的心理准备，就是克服紧张情绪。在遭遇陌生信息刺激时，人们往往会感到紧张，这种紧张不仅在诸如心跳加快、冒汗、发抖等生理上有所表现，并且会导致其正常行为受到不同程度的影响，比如语无伦次、大脑空白、不知所措等。如前所述，记者与采访对象之间一般互为陌生人，对记者而言，即便对采访对象做了诸如个性、背景、形象等尽可能周全的采前准备，但基于案头工作搜集来的信息是静态的且更多是想象的，当记者真正与采访对象面对面时，想象和现实多多少少都会有些差距或反差，而正是这些差距或反差导致记者产生不同程度的紧张心理并在其行为上得到表现，尤其是在采访那些在社会地位上显著高于记者的政治、经济、文化精英时，记者的心理紧张程度往往更甚。有一次，某高官到媒体视察，该媒体领导特意安排与该高级官员毕业于同一所大学的一位编辑在视察现场，意在以"校友"这一身份为"媒介"来丰富官员视察活动、活跃气氛，也可以为后续新闻报道增加趣味与个性。视察中，媒体领导特意向该官员介绍这位编辑：我们这位编辑老师也是某某大学毕业的。果然该官员显得兴致盎然，亲切地问道："啊，你也是某大学毕业的？哪个系的？学什么专业？"谁知该编辑却一时语塞，憋得满脸通红，只是支支吾吾，终究一字不能言，使媒体领导事前的精心设计"付诸东流"。该编辑在关键时刻之所以有如此紧张表现，端在其潜意识里惯于该高官的社会地位，以致其所形成的想象性"心理压迫"使编辑自身不但自信心严重受挫，甚至完全丧失了自我。

就此而言，记者要明确自身在现代社会结构中的职业身份和角色，不管采访对象社会地位如何，记者都要着力养成一种对上不曲阿、对下不趺屔的不卑不亢之精神态势和气度，其实就是前述所强调且记者应遵循的平等和尊重之采访理念。如此，记者面对采访对象时的心理紧张可望大为缓解，采访也将显得从容有度。

记者采访时心理紧张有多重缘由，比如工作压力大、采访准备不足、时间紧迫、身体透支、思虑过度、见识不够、经验匮乏等，但重要的是，记者一定要形成积极、正向、稳定、健康的心理素养底色，这是有效应对各种原因导致的心理紧张缓解或消除之基础。

第三节　深度报道采访实施

除了上述案头资料搜集外，就深度报道采访而言，其主要采访手段或方式就是观察、访问和倾听，另外还有体验式采访和隐性采访两种比较特殊且具有某种侧重性的采访方式或类型。其实在新闻采访实践中，观察、访问和倾听是不可分割的交流形态。正如意大利记者法拉奇所言："我每当遇到一个事件或参加一次重要的会见时总是焦虑不安，担心自己没有足够的眼睛、耳朵和头脑来进行观察、倾听和思考，以便从中理解一条蛀虫是如何钻入历史这块木头中去的。"① 为更深入理解深度报道的采访运行，以下对常见的五种采访方式及其实施所涉相关问题进行展开和探讨。

一、深度报道采访之观察

观察是诉诸视觉功能的信息获取行为，特定新闻事件的发生和展演总是处于特定时空，也即形成一个"场"，众多信息汇聚于此，记者通过现场观察可以最大程度获取仅靠非现场的访问无法获取的可贵信息，因此，现场观察对深度报道而言，其重要意义不言而喻。

（一）何为观察

人类生存和生活实际上是一个依据世界变动而不断调整自身并加以适应的过程，需要在外界信息的基础上不断做出决策。心理学就此认为："从广义上讲，知觉这一术语是指理解环境中客体和事件的所有过程——感觉它们、理解它们、识别和标记它们，以及准备对它们做出反应。"② 在人脑中，这一过程是以极快速度瞬间完成的，但仍然可以将知觉分解为前后相继且信息处理渐次深入的三个环节，即感觉、知觉组织以及辨认和识别。这里起始的"感觉"，就是人的视、听等生理器官对外界信息刺激的反应。观察——这一基于视觉功能的行为，是重要的"感觉"行为。

与仅具有视觉功能意义的"看"相较，从概念上讲，所谓观察是一种有意识、有目的、有计划、有组织的、比较持久的知觉能力。它是智力的构成要素之一，是一种受思维影响的、有意的、主动的和系统的

---

① 柏桦. 风云人物采访录［M］. 呼和浩特：内蒙古人民出版社，1998：12.
② 理查德·格里格，菲利普·津巴多. 心理学与生活［M］. 王垒，等译. 北京：人民邮电出版社，2019：87.

知觉活动能力，是在一般知觉能力的基础上有意性达到一定水平时产生的高级知觉活动能力。① 由此看来，观察是人类获取经验和知识的途径，也是从事人类活动和科学研究的基本手段。作为一种生理功能，观察是人所共有的一种基本能力，在此基础上人们形成个性化、差异化的专业观察能力，这种能力更多是人们在职业活动中通过长时期实践和训练获得的。就新闻从业者而言，观察能力具有自身要求和特点。比如在新闻传播实践中，记者要对"自我"有明确的观察和定位、特别强调记者要具备对他人和世界的独特观察能力等，只有这样才能够履职尽责完成反映客观世界的新闻职业使命。

记者通过观察来获取第一手信息，通过对信息进行思维运作来发现选题和提炼主题，观察也是记者采访获取信息的基本途径。一般可以将记者的观察实践分为三种类型，即旁观式观察、参与式观察和暗中观察。旁观式观察，强调记者以旁观者身份对正在发生的新闻事实或社会现象进行观察，比如记者在新闻事件现场、会议召开现场等，记者是作为旁观者进行观察、记录的，这也是记者采访实践中最为常规的一种观察类型。这种旁观式观察，记者是相对于观察对象而存在的"他者"，有时会影响到观察对象的"真实表现"，进而反过来会影响到记者的观察效果，记者对此应有所意识并提高信息鉴别能力。

参与式观察是指记者通过参与到采访对象工作、生活和活动中的方式展开职业观察，与此相应形成参与式采访或体验式新闻。参与式观察应该说是一种"全息观察"，也就是说记者在用眼睛观察的同时，伴随着较多的情感、心理感受及相关思考活动，所获信息也就比较丰富和真切。相对于采访对象，参与式观察也是一种"他者"存在，同样会遭遇记者影响采访对象"本真呈现"的问题，这就要求记者具备更为敏锐的观察和信息鉴别能力以及与采访对象沟通以获准"参与"对方工作、生活的能力。有时参与式观察会以隐匿身份的形式进行，比如以伪

---

① 余小梅. 广告心理学 ［M］. 北京：北京广播学院出版社，2003：183.

装成乞丐的形式潜入丐帮进行观察，对记者的观察及应变能力要求更高。

最后是暗中观察，也即不公开目的的观察，记者在观察对象没有意识到被观察的情况下，不动声色地观察。暗中观察因没有引起观察对象的注意，所以观察到的信息应是观察对象自然状态的流露，相应地，信息就更加本真。常常是采访对象看到刊发的报道后，才知道自己曾充当了记者的观察对象。当然，也要注意暗中观察可能会涉及公民的隐私。记者在工作时曾接到一电话投诉：记者所属的报纸上刊登了一张男孩和女孩牵手逛开封菊花展的照片，照片上的女孩就是她，这张照片让认识她的人尤其是家人和亲戚知道了她在谈恋爱，造成心理压力。这实际上就涉及暗中观察可能带来的公众肖像权的传播伦理问题，著者将此投诉转给照片作者处理，后来不了了之，但这提醒记者，采访中的暗中观察可能会引发问题。

（二）观察何为

深度报道采访强调观察，是因为观察具有其他采访方式所不具备的独特优势。深度报道要求内容和表现力要丰富，而内容丰富不仅仅是信息意义上的内容，也有细节和情感意义上的丰富，并且后者是增强深度报道吸引力、影响力和感染力的重要手段。

深度报道采访利用现场观察来增强报道的现场感。相对于一般新闻，深度报道一般篇幅较长，在当下新媒体环境下，受众信息接收碎片化对深度报道来讲是一个挑战。因此，深度报道需要在生动性和吸引力上下功夫，以增强传播效果，报道的现场感是提升报道感染力的重要手段。所谓现场感，就是身临其境之感，可以给人带来更加真实的感觉。增强报道的现场感，需要记者到现场去做认真细致的观察，以获取更加丰富和生动的信息和感受。有学者就此指出，"尽管也可以通过采访其他在现场的人来得到这些细节，但是那无论如何比不上你自己在现场，亲身浸泡在景象和声响中，因为这会让那些非常有趣、非常直观、非常生动的细节撞击你、砥砺你。"① 之所以现场感具有吸引人的力量，其原因在于现场信息对记者是以"全息形态"呈现的，从而对记者形成"全息"式的刺激，信息量大且含义丰富，能够激发起读者的真实感受。

深度报道采访利用现场观察来识别和验证信息。实际上，很多时候记者不去新闻现场，就单纯完成一篇报道来讲，亦并非难事。强调记者到现场去采访，还有一个考虑就是要对所掌握的信息通过实地观察来识别、验证与核实。仅凭"二手信息"来写报道实际上承担着信息可能失实的风险，因为"二手信息"是经传播者筛选过的信息，且不说信息传播客观上具有信息损耗的特性，传播者出于自身利益考虑对信息的过滤亦是在所难免。当然，并不是说"二手信息"就一定不可靠，记者到现场的职业观察很显然与"二手信息"传播者不同，比如现场观察时可以对采访对象的讲述、神情和态度等表现进行观察以与所掌握的二手信息进行比对、鉴别和判断，实践中也往往会有意外发现和对所获"二手信息"的修正。记者不太可能每次都及时出现在新闻现场，当新闻事件发生并处理完毕，新闻现场也就恢复为常态现场了，这时强调记者到达现场仍有意义，因为记者的观察能力是职业训练的结果，到现场总会有自己的独特发现，并且能够形成对"二手信息"的补充和完善。

深度报道采访利用现场观察来捕捉细节。细节是诸如表情、态度、声音、动作等辅助性信息，大多数情况下细节更多是指非语言信息。而非语言信息一般是下意识行为，更多是基于人的本能性反应，所以相对于易于伪装的语言表达，非语言信息就显得更加真实。因此，细节对主题和情感传达来讲，其表现力更强。就阅读体验来讲，历经岁月，读者对曾经阅读过的经典书籍仅存的记忆和印象，往往也就是几个细节而已。而从信息形态看，美国跨文化传播学者萨默瓦认为："绝大多数研

---

① 谢丽尔·吉布斯，汤姆·瓦霍沃．新闻采写教程：如何挖掘完整的故事［M］．姚清江，刘肇熙，译．北京：新华出版社，2004：228.

究者认为，在面对面交际中，信息的社交内容只有 35% 左右是语言行为，其他都是通过非语言行为传递的。"① 也有学者研究发现，在表达感情和态度时，语言只占交际行为的 7%，而声调和面部表情所传达的信息却多达 93%。② 作为细节的非语言信息获取，只能靠记者到现场观察才可能捕捉得到，这就为记者的现场观察提供了较大发挥空间。

另外，深度报道采访强调记者到现场观察，有时是为现场情势所迫，没有现场观察就没法完成报道。比如有些突发事件，出于地方保护主义，事件现场被临时管控，记者根本无法展开其他方式的采访活动，这时，只有靠记者的现场观察才可能进行报道，否则只有放弃该选题。还有一些重要会议、领导会见、重要仪式等场合，记者往往也无法提问，而只有依靠观察进行信息采集。

（三）如何观察

记者到现场观察什么？现场是一个特定时空情境的呈现，这一时空情境所汇聚的信息对现场记者来讲是瞬间"扑面而来"的，给记者选择观察对象带来时间压力和挑战。当然，笼统地讲，记者现场观察要围绕主题进行，应该着重观察有助于主题表达的现场信息，并且不同的记者现场观察所得也必定有所差异。但从便于实践操作来讲，记者在现场观察之前，应该对观察对象有一个大致框架和规划做指引，以利于观察的顺利实施。

有学者借鉴戏剧要素，提出新闻观察内容为："场景或背景（Scene or setting）、人物（Character）、行动（Action）、意义（Meaning）。"③ 这些要素与新闻的 5W 类似，可以作为记者现场观察的框架指引。

---

① Larry A. Samovar, *Understanding Intercultural Communication* ［M］. Hartford：Wadsworth，1981：155.
② Levine，D. & Adelman，*Beyond Language：Intercultural Communication for English as Second Language* ［M］. London：Prentice Hall，1982：43.
③ 肯·梅茨勒. 创造性的采访 ［M］. 李丽颖，译. 北京：中国人民大学出版社，2004：102.

　　首先要观察场景或背景，即观察新闻事实发生的时空情境。记者到达现场，先要对场景进行宏观扫描，以对其形成一个整体印象，把采访对象和内容置于现场背景之下并与报道主题相对照，把握场景可能蕴含或生发的意义，从而确立深度报道的总体基调。在新闻要素中，时间和空间除了自然、客观的时空标识意义之外，其所承载的社会意义也需要重视。从新闻实践看，构成新闻事实现场的场景或背景往往具有特定的新闻价值要素，比如具有历史纪念或节日意义的时间和地点，常常是日常新闻运作的关注点。比如延安、井冈山、红旗渠等具有历史意义且蕴含特定民族精神的地点，历来是新闻"富矿"，其所引发和产生的新闻，数量难以计数。同时，在特定的时空背景下，基于个体职业身份、个人历史等形成的个性化因素，往往会激发采访对象的情感表达，特别有利于采访展开、意义挖掘和呈现。对新闻事件所处场景或背景的观察和描摹，可以给读者以身临其境之感，有利于增强报道的吸引力。比如焦裕禄、袁隆平等，既是富有个性的个体，也成为一种符号，承载和标识着某种精神和意义，一贯为传媒所关注和弘扬，经久不衰，并且在报道中与众多文本形成互文，不断生发和延展新的时代意涵。

　　其次是观察人物，即观察作为社会个体的采访对象。新闻学是人学，新闻具有浓郁的人文价值，无论是作为采访对象，还是作为职业追求，新闻都要以人为本，弘扬人的主体性。人们关注新闻报道中的人，实质上是在关注自己，因为他人就是自己的一面镜子，在别人的故事中，人们去反思自己的人生。马克思就此写道："人起初是以别人来反映自己的，名叫彼得的人把自己当作人，只是由于他把名叫保罗的人看作和自己相同的。"① 新闻有了"人"，就有了灵性，有了激发受众心理共鸣的因子和潜能。因此，记者采访中的现场观察，要以作为采访对象的人为焦点，观察他们的话语、表情、态度、动作及其他能够彰显人物个性和助力主题表达的细节，以便后期写作能够让作品的人物个性鲜

---

① 马克思恩格斯全集：第23卷［M］. 北京：人民出版社，1972：67.

明、富有人性气息，从而让深度报道变得生动、鲜活。

再次要观察行动，即观察采访对象的行为动作。人的行为动作是外显的，但却有着内在动机。《礼记》曰："说之，故言之；言之不足，故长言之；长言之不足，故嗟叹之；嗟叹之不足，故不知手之舞之，足之蹈之也。"① 言为心声，言之不足则外化为行。因此，人的行为动作是特定心理状态的表现，而且相较于语言，其传达出的信息更加真实。记者通过观察采访对象的行为动作，可以对其个性、态度和心理变化进行意义解读，从而更加有利于对采访对象的深入理解。新闻写作基本规范是"用事实说话"，也即通过事实呈现其所蕴含的意义和观点。记者观察采访对象的行为动作，将其转化为新闻报道内容，符合"用事实说话"的专业报道规范。我们在新闻写作中，也经常强调要多用动态性的词，少用、慎用静态性的形容词和名词，其意在强调对"用事实说话"规范的遵循，同时也是为了增加新闻报道的生动性。

最后要观察意义，即对上述三个观察要素的意义运作。记者在现场观察到的背景、人物、动作和细节，是散乱而分离的存在，这里强调的意义就是要通过记者的思维运作，将观察所获得的信息进行关联和整合，以形成支撑报道主题的意义。有学者提出："为意义所做的观察包含两个要素。第一个是通过观察来发现某种有意义的东西——一个观点，一种趋势，一种性格——或者肯定其他来源的某种意义。第二个要素是，通过一些具体的观察来阐述某一要点。"② 如前所述，观察本身就是一种需要发挥记者主观能动性的认知行为，其中内蕴着对主体思维介入且伴随式存在的要求。信息的意义不会自动呈现，也不会自我表达和言说，需要记者付出艰苦的思维努力，才能够对信息所承载的意义有所揭示和把握，并且在观察中思考和在思考中观察，本身就是观察行为

---

① 礼记［M］．沈阳：辽宁教育出版社，2003：135．
② 肯·梅茨勒．创造性的采访［M］．李丽颖，译．北京：中国人民大学出版社，2004：104．

运作的常态，否则就与一般意义上的"看"没有区别，也使现场观察因失去方向性指引而变得杂乱无序、毫无章法。

综上所述，观察是深度报道采访的重要方式，观察不仅涉及素材搜集，也会极大影响后续深度报道写作的表现力。因此，深度报道记者要注意提升自身观察能力，具体观察时要明确观察目标、制订观察计划并注重对观察所获信息进行认真鉴别、科学分析和准确表达，同时，还要注意规避影响观察的诸多局限，比如经验不足、偏见和不当归因等。

二、深度报道采访之访问

一般狭义上理解的采访就是指访问，通过记者与采访对象之间的对话来获取信息，现场访问是新闻采访的常规方式。访问实际就是人与人之间的交流，是新闻采访本质的体现。如前所述，要从交流的本质去审视新闻采访，而不能仅仅将其看作采访方法和技巧。

（一）何为访问

新闻采访意义上的访问，就是记者与采访对象之间围绕某一报道主题进行信息交流的行为。既然是交流，就是参与交流各方主体共同参与和完成的行为，要突破传统认为采访就是记者为完成报道而通过访问形式获取信息的行为，而是要基于交流的平等和意义共享本质，充分尊重采访对象在新闻采访中的心理诉求。如前所述，就大众传播而言，采访对象没有义务接受记者采访，有时即使通过行政或组织手段，采访对象被迫接受采访，他也可以以诸如答非所问、心不在焉甚至沉默等方式进行软性"抵制"。因此，记者对采访对象接受自己的采访而配合或帮助记者完成工作的行为应报有感恩的心态，只有采访对象获得了尊重，双方之间的交流才会有好的效果。

在一般意义上，记者与采访对象之间的交流具有较强的人性意义，要互为尊重双方的主体性，实现交流的意义共享境界，否则就不是交流，而是一方对另一方的强制灌输或教训。除了基于制度或身份规约而带来的交流之间存在"不平等"外，人们的日常交流是自愿的、平等的，记者与采访对象之间尤其如此。另外，新闻采访的访问还具有明显的职业特点和要求，与一般意义上的人际交流存在差异。

首先，新闻采访的访问是一种公务行为。记者是为了完成报道而通过访问采访对象以搜集信息，访问或交流的目的比较明确。新闻采访的访问主题和内容都是事先大致确定的，且具有公共性，记者是代公众而采访以获取公共信息，而不像日常人际交流那样内容随意且比较私人化，并且，记者以访问为基础生产的信息产品是以公开传播为目的的，有时记者采访本身就是公共传播的内容，而个体之间的日常人际交流的目的、内容及功能显然与此相异。新闻采访的访问，还具有较强的时效性，较受时限制约，而不像私人交流那样多是漫无目的的闲聊，尽管以随意闲聊的方式是比较好的交流状态，但新闻采访实践中往往不太可能以这种方式与采访对象交流，否则没完没了的东拉西扯就会使采访无法及时完成。

其次，新闻采访的访问体现出记者的主导性。如上所述，作为公务行为的采访，其目的是要完成信息传播或价值宣导的工作任务，以实现传媒的诸多社会功能。再加上新闻时效的要求，记者在访问采访对象时需要对整个交流过程有所把控，以便于采访工作的顺利完成。强调记者对访问进行主导和把控，并不是要记者忽略和放弃交流的平等本质而以居高临下之态势对采访对象颐指气使或自以为是地指教或训诫。这种对采访过程的主导，并非完全从记者利益出发的一种控制性"话语霸权"，而是将其对话的主导权蕴含在高质量和高效率的交流过程中。实践中，记者因采访经验不足而被"见多识广"的采访对象"牵着鼻子走"进而导致采访效率低下甚至失败的情况屡见不鲜。究其实，显然是记者在对采访对象的访问中缺乏主导意识和把控能力所致。

最后，新闻采访的访问要考虑到采访对象的诉求。谈及新闻采访的访问，记者习惯于认为是自己通过提问的形式从采访对象那里获取信息，而忽略了对一个最基本问题的考量，即采访对象为什么要接受记者，实际上是一个陌生人的采访，并且还要真诚而毫无保留地向其提供信息？很多记者意识中以官方代表自居，想当然地认为采访对象接受采访是其应尽之义务，并且能够成为采访对象也是其荣耀，从来没有考虑过采访对象对记者有什么需要和诉求。

其实，采访对象接受记者采访，除了前述组织安排之外，还有其他许多诸如利益、责任感、话语表达、精神满足、匿名等心理诉求，对此记者要有所理解和把握，并给予合理满足。比如，采访对象接受记者访问可能希望借此表达自己的意见和观点，而后续新闻生产中记者却将采访对象输出的信息"据为己有"，不注明其出处或来源，这显然会令采访对象感到不满，尤其是涉及各方利益时，记者若对采访对象的意见进行"淡化"甚至"无视"处理，就不仅仅是对采访对象的需求考虑与否的问题，更是对新闻专业基本操作规范的违背。实践中，也有记者违背与采访对象之间的不予公开后者姓名、身份的事先约定而导致伤害采访对象的行为发生，此种罔顾采访对象诉求的做法实际上突破了记者所应恪守的新闻伦理底线。长此以往，传媒及记者的社会形象和公信力如何维护？当下新闻实践中，记者普遍感到采访较以往越来越难，即使是正面宣传的采访，寻找和确定采访对象也困难重重。此种现象当然有较为复杂的多重缘由，但其中是否与记者在访问时无视采访对象的诉求有关，值得反思。

记者与采访对象之间交流互动是平等的、双向的，二者之间的"给"与"取"互为条件、互有诉求，因此记者对采访对象不仅仅是态度上的尊重，采访对象通过接受采访以实现自身心理诉求的希冀也需要遵循。

（二）访问何为

新闻采访的访问一般是通过双方问答的交流形式，这样对记者来讲如何向采访对象提问以及如何回应以确保采访顺利完成就成了重点考虑的问题。总体上讲，新闻采访提问是要实现信息搜集，并以完成报道任务为目的的。具体来讲，记者提问之于新闻采访的功能或意义主要有以下几个方面。

首先，记者要通过提问开启访问。与诸如新闻发布会现场之类的特殊情境下记者提问的"单刀直入"不同，日常新闻采访中记者的访问往往需要通过提问来营造访问氛围以开启访问。美国传奇记者、主持人迈克·华莱士就此认为："采访成功的关键在于融洽的关系。……这种融洽关系的建立往往意味着一场采访是还不错还是极其精彩。"① 因此，记者有必要通过提问营造融洽采访氛围，为正式访问的展开做好情感铺垫。俗话说，酒逢知己千杯少，话不投机半句多，采访前通过提问营造良好采访氛围和交际环境就显得非常重要。一般情况下，记者与采访对象之间往往是互为陌生人关系，人们对陌生人保持戒备是正常心理反应，又加之要回答记者的提问，就更加强了采访对象的内心不安，因此，记者需要寻找相应的"媒介"来消除采访对象的戒备心理以建立必要的交流信任。这种"媒介"可以是人、物或话题。记者向采访对象提及共同认识的人，通过攀老乡、攀校友等寻找"共同"点，往往会让后者获得一种"自己人"的感觉；记者也可以在采访现场随机应变，就室内摆设或物件向采访对象请教；还可以就时下热点话题与采访对象攀谈等，这些都能够有效减弱或消除采访对象因记者是陌生人而产生的戒备心理，以便于开启正式访问。

其次，记者要通过提问获取信息以实现访问的基本目的。作为信源，采访对象拥有大量信息资源，但其并不清楚记者需要什么，相应地，也就不知道自己提供信息的边界为何。当然，采访对象也可以一股脑地将所拥有的信息提供给记者，这是最简便的办法，但对记者采访来讲，却不是有效率的办法。因为记者除了搜集现有介质承载的信息外，

---

① 迈克·华莱士，贝丝·诺伯尔. 光与热：新一代媒体人不可不知的新闻法则［M］. 华超超，许坤，译. 北京：中国人民大学出版社，2017：66.

更需要提问来获取符合报道主题要求且针对性更强的信息，并且后续文本生产也不是信息的简单搬移，而需要以传播效果为指向的信息深度加工和创新表达，这都有赖于记者通过提问来进行搜集挖掘更为丰富、生动和鲜活的信息。记者通过提问获取的信息涉及最基本的事实信息，比如事情的总体状况及前因后果等。记者还通过提问来挖掘深度信息，通过提问激发采访对象对问题进行深入思考，常常会有意外的新收获。有时记者已经掌握了报道需要的信息，但通过现场向采访对象提问来核实和确证信息。记者通过采访对象对问题的回答来凸显后者的个性，因为后者的回答往往伴随着丰富的非语言信息，丰富的信息有利于塑造人物形象，从而增强报道的现场感和吸引力。

再次，记者要通过提问来把握访问节奏以确保采访效率。前述记者对访问的主导性，可以通过提问来实现。比如当采访对象的回答偏离主题时，记者可以通过问题转换的方式，使访问重新回到主题上来。有时采访对象可能回避某些重要或敏感的问题，而这些问题对完成报道又必不可少，那么记者可以运用一些提问方法和技巧，尽可能让采访对象说出答案。其实，访问过程中正常的话题转换或轮换，往往也是由记者通过向采访对象提问的方式来衔接和实现的，体现出对话和交流的内在逻辑和层次。

最后，记者也可以通过提问来表达报道主题。遵循"用事实说话"的写作规范，记者通过提问让采访对象说出能够支撑和传达主题的话或观点，记者对此记录和转述，就能够巧妙实现规范化的报道主题表达。有时候，运用这种方式也可以进行符合操作规范的新闻批评。比如前述《一起交通肇事逃逸案引发的思考》，[1] 其中就是用交警对问题的回答来呈现报道主题的：

　　　　当杨拥军再次去交警队询问情况时，办案交警却说，证据不

---

[1] 闫伊默. 一起交通肇事逃逸案引发的思考 [N]. 河南日报，2011-04-26 (11).

足、尚未立案。而此前，交警一直说证据充足、正在抓人。

汝南交警大队副大队长郭东升就此解释："交通事故已受理，但没有刑事立案。"原因在于"没有直接证据认定胡峰就是肇事嫌疑人"；同时，"只有定责才能立案"，但由于逃逸"无法认定肇事方负全责，也就无法立案"。

"现在抓不到人，也找不到车，无法立案。"霍得正说，"没有立案，也就不能抓人"。

其实，这里记者已经掌握了交警徇私舞弊的证据信息，但并没有直接站出来进行批评，而是通过提问，借交警对问题的狡辩式回答来自我呈现的。这种处理遵循了"用事实说话"的新闻专业规范，实现了客观上的批评效果。

综上所述，提问是记者访问采访对象以获取报道所需信息的重要工具，如何通过提问实现采访目的就变得极为关键。记者提问是人际交流的方式，也是一种交流艺术。我们经常说有时候问题比答案更重要，好的提问能够营造良好交际氛围、引发采访对象的交流欲望，也时常能够激发出采访对象对问题的创新思考和答案，从而使后续文本生产在报道主题和思想上具备一定深度。

（三）如何访问

应当承认，数百年的新闻业发展，的确积累了大量新闻采访的方法和技巧，新闻采访的提问也是一门要求较高的艺术和学问。对此，有学者写道："一个年轻的修道士问修道院院长他是否可以在祈祷时抽烟，被严厉地责骂了。一个朋友建议他转变一下对问题的看法，'问他如果你在抽烟时是否可以祈祷'。年轻的修道士发现如何提问常常会决定其答案是什么。"① 只是简单地颠倒一下话语表述顺序，就能够取得意料

---

① 布雷恩·S. 布鲁克斯，等. 新闻报道与写作［M］. 范红，译. 北京：新华出版社，2007：67.

之外的交际效果，而对于博大精神的汉语来讲，交流方法和技巧更是有着深厚的传统文化资源做支撑，因此其也就有更大的探索、创新的空间和潜质。

一般将提问分为开放式提问和闭合式提问两种类型。开放式提问是指问题所涉范围比较宽泛，与此相应，采访对象的回答也比较随意，可自由发挥的空间较大，不需要做非此即彼和明确性回答。开放式提问更接近日常的人际交流状态，主要用于采访氛围营造、总体情况了解等，有利于记者从采访对象的回答中发现新的问题或观点，拓展采访内容，是记者采访使用的基本提问方式，但由于采访对象的回答比较自由，很容易不着边际，给记者把控采访进程带来挑战。

封闭式提问是指问题所涉范围比较明确，与此相应，采访对象的回答受限，要在预先设定的答案中做出选择，自由发挥的空间不大。封闭式提问体现出提问者较强的控制意味，如果连续采用封闭式提问方式，会给采访对象带来心理压力和敌意。封闭式提问一般用来核实信息、确证信息。在一些采访场合，比如新闻发布会上，由于时间和提问机会有限，封闭式提问一般也用得比较多。总之，在新闻采访实践中，开放式提问和封闭式提问的使用并无定规，也很难截然分开，而是要根据实际情况及提问目的进行灵活选择。需要注意的是，封闭式提问是一种限制性提问，采访对象只能在限定范围内进行回答，基本没有发挥余地，基本上处于一种被动言说状态，而对新闻采访而言，我们主张让采访对象"唱主角"以尽可能挖掘出更丰富、更深刻的信息。因此，记者应有意识地控制封闭式提问的频率，多激发、多聆听、多记录采访对象的语言和非语言信息。封闭式提问的过多使用，也使得采访氛围变得单调、生硬，从而影响双方的交流效果。

除此之外，具体来讲，记者采访实践中比较常用的提问方法和技巧如下。

首先是正面发问，即根据采访任务直接发问。正面提问是新闻采访实践中最基本、最常用的提问方式,记者提问直截了当、单刀直入。比如新闻发布会上,由于时间和提问机会有限,记者提问往往是开门见山、直奔主题。正面提问也要考虑采访对象的实际情况,如果后者不善于表达、不熟悉情况或不明了采访目的,记者直接发问的效果可能就会大打折扣。

其次是侧面发问,即迂回发问以消除采访对象的心理障碍。有时采访对象可能表达能力不足,不能理解记者提问之含义;有时采访对象对记者抱有种种疑虑,对问题回答的边界和深浅没有把握;有时采访对象可能因各种原因故意隐瞒、淡化或忽略相关事实或细节,记者碍于面子又不好当场揭穿;这些不利于采访顺利展开和深入的种种情境,都需要记者敏锐地进行识别和诊断,并对症下药,迅速找到化解之道,通过从侧面"旁敲侧击",让采访对象放下心理包袱或放松无谓的警惕。有时记者采访也会涉及一些敏感问题,直接发问不符合人之常情,也有违新闻伦理,这时通过"拐弯抹角"或转换角度地从侧面发问就可能更容易让采访对象接受。

再次是激问,即用问题故意刺激采访对象以获取需要的信息。有些话题比较敏感,采访对象出于各种考虑不愿回答,但问题又确实为报道所必需,记者就可以通过问题来刺激采访对象获得答案,但此种技巧的使用也要视采访对象的个性而定,并非对任何采访对象都有效果,不分实际情况强行采用此种技巧,有时会更加激发采访对象的逆反心理。当然也有采访对象"见多识广",非常熟谙此种采访技巧并虚与应对,从而使记者提问的目的无法实现。

记者在采访现场采用激问这种方式时,也可以通过"第三方发问"和"虚拟问题或情境"等技巧,来缓和因刺激性问题带来的与采访对象之间的"对抗"。比如,2012年2月14日,《河南日报》推出深度报道,对洛阳"先看病、后付费"诊疗模式改革进行了报道。① 这里针对

① 闫伊默. 洛阳试水"先看病、后付费"[N]. 河南日报,2012-02-14 (9).

该医改模式引发的争议和质问，记者都不好直接发问，就采用了上述提问技巧（以下划线标识）：

截至目前，从"先看病、后付费"诊疗模式在新安、嵩县施行的情况看，可谓"各方叫好、应声者众"，但也不乏种种质疑和担忧。

山东兖州中医院在国内首先实施"先看病、后付费"诊疗模式，其初衷是为了转变当时医院的经济窘况。而该模式在新安和嵩县的施行，同样有人认为其目的是医院借此"营销模式"增加收入，而非其自许的"缓解老百姓看病难、看病贵难题"。

对此，陈木青认为，从目前实施新模式的效果看，老百姓尤其是贫困及特困患者切切实实获得了好处，这才是最重要的，患者显著增加、医患关系趋向和谐就是很好的说明。

"先看病、后付费"诊疗模式的施行，实际上是依托了国家的医保政策，高参保率及相对个人高额度的报销比例为医院提供了运转资金的保障（据了解，新安县各类医保参保率已经基本实现全覆盖）。基于此，与王军一样，嵩县卫生局局长朱迎春也担心新的诊疗模式会被人扣上"骗取医保的帽子"，但新模式的良好效应使他们消除了顾虑。"只要便于、利于老百姓，即使有点风险，我们也要去做。"朱迎春说。

其实，患者对"先看病、后付费"的诊疗模式同样心存疑虑。"不交钱就给你看病，哪有这好事？是不是有啥陷阱？"采访中，有患者向记者问道："住院后给你用贵药、过度医疗咋办？"

陈木青说："医院每日会给患者出具治疗费用清单，非基本药物的使用必须经患者同意确认，整个治疗公开透明，接受患者监督。"

据陈木青介绍，截至目前，新安县人民医院1700多名新模式受益者中无一人恶意逃费，仅有一例患者因实在没钱给医院打了欠条并承诺3个月之内还清，"你敬我一尺，我敬你一丈，医院先拿出了诚信，患者同样以诚信进行了回应"。

<u>但是，有人对这样的道德回应并不乐观。他们认为，无人逃费，或许跟大部分患者自付费用不是太多因而能够承受得起有关，如果花费十万八万还能保证没有恶意逃费吗？</u>其实，不管患者花费多少，终究会有人因实在拿不出钱无法支付，这一点毫无疑问。陈木青无奈地笑着说："对这类特困群体，如果实在拿不出钱，也只能算了，就当医院做好事了。"

其实，记者所提的上述问题，对采访对象来讲都比较敏感甚至不乏尖锐，由于采取了"第三方发问"和"虚拟问题或情境"的提问技巧，就有效缓解了问题的锐度，让采访对象能够心平气和地接受且理性地认为有必要对问题作出针对性澄清和回应，从而避免了由问题尖锐性可能给采访对象带来的心理逆反和抵制，实现了记者与采访对象交流的双赢。

最后，记者在访问中还要注意对采访对象的言说进行有效回应。人际交流是双向的，这是采访的本质。无论是对记者还是对采访对象而言，人际交流的展开和持续都要求双方互相回应。否则，人际交流就很容易中断，即使不中断，也会让采访对象产生被轻视或记者对自身言说不感兴趣等想法，进而使采访对象失去交流兴趣和欲望。记者访问采访对象实际上就是双方"问与答"的循环互动，其实"问"和"答"本身也能起到"回应"的作用。除此之外，记者也要注意使用一些"嗯""啊"之类的拟声词以及眼神、表情、手势等非语言信息来回应采访对象，以鼓励和激发其围绕采访主题进行充分的言说和表达。

综上所述，提问是一门艺术，方法和技巧很重要且并不神秘，记者完全可以通过持续的采访实践不断积累经验和汲取教训，从而掌握这些提问方法和技巧。对记者来讲，更重要的是要认识到，访问作为人与人之间的对话和交流，其更为根本的则是坚持"以人为本"的理念，通过交流来共享某种意义，以使生命价值得到丰富、完善和提升。

三、深度报道采访之倾听

"听"也是人类重要的感官功能，人类通过"听"来获取自身所置身其间的世界的信息。不像看和说之类的行为那样外显和主动，"听"给人的印象更多是静态的和被动的，因内隐而不易为人所重。美国传播学者斯图尔特指出，"人际传播是一种每个人都带着自身和他人的人性以说和听涉入其间的联系"。① 因此，以人际交流为本质的新闻采访，"听"和"看""问"同样重要。

（一）何为倾听

在人际交流中，听与说（回应）是相对应存在的。没有说，就没有听，但凡说，总有对象在，哪怕是自言自语，那个对象就是自己。同样，没有听（回应），说就没有动力，也无意义，但凡听，总有说在。参与人际交流的人，既是说者也是听者，形成循环往复的交流圈，缺失了听或说，就意味着交流的结束，这才是交流的实际运行状态。

与看和说一样，听是人所共具的生理功能，但在实际听的过程中，听还是呈现出层次上的差异。强调一般意义上的听或听到，听是被动的，更多是一种对刺激的生理反应。更高层次上的听是指"倾听"，是听者主动发起的意向性行为，在此意义上，"倾听"是一个主动、复杂的过程，从心理活动过程来看，包括注意、接收信息、选择和组织信息、理解信息、回应和回忆。② 所以，记者在新闻采访中，不是一般意义上的听，而是有伴随着思维运作的"倾听"，并且记者的"倾听"是

① John Stewart. *Bridge Not Walls*: *a Book about Interpersonal Communication* ［M］. New York：McGraw-Hill Publishing Company，1990：13.
② 陈锐，倪桓，余小梅. 传播心理学 ［M］. 北京：中国人民大学出版社，2020：80.

职业化的，在新闻领域要敏感于普通人的"倾听"。

上述"倾听"的概念将其运作分为注意、接收信息、选择和组织信息、理解信息、回应和回忆等环节，只是为了分析所作的权宜划分，实际环节不可能截然分明，而是一个即时而互渗的综合运作过程。以记者采访中的倾听为例，记者需要围绕报道主题有意识地倾听采访对象说的话，接收到信息后，记者需要迅速做出选择和判断，并且需要通过理解将信息进行勾连、整合以形成某种意义，在此基础上通过表达自己的意见或观点对采访对象进行回应，随后采访中倾听到的信息经过转化、重组形成基于记者加工后的某种意义加以记忆。

对记者采访中的"倾听"而言，在整个"倾听"运作过程中，每一环节都有相应的要求或需要规避的可能影响倾听效果的异质因素。比如说，对倾听信息的理解环节，记者需要有"前理解"的信息做支撑或背景，才能对倾听到的信息有正确的理解；同时，还需要规避可能的偏见或刻板印象对理解的负面影响；还要求记者学会共情，能够对倾听到的信息进行换位思考，以采访对象的立场或视角进行设身处地的理解和阐释。

（二）倾听何为

据研究，"听"在人类传播中所占的时间为42%，比说（32%）、读（15%）、写（11%）都高。日常生活中，听占的时间在60%~75%之间。① 由此可以看出，"听"在人类信息交换和信息处理系统中处于重要地位。就记者采访而言，通过倾听可以获取深度报道所需要的信息。同时，强调记者在新闻采访中要重视、学会倾听，实际上也是作为公务行为的采访的内在要求，将采访对象作为"主角"，才能挖掘出更多报道所需要的信息。

首先，记者要通过倾听来获取报道所需的信息。如前所述，记者采

① 王怡红. 人与人的相遇 [M]. 北京：人民出版社，2003：109.

访依靠向采访对象提问来获取信息，但当采访对象提供信息的时候，还需要记者能够正确地倾听，才能有效获取所需信息。在采访现场，如果记者不注意倾听，可能会造成采访效率低下。初入行的记者在后续写作阶段，往往需要进行多次补充采访，这种情况当然跟记者提问有关，但也跟记者采访时不注意倾听有关。如果说这种情况仅仅是涉及基本信息漏听，问题还不算严重。在新闻实践中，经常会出现一种情况，同一事实、同一采访现场的同题报道，报道刊发后不同媒体往往会出现报道在事实完备和主题深刻程度上的差异，有时甚至会出现不同媒体所呈现的事实相互矛盾甚至报道主题也存在偏差的情况，这恐怕就跟记者采访时的倾听能力有关了。比如，之前有媒体在报道全国人口普查数据时竟然出现数字出入，仔细比较发现一家媒体报道的中国人口总数没有将港澳台人口计算在内，这不仅仅是数字差错，而且是牵涉到比较敏感的政治问题了，究其实是该媒体记者在发布会现场没有注意倾听所致。

其次，记者要通过倾听来推进采访交流。如前所述，记者与采访对象之间的对话，不是简单的一问一答，也不是呆板的例行公事，而是富有人性的交流。因此，记者采访需要提问，更需要对采访对象的回答进行倾听和回应，采访才能够顺利进行和完成。比如，记者如果对采访对象的言说充耳不闻或者采访对象对记者的提问都报以"嗯嗯嗯""对对对"或"是是是"之类的回应，恐怕都无法使采访进行下去。既然是人际交流，没有人喜欢唱独角戏而没有听众、自说自话，这将浇灭言者的交流热情和欲望，同时，听者面无表情、无动于衷也是没有修养的表现。有学者就此指出，"倾听意味着赋权——承认对方的主体性，也意味着成就互为主体的主体间性。同时，倾听不只是于对话中了解事实、获取信息，它所成就的是一个充盈着尊重、互信、和谐的场域。在对话中，正是基于真诚倾听的意见交换而非独占话语霸权，使我们获得了相互信任、彼此尊重以及协同解决问题的诚意和勇气。"[①] 所以，记者在

---

① 胡百精. 公共关系学［M］. 北京：中国人民大学出版社，2018：176.

与采访对象的交流中，因视后者为被动的"客体"而无视后者言说或粗暴打断对方言说等，都会使采访难以持续，最终导致双方不欢而散。

再次，记者要通过倾听来发现问题。俗话说，锣鼓听声、听话听音。语言意义本身具有字面意义和隐含意义的层次之分，前者是后者的基础，后者凭前者可以进行意义延展，从而使语言的意义变得多元。这一方面可以丰富意义表达，但也会带来歧义丛生，从而给人们使用语言交流带来意义确定、理解和把握上的挑战。也因此，语言作为直接而有效的表达手段，也最容易掩饰和伪装，记者采访倾听时要不被语言迷惑，善于从采访对象的话中听出其隐含或真实的意义。再加上中国人根深蒂固的面子文化，更使语言表达上的含蓄婉转为人所推崇。因此，记者要善于在采访对象的话外之话、弦外之音中，发现问题和关节所在，这样才能做到报道准确、真实，经得起实践和历史考验，将报道向深度推进。

最后，记者要通过倾听来捕捉细节。现场采访时，记者除了要倾听采访对象的语言信息，也要注重倾听采访对象体现出来的诸如情感、态度等副语言信息。这些非语言信息往往更真实、更富有意味，有利于记者发现问题和矛盾，也有助于将采访推向深入；同时，这些通过倾听获取的非语言信息往往还可以作为细节来增强报道的鲜活性和感染力。

（三）如何倾听

记者采访时的倾听，是职业化的倾听，是一种历经长时期职业实践而形成的能力，其对记者有着特定要求，也讲求一定方法和技巧，下面对此择要而述。

首先，记者采访时要积极倾听。如前所述，从概念上讲，倾听是一种主动行为，但实践中仍然有必要强化其积极性和主动性。一般意义上的"听"或被动地"倾听"是生理感官对刺激的一种自然反应，只是自然地听到；积极倾听则要求听者主观上要有明确的倾听意识。据统计，在听后10分钟，一般人只能记住约50%的信息，而过了48小时后，就只剩25%了。① 在采访现场，各种信息是以"扑面而来"的态势同时向记者呈现和敞开的，人即时接收信息的能力极为有限，这时就需要记者做出选择，根据报道主题来明确自己需要什么信息，以便在倾听时抓住重点。因此，积极倾听就要求记者要提前做些倾听准备，对要倾听的内容有个大致框架，并预判采访对象会做出何种回应，并相应对回应做好鉴别和判断，以便推进采访深入进行。有了积极倾听的意识，记者在倾听时才会聚精会神，才会有思维对倾听的介入，倾听也才会有效。

其次，记者倾听时要关注变化。记者在采访时，要谋求与采访对象实现畅所欲言的交流，而不是生硬艰涩、死气沉沉。记者的倾听实际上是有选择的，这是由人的认知规律决定的，也是围绕报道主题进行有效倾听的要求。对采访对象言说的倾听，记者不可能照单全收，而是要有所选择，做到重点突出。同时，记者与采访对象之间的交流本身也不可能是平铺直叙的，随着交流内容的叙说和发展，其中一定会有起伏和变化的关节点。这些都要求记者在倾听时要有意识地关注交流中出现的矛盾、转折、起伏等关键点。有效的交流状态，记者要能够倾听出采访对象对问题回应时的表述变化，声音高低、急缓、果决、犹疑等变化，往往意味着特定含义，需要记者敏感地捕捉到这些变化，对此展开提问、穷根究底，不仅会深化采访进路，而且往往会有意料之外的新发现。

再次，记者倾听时要着重思考。如上所述，人类的看、说、听等基本生理功能都是综合性的运作，因此记者在采访现场倾听时，要积极地围绕听到的内容进行思考，这也是强调积极倾听的要求。记者采访时的倾听和记录，不是录音机，一定要有思考的介入，让思考与倾听结合起来，形成良好互动，互相激发，以获取更为丰富的信息，并以此为指引，开掘报道深度。记者倾听要达到"于无疑处听惊雷"之境界，没

① 李希光，孙静惟，王晶. 新闻采访写作教程［M］. 北京：清华大学出版社，2011：396.

有思考的积极运作是不可能的。

最后，记者倾听时要规避不良因素。采访实践中，记者要明确影响倾听效果的因素，并注意规避。记者在倾听时要注意自己的眼神、态度、情绪、行为等身体语言，与采访对象交流时如果心不在焉、哈欠连天、坐姿懒散、目光游移等，既没修养，又会给采访带来不良影响，有时甚至会导致采访终止。记者在倾听时，也要注意避免垄断式倾听，即以自我为中心，不断将话题引向自身，颠倒了主客、主次关系。记者在倾听时要注意避免认知缺陷的影响，比如先入之见、刻板印象甚至偏见等，以这种态度与采访对象交流，很难取得好的交流效果。记者在倾听时，还要注意规避选择性倾听的影响，虽然选择性信息接收模式客观存在，但记者要有意识地克服该模式的负面影响，采访交流是双向互动，不能凭自己的兴趣和利益对采访对象的话进行选择式处理，这样不但会影响采访氛围，后续也会影响到报道的呈现效果。

采访过程中，与倾听有关的就是"沉默"。沉默是相对于言语表达而言的，是言语的缺席状态，在人际交流中也是常见的正常现象。记者与采访对象交流，往往只注意倾听采访对象的言说，对采访对象偶尔的沉默持一种消极态度或心理，认为会影响到自身对信息的获取。其实，以言说中断形式呈现出的沉默也是人际交流中的常态。沉默就是不愿说、不想说、不知道该不该说、不知道该怎么说等，这些既是沉默的外在表现形式，也是沉默的原因。以此看来，对记者倾听而言，沉默的出现往往意味着更为丰富的信息和情感意蕴，恰恰是沉默更应该得到记者的充分关注。记者通过对采访对象的沉默情形及其产生缘由进行观察和探究，往往会有更多有意义、有意思、有意蕴的发现，从而提高倾听的质量及倾听之于采访的价值。

四、深度报道之体验式采访

体验式采访，也叫参与式采访，是指记者围绕特定报道主题和采访目的，以采访对象的身份亲身参与到后者的生活或工作中去的一种特殊采访类型。新闻工作是记者以主观见之于客观的活动，记者的角色是新闻事实的记录者和采集者，也就是说，记者是外在于采访对象的。此种情境下，记者与采访对象之间是"主体"与"客体"的关系，通常情况下，采访所获得的信息也能符合后续写作的要求，但主客体之间的交流互动因记者缺乏主观情感的深度介入而丧失了信息的"原生态"情状，而在体验式采访中，记者具有双重身份，既是采访者，在一定意义上又是准采访对象。记者在访问、观察、记录采访对象的同时，渗透着自身的"感同深受"，使得采访所获信息因更真实、更真切、更生动、更鲜活、更具有现场感、更加富有深厚的情感意蕴而更加易于引发受众的情感和心理共鸣，这正是体验式采访的魅力所在。

"纸上得来终觉浅，绝知此事要躬行"，体验式采访意在强调通过记者的亲身实践来深化对这个世界的深刻认知，同时也能够有效发挥"沟通协调"社会各阶层的传媒功能。诸如阅读、观察、访问等一般认知方式或途径，虽然也具有较好采访效果且也更为人所普遍采用，但其信息获取方式或来自信息本身作用于人们的刺激比较单一，而通过实践途径来获取对事物的认知，因来自生活实际的信息本身作用于人们的刺激比较丰富而给人更深刻的印象和感受，由体验式采访而形成的体验式报道也因此更能够与受众达成心理上的有效沟通。被誉为《中国青年报》"冰点"栏目开山之作的特稿《北京最后的粪桶》，关注了一群被城市繁华遮蔽在阴暗角落里的、普普通通又默默无闻的背粪工人。① 该报道"一炮走红"，因给读者带来感动而赢得后者一片叫好声，并由此确立了"冰点"栏目关注普通人及其日常和命运的人文基调。记者在一个零下8度的早晨，穿上旧棉衣、背上粪桶、不避脏臭地背起了粪。通过背粪，记者与采访对象建立起信任关系，拉近了与他们之间的心理距离。在与工人一起背粪的过程中，记者认真观察、真诚交流、用心感

---

① 王伟群. 北京最后的粪桶［N］. 中国青年报，2015-01-06（6）.

受，了解了他们曲折的人生经历、聆听了他们的生命悲欢，实现了对人生、命运、时代和社会的全面而深刻的认知，并以生动感人的叙事对其进行了人性化揭示，让人们因在这群背粪工人的故事中看到了自己而心有戚戚焉。由此可见，该报道成功的关键，就在于体验式采访的运用。体验式采访之优势，不仅仅是通过记者亲身参与而实现了其对采访所获信息的"原生态"感知，同时，记者也凭此与采访对象之间建立了良好的采访关系、形成了良好的采访状态、营造了良好的采访氛围，从而为实现较高采访质量提供了有力基础和保障。

体验式采访要求记者不但要"身入"，更要"心入"。如果只是蜻蜓点水式的浅尝辄止，那么所谓的体验式采访就会浮于表面、流于形式。从体验式采访的选题角度看，其重点关注的是那些一般较为辛苦、风险较大且不太为大众所熟知的行业及其从业者，比如环卫工人、挖煤工人、交警、消防员、遗体美容师等。世上没有一件工作不辛苦，记者"跨界"展开体验式采访自然要为适应新的工作状态而在体力、脑力、心理和情感等上面付出艰辛的努力。记者在体验时，"身入"并不难，更加重要的是"心入"。"心入"要求记者带着真情与采访对象"同吃同住同劳动"，在体验实践中与采访对象形成"我们共同体"，既然双方成了"自己人"，采访自然是水到渠成。"心入"要求记者摒弃"先入之见"，暂时排除既有认知"偏见"对体验实践的干扰，在实际生活的"原生态"中去感受、去发现、去认知，然后与既有认知进行对话、调整以使认知最大程度与实际相吻合，而不是去"验证"自身头脑里的既有观点甚至"偏见"。如果记者抱着"偏见"去进行体验式采访，很容易招致采访对象的心理反感和排斥，自然也就不会有好的采访效果。"心入"还要求记者具有较好的共情能力。记者在体验实践中，要善于转换角色身份，从采访对象的位置、角度、地位、立场、心理等出发，与采访对象进行交流。这样不仅能够突破自身认知和情感局限，获得不一样的感受，同时也能够赢得采访对象的心理认同，从而极大促进采访的顺利施行和走向深入。

体验式采访虽有其优势，但需要注意规避一些问题。一般来讲，体验式采访需要与采访对象做好沟通，经对方同意配合后才能够实施。强行"体验"既有可能给采访对象的正常工作带来干扰，并且也会因使后者以被"勉强"的状态接受采访而给采访带来不利。还有一点需要注意的是，体验式采访要遵法守规，记者要明确不是任何工作或领域都可以成为体验对象的，比如吸毒贩毒、卖淫嫖娼、行政执法等，这些体验行为本身即违法，不能以所谓"公共利益"之名行违法违规之实，这应该是新闻职业规范的底线。实践中，有媒体为揭露"高考替考"违法行为，自己假扮考生潜入替考组织，且体验了替考全过程。报道刊发后，引起社会各界强烈反响，在肯定该记者职业精神可嘉的同时，也对其"替考"本身的违法行为进行了质疑。因此，记者实施体验式采访要考虑周全，做到合法合规、合情合理，以充分发挥该采访方式的优势和魅力。

五、深度报道之隐性采访

隐性采访，也称"暗访"，与日常或常规的"显性采访"相对，即指记者在采访时不向采访对象亮明身份、不向其表明采访目的、采访行为不为采访对象所知（一般会使用偷拍、偷录）的采访活动。总体而言，隐性采访有三大基本特征：隐瞒记者身份，采访对象不知，秘密获取信息。[①] 以此观之，隐性采访去除了采访作为一种职业行为的公务性以避免该"公务性"对采访对象造成影响，其意在最大可能地保持信息的"原生状态"以最大程度获取事实的真相。

除此之外，作为社会性动物的人，在人生大舞台上的"表演"都希望给别人留下较好的印象，以得到正向的社会评价。为此，在人际互动中，人们都会有意或无意地进行印象管理。新闻采访是社会交往活

---

① 编写组 . 新闻采访与写作［M］. 北京：高等教育出版社，2019：131.

动，作为一种"他者"在场形成的交际情境，自然会引发采访对象自我的印象管理行为，这显然对采访所获信息的"真实性"造成一定影响。隐性采访的出发点及其所意图实现的对世界真相的把握，也与人们渴望了解和把握世界真相的内在心理需求高度契合，这也为记者实施隐性采访提供了较强的驱动力。另外，实践中，隐性采访往往用于以批评和监督为指向的调查报道，这就为记者乐于采用隐性采访这种方式获取报道所需信息提供了"公共利益"取向的心理加持。调查报道对负向信息和行为的揭露和监督，会给报道对象的利益带来损害，采访对象自然会对其进行种种信息掩盖和抵制，这也迫使记者不得不通过暗访的形式来获取信息。应该说，正是基于上述种种情状的考虑，隐性采访的优势及其被记者在实践中采用有其道理或存在"合法性"。

尽管隐性采访有上述诸多优势和实施的"合法性"，但其同样存在诸多需要澄清并避免的认识误区和问题，以扬其长而避其短。首先，作为职业行为的新闻采访具有公共性，这是传媒的性质和社会功能所决定的。因此，以隐瞒记者职业身份和采访为目的的隐性采访与新闻采访的"公共性"旨归及公开化要求和形式不符。

其次，隐性采访有违新闻伦理。就新闻采访的性质和运作方式而言，采访对象并无义务接受采访，让采访对象接受采访有赖于记者的沟通能力。这就要求记者与采访对象之间是平等的，记者要为采访对象接受采访而对其怀有敬意、谢意和尊重。而隐性采访则是记者通过对采访对象进行"隐瞒"甚至"欺骗"来获取信息，这在双方的交往伦理上显然不可接受。

再次，隐性采访涉嫌违法违规。对调查报道来讲，其采访对象很显然存在诸多违法违规行为，记者暗访往往会进行偷录、偷拍，而该行为或手段本身即违反相关法律法规，这等于是记者以正义之名进行"以恶制恶"。此种情境下，往往也会侵犯采访对象的隐私权。目的高尚，并不意味着容许手段"卑劣"。

最后，隐性采访可能遭滥用。对隐性采访最为常见的辩护是"采访对象拒绝或抵制采访"，这种辩护显然是一种错误逻辑。如果记者发起新闻采访行为，采访对象即全力配合，对记者来讲省时省力，当然是一种最理想的状态。但新闻采访是一种职业行为，不是特定权力规范的制度化行为，记者无权强制采访对象接受采访，而是要靠记者通过专业手段与采访对象进行交流、沟通以说服其接受和配合采访的。因此，动辄以"采访对象拒绝或抵制采访"为由为隐性采访辩护的解释是站不住脚的。如果放任对隐性采访的节制和规约，其很容易遭滥用。长此以往，势必会对记者的采访作风和新闻专业规范造成损害，以此作为掩盖自身采访能力不足的借口。

如前所述，隐性采访自有其诸多优势，理应为深度报道所采用，但要严格遵循和恪守一定原则和底线，即总体上将隐性采访视为例外而非通则。采访实践中，有些重大选题关涉公共利益，但确实穷尽各种正常手段仍然无法实现采访突破，隐性采访乃"不得已"而为之。应该说这种情境下的隐性采访，勉强能够接受，但也要严格遵循一定的审批规则和程序，以避免其遭滥用。

其实，深度报道实践中，隐性采访并非仅仅用于具有负面指向的调查报道，在正面新闻报道或主旋律新闻报道中，隐性采访的使用却可被视为一种新闻报道创新，且能够实现较好的传播效果。1996年，《工人日报》刊发了典型人物报道《北京有个李素丽——21路公共汽车1333号跟车记》，记者是在屡次接触采访对象而不得的情况下，干脆跟乘李素丽所工作的21路公交车对其服务进行现场观察，获取了大量生动、鲜活且感人的素材，为塑造典型人物的典型形象打下了基础。① 跟车过程中，记者同样没有向采访对象亮明身份和表达采访目的，实际上这种采访方式就是典型的隐性采访。

---

① 郭萍，吴晓向. 一个永久的话题：新闻的客观真实性——《北京有个李素丽采写札记》[J]. 写作，1997（5）：21-23.

综上所述，深度报道采访主要采访方式及类型包括观察、访问、倾听、体验式采访和隐性采访。为方便论述，上述对其分别进行了探讨。其实，具体到深度报道采访实践，它们很难被截然分开，对其选择和运用要依采访实际情境和状况而定，并无一定之规。

第五章

深度报道写作

新闻的基本功能在于迅速传播信息，因此一般新闻写作具有大体固定的写作模式，以便于实现新闻的信息传播功能。而对深度报道来讲，如前所述，除了内容丰富和主题深刻之外，深度报道的内涵还包括文本呈现的要求。也就是说，相对而言，深度报道在叙事上更有发挥空间。这就要求深度报道的写作，要遵循叙事规则，讲求主题凝练、谋篇布局和语言修辞。

第一节　深度报道主题

同样与致力于信息传播的一般新闻不同，深度报道写作需要提炼和确立主题。报道主题或思想是深度报道的灵魂，主题深刻也是深度报道的内在要求。在长期的深度报道实践中所形成的深度报道主题确立的原则和方法，应为深度报道从业者所遵循。

一、深度报道主题解读

文以载道，但凡做文章，总是要有个明确的主题，总要传达某种思想或观点，这是做文章的常识。新闻也不例外，尽管并非每条新闻都要特意表现某个主题，但就深度报道来讲，是一定要有主题或思想传达的，否则传媒在社会结构中的种种社会功能将无所依凭、难以发挥。如前所述，深度报道一般规模较大，具有较为明显的叙事特征，材料多且杂，如果没有主题统领和贯穿，报道将形同散沙，因杂乱无章而不明所以。再则，主题深刻也是深度报道的内在要求并成为其一种显著的报道特征，否则深度报道的"深"也将名不副实。

简单来说，所谓深度报道主题，就是其所要传达的思想或观点。实践中，很多人对主题认识不足，混淆了题材和主题之间的关系。比如当面对"稿子主题是什么"这个问题的时候，很多记者往往脱口而出："这个稿子是讲工业的！"很显然，这是答非所问，原因是回答者不明白主题和题材分别为何或对二者的关系没有明确的认识。从表现形式上讲，主题是宏观的、是抽象的、是虚的、是"面"、是内蕴的；而题材则是具体的、是实的、是"点"、是显在的。比如，社会主义核心价值观作为报道主题，它就是高度抽象的；而现实社会中存在难以计数的能够表现该主题的具体事实，在这个意义上讲，二者也是"面"和"点"的关系。作为新闻的一种体裁或报道形式，深度报道的主题是通过具体事实的叙事来呈现和表达的，而不像新闻评论那样"直抒胸臆"地对主题进行直接宣示，这也是新闻报道"用事实说话"这一最基本写作原则的要求。

题材和主题的关系是：主题是题材的统帅，要围绕主题进行选材；题材是主题的支撑，主题从题材中来。由此可见，主题和题材之间的区别还是很明显的。就深度报道来讲，题材是横向的时空维度的拓展，主题是对题材的抽象和升华；题材的择取以服务主题表达和呈现为衡量标准，题材支撑主题，反过来主题统帅题材。比如《河南日报》刊发的深度报道《担保业"井喷"后的担忧》，[①] 报道题材涉及全省担保业发展的"井喷"态势、担保业运行过程中的种种乱象、担保业存在的原因、监管部门的行为等，但其主题就蕴含在报道事实的叙述之中，报道

---

① 闫伊默. 担保业"井喷"后的担忧［N］. 河南日报，2010-02-09（9）.

意在通过新闻事实揭示担保业无序发展给相关利益群体带来的潜在风险，以此引起相关部门和社会舆论的关注，其要传达的核心主题即是"保护人民利益"。担保业表面繁荣的背后，其实是暗流涌动，而行业崩盘的后果一定会损害资金链条终端的老百姓的利益，进而给社会正常稳定运行带来风险和挑战。

综上所述，深度报道写作过程中，主题提炼和确立就极其重要，一定程度上决定着报道成败和传媒功能的实现与否。深度报道一旦主题存在认识偏差甚至错误，基于我国社会主义新闻事业的性质和地位，就会对社会造成恶劣影响。因此深度报道写作应充分重视主题提炼和确立，这是报道得以完成的前提及有效发挥社会功能的前提。

二、深度报道主题确立原则

原则是纲，纲举目张。明确深度报道主题确立原则，能够为深度报道采写实践提供方向性指引。基于我国传媒性质和定位及深度报道实践，宏观上深度报道在确立报道主题时一般要遵循以下原则。

（一）深度报道主题要正确

所谓正确，即是主题符合事物的本质、符合马克思主义基本原理、党的章程和纲领、党和政府的方针政策、社会主义核心价值观等较为宏观的要求。这些原则要求既是价值观，也是方法论，是衡量深度报道主题正确与否的标准。2015 年，负罪潜逃 16 年的犯罪分子石某被抓获，引起社会公众关注。1999 年，石某在郑州伙同他人抢劫银行得逞并致人死亡。随后，石某隐姓埋名，用抢来的赃款投身房地产业大获成功，摇身一变成了亿万富翁。有了钱，石某洗白了身份，还经常做慈善，还成了当地的政协委员。从叙事角度讲，石某经历富有传奇色彩，极易吸引人们的眼球。随后，有两家报纸不约而同地对此事进行"重磅"关注，推出通版报道，对石某进行专访，对其传奇经历进行绘声绘色的描述，内容着重于石某干事创业的才能，突出其对当地经济社会发展所做的贡献，还对其当年抢劫银行的动机进行有意突出：当年是包工头欠工资不给，求告无门、走投无路才抢了银行。对石某抢银行并杀人的犯罪行为一笔带过。该报道所传达的主题和导向很明显是错误的，给社会价值观带来恶劣影响，也在一定程度上消解着人们的法治观念和法治信仰。正确的报道主题应该是宣扬法律的正义，而不是罔顾基本是非、把一个罪犯写成"创业典型"，报道荒谬至此，记者应该反思。

除了上述比较明显的错误主题之外，深度报道主题不正确更多地表现为不同程度的偏差或不准确。严格来讲，"不准确"就是错误。对特定主题表达来讲，如果其所依凭的事实本身不周全、不完整，不能够使主题获得充分的支撑和说明，此种情形最典型的表现就是"以点带面"。其实，这里的"点"强调事实本身要有典型性，在支撑主题上能够具有充分性和有效性，但常见的造成深度报道主题确立出现偏差的"点"却仅仅是单一的、偶然的事实，此种偶发事实除了能够代表自己之外，什么也说明不了。比如，某农民在省内第一个在家里装了互联网宽带，媒体报道该事实的新闻标题则为"中国农民进入互联网时代"。应当承认，该事实与特定主题是高度契合的，但并不意味着其就能够对后者形成有力支撑，出于急迫的功利化考虑，将刚刚发生甚至说其萌芽也不为过的单一事实，揠苗助长到如此高度，终使主题因凌空蹈虚而变得谬以千里。对事实的认知和把握不准确使深度报道主题沦落至此，如将其归咎于记者的认知能力或水平低下，显失公平；究其实，则更多是由于记者不尊重新闻报道规律所致。

深度报道主题正确还要求主题鲜明、不模糊。深度报道主题鲜明强调其所传达的立场和态度是明确的，是即是、非即非，不能够模模糊糊、似是而非或是非而是。否则，报道会让受众感到困惑不解，不明所以、手足无措。如此，深度报道的诸多功能就不太可能得到发挥或实现。此种情形，其实也是主题不正确的表现。之所以如此，很大可能跟记者对事实的认知能力有关，即其在透过事实探究其背后实质上的洞察力不够。

（二）深度报道主题要深刻

主题深刻是深度报道的基本要求，也是深度报道自身之所以成立的表征。所谓深刻，就是要揭示事物的本质或无限接近事物的本质。应当承认，报道主题是有深浅之别的，其原因在于不同记者对世界的认知水平存在差距，当然也跟传媒的性质和要求有关。著者曾就电影《一九四二》做过深度报道，即《在遗忘的历史中，寻找微弱的光芒》。① 该报道围绕《一九四二》的探讨，实际上意在传达"历史记忆之于和平时代的意义"这一重大主题，并就"历史上 1942 年大灾之中民众的表现为后世所争议"这一现象，提出正确对待"生存和大义"关系的历史观。与同时期其他媒体围绕《一九四二》所做的娱乐化报道以及组织重走 1942 年灾民逃难路以强化现场感等报道相较，主题确立显然更具深意。

深度报道主题要深刻，还体现在其主题要旨站位高远，能在更高层面上找到新闻事实所蕴含的政治宣教、思想引领、文化传承、道德弘扬等主流价值，以有力履行传媒"围绕中心、服务大局"之职责使命。新时代背景下，随着经济社会的飞速发展，我国城乡差距不断缩小，农村面貌也日新月异，但长时期存在的结构性"三农"问题也呈现出新的复杂性，农村"空心化"趋势并没有得到根本扭转。乡村振兴，利国利民，对建成中国特色社会主义具有关键意义。深度报道《推动各类人才在乡村大显身手》，反映了现代农村"'土专家'变身农艺师、村里来了规划师、民宿管家成了新职业"的新人物、新职业、新事物、新现象，其主题深刻之所在则是回应了中央"乡村全面振兴，关键在人"的政策导向和重大战略。②

谈及报道，往往会说视角比较新颖，实际上报道主题也存在新旧问

---

① 闫伊默. 在遗忘的历史中，寻找微弱的光芒 [N]. 河南日报，2012-11-26 (7).

② 常钦. 推动各类人才在乡村大显身手 [N]. 人民日报，2024-07-12 (18).

题。深度报道求新，也包括主题的新鲜。在此意义上，主题新也是深度报道主题深刻的表现形式。《河南日报》刊发的深度报道《一个山区小镇"国学实验"》，在主题确立上就体现出一定的新颖性。[①] 该报道讲述了豫南某镇在全镇推广国学的做法及成效：学校推广国学，利用学生影响家长；机关事业单位推广国学，让干部职工做社会表率；在社会面上推广国学，营造氛围；促进民风好转等。报道意在传达国学介入农村基层社会治理（或者文化润民）的可能性。与一般谈及国学要么视为传统文化瑰宝，照单全收；要么视为文化糟粕，唯恐避之不及等主题相较，该报道主题实现了一定程度的创新。

（三）深度报道主题要以人为本

总体上看，人类实践的目标和宗旨就是要建造一个能够让每个人都能够"诗意栖居"的世界。在这个世界里，每个人都能够将先赋的潜能充分地展现和发挥出来，以实现丰满而充盈的人性彰显，其核心要义即是"以人为本"。在此过程中，传媒通过专业运作为人类美好世界的营造提供有力加持，"以人为本"自然应是其应有之义和安身立命之灵魂。我国传媒既是党的传媒，也是人民的传媒，坚持"党性和人民性相统一"是其根本原则。新闻学是人学，传媒运作根本上也是"为人"。所以，深度报道主题贯彻"以人为本"，就是要关切人民利益、关心人民命运、关注人的生存价值。实践中，很多深度报道都很好地体现了人民至上、以人为本的主题。

深度报道《"圆桌庭审"彰显法律"柔情"》就是从日常工作之细微处发掘出了重大人文主题。[②] 谈及法院，给涉讼当事人及庭审现场旁听者的印象就是庄严肃穆，意在彰显法律的神圣和威严。漯河市中级人民法院则在全国较早对民事诉讼的审理做了改变，采取"圆桌庭审"的做法，即有条件地由原告、被告和法官三方围圆桌而坐进行庭审，审

---

① 闫伊默. 一个山区小镇的"国学实验"[N]. 河南日报，2013-11-15（5）.

② 闫伊默. "圆桌庭审"彰显法律"柔情"[N]. 河南日报，2010-07-08（13）.

判现场气氛亲切活跃，当事人各抒己见、畅所欲言，给人感觉像开座谈会。推行"圆桌庭审"，更多的是考虑到一般民事纠纷都发生在熟人之间，如果"丁是丁卯是卯"地"公事公办"，尽管能够通过法律解决掉问题，却不一定能够助益和谐社会的建构。熟人社会中，社区成员之间的纠纷往往都是为争面子而意气用事，并非真心要"置对方于死地"。由法官主持、通过"圆桌庭审"的氛围营造，一般都能够通过调解把问题圆满解决，且能够使当事者不失和气。该报道通过法院庭审细节的调整，意在传达法律的人文意蕴。

深度报道以人为本还突出地体现为对社会弱势群体的关注。基于先天禀赋、后天所拥有的资源条件及个体努力程度等存在差异，每个人的生存状态存在层级是客观现实。因此，以人为本更多地关注社会底层的生存状态和命运，就是其应有之义，且更能够彰显其人本内涵和精神。比如关注社会边缘或特殊群体、关注结构性社会问题等，这些主题的深度报道一般都能够取得较大社会反响。前段时间，某平台发布了一篇名为《留守儿童：被牺牲的6100万，现在长大了》的深度报道，讲述了几个有着幼时留守经历的人的命运故事，引起广大网民关注、讨论和转发。留守儿童是中国特定社会发展阶段产生的结构性问题，短时期内不可能被彻底解决。该报道打破常规报道思路，另辟蹊径，关注的是长大之后的留守儿童，意在探究该群体的当下生存状态与其曾经的留守经历之间的命运逻辑。报道将人文关怀蕴含在平静的叙述之中，揭示了渺小个人面对被时代洪流裹挟的无奈，读来让人不胜唏嘘。

还有一类深度报道，其主题确立在更高层面关注人与自然或宇宙之间的互动关系，由此引发对人类生存意义的哲学反思，具有更为深厚的人文意蕴。比如个别关于"移民"的深度报道，其主题不是着眼于移民工程的意义、不是为移民决策做造福于民的确证，也不是关注移民"故土难离"的传统文化心理和情感，而是去关注大规模移民所造成的生态对自然的影响、对人与生存其间的原生环境之间的心理和情感互动以及对人们生存状态和价值的冲击性影响。

三、深度报道主题确立方法

遵循上述原则，深度报道主题确立可以运用以下方法进行。方法是工具，无优劣好坏之分，关键是要根据实际情况灵活选择最适宜的确立和表现主题的方法。

（一）由"面"到"点"确立主题

这里的"面"是指宏观和抽象的"主题"，"点"是指具体的事实和素材。所谓由"面"到"点"，是指一类主题确立方法，即直接确立某个主题，实际上不存在主题提炼问题，而是直接从众多主题中选择确定即可，然后循此主题进行典型素材的拣选。一般写文章，讲到主题时往往强调要让主题从事实中自然显现，而不要"主题先行"，以避免生硬地"图解主题"。这种观点实际上说的是文学意义上的主题呈现方式问题，不是新闻报道确立"主题"的问题。在深度报道实践中，"主题先行"是一种常规做法，尤其是围绕党和政府中心工作策划实施的大量主题宣传报道，大多采用这种方式，并且其对完成报道和实现宣传目的，效率极高。

"手中有粮，心中不慌"，尤其对有着14亿人口的中国来讲，粮食安全不仅仅是"保吃饭"的问题，更是具有战略意义的问题。时值7月，全国夏粮采收完毕，有关数据显示"2024年夏粮播种面积保持稳定，单产有所增加，夏粮产量2996亿斤，比上年增加72.5亿斤，增长2.5%"。基于上述背景，主流媒体有责任就此展开重大主题宣传，以增强人们对粮食问题重要性的认知，提高对粮食安全问题的重视度，为促进我国"粮食生产、确保粮食安全"营造良好的社会舆论氛围。围绕上述主题，深度报道《今年又迎丰收时》从"一份分量十足的答卷：夏粮产量实现增长，单产有所增加；一份成色十足的答卷：坚持藏粮于地、藏粮于技，不断提升粮食产能；一份含金量十足的答卷：健全种粮农民收益保障机制，让种粮也能够致富"等三个方面对前述主题进行了解读和阐释。① 报道展示了我国夏粮丰收的成就，并着力探究了该成就背后"藏粮于地、藏粮于技"的战略支撑，并强调指出保障粮食安全的根本目的在于"让农民获益"。

此种情境下，深度报道往往是围绕某特定主题到现实生活中去寻找支撑该主题的题材，以完成传达和宣扬主题的任务。需要注意的是，依据某种主题到现实中去寻找素材，要对素材与主题之间的"匹配度"进行慎重考量，避免为了"主题"而拔高、扭曲甚至不惜"制造"事实等严重违背新闻伦理的做法。况且，在深度报道实践中，为了弘扬"主题"而裁剪甚至罔顾事实以削足适履，往往会弄巧成拙，进而招致受众的心理逆反和抵制。

深度报道确立主题时，"主题先行"找素材，素材的拣选也有一个方向性问题。就所要呈现的同一报道主题而言，素材本身有正向、负向之分。正向素材重成绩、重优点，负向素材重缺陷、重问题，这在任何事实中都是一种客观存在。那么要不要负向素材？或者如何处理两类素材之间的关系？要从主题表达的效果考虑。当然，深度报道要坚持"以正面宣传为主"，但从客观实际和履行传媒责任的角度考虑，并非对实际存在的问题就报以"鸵鸟态度"，视而不见、充耳不闻。从深度报道实践看，如果意在揭示问题以发挥传媒"环境监测"功能，那么负向素材自然首选，但要考虑"度"的把握和有可能引发的社会效果，恪守"帮忙而不添乱"的报道宗旨，坚持正确的舆论导向。

（二）由"点"到"面"提炼主题

由"点"到"面"提炼出主题，是指从具体的事实、问题或现象出发，将其置于大局中去审视，发掘其所蕴含和能够支撑的重大主题。这种由"点"到"面"的主题确立路径，需要不断地将"点"上的内

---

① 王浩，郁静娴，李晓晴. 今夏又迎丰收时［N］. 人民日报，2024-07-13（3）.

容与"面"上的主题相关联,用"面"上的主题来考察"点"上的内容,最终提炼出具有相当深度的主题,其间要经历一个"去粗取精"、披沙沥金、层层推进的过程。

深度报道《高考重压下的面孔和声音》,其主题提炼就遵循了由"点"到"面"这一方法路径。① 时值一年一度的高考前夕,该报道的"点"即是全国高考背景下河南考生、家长和老师的备考及相关情况。如果是为了"应景",基本上报道内容就是如此,其报道主题也无非是河南考生备考的艰辛,或者再深一层即河南考生"上大学难"等。为深化主题,记者继续向深度掘进,以比较视野将河南"高考难"放到全国各省份高考背景下去审视,并最终提炼出整个河南对高考公平正义的呼唤和期待。相较于同类报道,该报道的主题在深度上得到了提升。

其实,深度报道"由点到面"提炼主题的路径,有一个前提,即记者要熟悉作为党和政府工作"大局"的"面"。记者只有胸怀全局,才能以"面"为"探照灯"探测、捕捉到能够支撑和反映"面"的"点",即具体而典型的事实,绝不是让记者沉溺于"点"为其能够反映什么"面"而想破头皮。记者熟谙全局,在社会实践中发现和捕捉能够反映特定主题的事实就会游刃有余,进而将事实与其所契合的主题准确关联起来就会显得水到渠成。2016 年 11 月,网上突然爆出"高颜值手术笔记",字迹工整、图文并茂,随着网络炒作,笔记的作者、一位年轻的女护士,也被网友誉为"最美女护士"。在网民狂欢的同时,江西日报记者却清醒而敏锐地意识到,这本"高颜值手术笔记"蕴含着重大报道主题。随着采访的深入,记者挖掘到这是一个优秀医护团队几十年如一日对业务精益求精的故事,其中蕴含的代代坚守和传承的精神气质恰恰与当时党中央、国务院在全社会大力倡导实施的"工匠精神"相契合。由此立意,深度报道《"网红手术笔记",折射坚守40年的工匠精神》对上述团队及其坚守的"工匠精神"进行了深度挖掘、

---

① 闫伊默. 高考重压下的面孔和声音 [N]. 河南日报,2013-06-06 (11).

阐释和呈现。① 其时，2016年"两会"期间，当时的李克强总理提出要"培育精益求精的工匠精神"。如果记者没有这种大局意识、对当时党和政府工作大局不甚了了，就不太可能适时抓住这种网络炒作的事件。这一点，从网络和江西日报对该事件报道的差异上也可以显现出来。

与由"面"到"点"确立深度报道主题路径相同，循着由"点"到"面"路径确立深度报道主题，同样需要注意一个问题，即"点"之于"面"的典型性、支撑度问题。强扭的瓜不甜，不能为了主题表达而对所依赖的新闻事实进行任意拔高，理想境界应该是"点"与"面"的高度契合，两者能够相互成就、相得益彰。

（三）通过对比凸显主题

人无法直观自身，自我意识的形成有赖于自身与他者的对照。与此类似，事物本身无法通过自我观照以显现自身优劣高下，只有通过对比才能够形成对自身的理性认知。俗话说，"不比不知道、一比吓一跳"。通过与他者对比，人们可以见出自己的优势和不足，从而超越自我局限，达致新的境界。作为一种思维方法，对比就是将人、事、现象、问题等对比物进行相互比较或对照，以此发现异同，进而引发其形成之缘由或背后之本质。因此，通过对比来发现和凸显主题就成为深度报道主题确立的有效方法。

首先是通过横向对比来凸显主题。这里的"横向"，更多的是强调对比之人、物、现象、问题等具有性质上或空间上的"同类性"，并以此来发现、选择和确立更为深刻的报道主题。深度报道《农村家电，谁来维修？》，反映了根本上由农村地域广阔且农民居住分散的客观事实而带来的农民家电维修难的困境，其主题确立就是采用了"同类对

---

① 兰天，王少君，吴志刚. "网红手术笔记"，折射坚守40年的工匠精神［N］. 江西日报，2016-11-19（1-2）.

比"的方法。① 记者由城市家电维修存在的问题，想到随着经济社会发展，再加之"家电下乡"政策的施行，农村家电越来越普及，也必然会存在维修问题。如果以"城市家电维修"为选题，其主题也就是一般意义上的服务性主题。如此，也不是不能报道，也不能说报道价值不大，但城市家电维修问题似乎也没那么严重。如果以"农村家电维修"为选题，因涉及农民这一身份特殊而又庞大群体的切身利益，其主题就不仅仅是服务性主题了，而是提升到更深层次的"为人民服务"主题。当然，为城市居民服务也是为人民服务，但不如农民更有代表性和说服力。同样是"家电维修难"，将城市与农村进行对比，记者发现了更值得报道的对象，也确立了相对更有深度的主题。

其次是通过纵向对比来凸显主题。纵向对比强调从时间维度将事物发展的历史与当下进行比较，以见出有价值的变化来凸显特定主题。马克思唯物主义新闻观认为，变动或变化产生新闻。因此，以历史眼光从变化中去发现能够反映特定主题的新闻事实，就成为深度报道运用对比来发现和确定报道主题的有效路径。深度报道《"小田变大田"引出"农田四变"》反映了"一场围绕'田'的改革在马鞍山落地、生根、发芽"的农村土地改革。报道开篇写道："这块位于安徽省马鞍山市的圩田叫大公圩，圩田面积30多万亩，有'江南首圩'之称。而如果有一部高空摄像机，能跨越时空记录大公圩的变迁，那么影像之初，将是三国时期的修圩，也就是围湖造田。一千多年后，整块圩田被分成小块，'包产到户'的农民在其间垒起田埂。又过了几十年，田埂被推平，小田连成大田，大型农机往返耕种。"② 报道通过马鞍山农村土地改革的历史变迁，对关键节点的典型改革举措及其带来的巨大成效进行了纵向对比，与中央强调的"要处理好农民和土地的关系"的农村土

---

① 闫伊默. 农村家电，谁来维修？[N]. 河南日报，2012-08-01（8）.
② 李竞涵，孟德才. "小田变大田"引出"农田四变"[N]. 农民日报，2022-09-13（8）.

地改革精神与旨向高度契合，取得了较好宣传效果。

最后是通过正反对比来凸显主题。从哲学上讲，世界是矛盾的，矛盾的两极——性质上的正与反相对应而存在，而且正与反在一定条件下可以相互转化。深度报道《"双喜"回家》对来自辽宁的全国知名品牌"双喜"压力锅"离开辽宁—珠海复兴—重回辽宁"的发展轨迹进行了报道。① 当年因发展环境和企业内部管理问题，"双喜"选择了"东南飞"；重振辉煌后，今天"双喜"又选择了"东北归"。"双喜"发展变迁、选择的背后，折射出辽宁经济社会发展成就斐然、营商环境不断优化的现实，而这显然是国家大力推进东北振兴、辽宁谋求振兴突破的结果。由此，《"双喜"回家》正是通过上述"双喜"品牌历史发展的正反转化及对比，以一个企业个案之"小"反映了宏观主题之"大"。

正与反是就事物性质而言的，正与反各自在程度上的差异，体现为矛盾的激烈程度。一般来讲，比较缓和的矛盾就是反向事实，激烈的矛盾就是冲突事实，这两种类型都可以通过对比来凸显主题。深度报道《农田小水利现状扫描》就采用了这种对比方法来确立报道主题。② 记者由一时情况比较严重的干旱这一事实出发，探究为什么抗旱灌溉不力的原因。通过调查，记者发现全省农田小水利设施损毁废弃严重。记者继续"顺藤摸瓜"，发现小水利设施损毁严重的原因则是多方面的：农民种地不划算、农村"空心化"、政府投入不足、国家有关政策调整等，而这些问题与基于河南作为农业大省的战略定位而对粮食生产极端重视形成矛盾，通过对比，最后确立了"为确保粮食生产安全，政府应该承担更多责任"的报道主题。

（四）转换角度深化主题

横看成岭侧成峰，远近高低各不同。这里的"横""侧"和"远近高低"，就是人们在看待和观察事物时所处的方位，由此形成观察者和

---

① 田学礼，刘立纲，等．"双喜"回家［N］．辽宁日报，2022-11-02（1）.
② 闫伊默．农田小水利现状扫描［N］．河南日报，2011-03-08（13）.

观察对象之间不同的角度。角度不同，所观之物在观者眼中不但所呈现的面貌、形象不同，其所承载和引发的意义也有差异。就深度报道而言，道理亦然，完全可以通过转换角度来审视新闻事实，通过比较不同角度所获认知以确立符合传播目的的不同主题。比如一篇关于"组织为一名被诬告的干部澄清正名"的报道，其所传达的主题是在干部管理工作中要坚决落实实事求是的作风。长时期以来，很多地方只要公职人员引发舆情，组织部门往往不问青红皂白，"快刀斩乱麻"将涉事干部就地免职。即使后续调查确认涉事干部并无责任，该干部所受处罚的影响也无法消除，此举极大挫伤了干部积极作为、敢于担当的积极性。但就"组织为被诬告干部澄清正名"这一事实而言，报道主题也可以确立为对某些地方干部管理工作长期违反实事求是的作风进行反省和批评，如此立意或许更为深刻。从宣传角度而言，前述报道主题显然是坚持了"以正面宣传为主"，为此舍弃了报道事实本身所蕴含的以批评为取向的视角。

深度报道在确立主题时，取不同角度审视新闻事实，其所见不仅内容不同，主题亦有深浅之别。作为我国重要的传统文化节日之一的清明节，因其纪念介子推之文化渊源被国人视为祭奠先人亡灵的祭日，且一向为国人所重。作为俗话说的"鬼节"，清明节自然会让人想到死亡，而崇生讳死又是国人深厚的文化心理。方死方生是人类存在之客观规律，但死亡的不期而遇性让人们可以选择"暂时"地无视它。日常生活中，人们将"死亡""置之度外"，好像仅仅是提及它就会给人带来死亡降临之不祥，充分彰显了语言的魔力。于是人们无视死亡的客观存在，心无旁骛地沉浸在俗务中以排解对死亡的言说和恐惧。

就新闻报道而言，作为仪式化的常规报道，常见的涉及清明节的报道主题不外乎是人们祭祀先祖以寄托哀思且祈求佑护、清明踏青传统下人们对俗世欢娱的追逐、旅游经济、交通拥堵等。而深度报道《在北京，2000万种死法》却对上述常规主题进行了颠覆，报道对与死亡有日常直接接触的消防员、公交司机、120担架工、医院太平间守护人、火葬场焚尸人、运送遗体的司机、追悼会司仪、遗体化妆师、殡葬从业者、守墓人等采访对象的所见、所为、所思进行了反映,将一向为人们心理上唯恐避之不及的"死亡"拉回到现实,把"死亡"直接呈现给人们,让后者退无可退、无可回避地直面"死亡"。① 报道刊发后,人们在社交媒体上疯狂转发,引发强烈社会反响。就主题确立而言,该报道即采用了角度转换之法,获得了不同凡响的传播效果。如上所述,正因为人们具有深厚的崇生讳死文化心理,报道主题确立偏不愿顺应这一文化心理,却反其道而行之,让人们直面死亡、审视死亡、思考死亡,以反思生之意义。孔子曰:不知生,焉知死。报道对其进行了视角转换,强调"不知死、焉知生",给向来死亡教育匮乏、缺失的国人上了一场生动的"生死课"。就报道专业性而言,此主题确立显然非前述常规清明节报道主题可比。

深度报道主题确立还有一种常见的视角转换,就是从"受众"或"报道对象"的视角来审视新闻事实以实现报道主题的深化。如前所述,新闻报道是要给人看的,考虑受众需求是其应有之义,这也是传媒履行社会责任、实现传媒社会功能的前提。深度报道实践中,将视角从"传者"转向"受众",强调报道所涉内容或举措给受众或公众带来的利益,不仅能够增强报道吸引力,也是报道主题深化的表现。2021年10月,聚焦广大货车司机反映的停车休息难等"烦心事"、城市通行难等"操心事"、路面执法不规范等"揪心事",交通运输部等16个部门联合印发了《关于加强货车司机权益保障工作的意见》。深度报道《同行1800多公里,跟着货车司机跑长途》不是简单地从国家相关部门的角度去反映政府为广大司机做了什么,而是以体验式采访的方式记录了

---

① 钱杨. 在北京,2000万种死法 [J]. 人物,2014 (4): 122-136.

司机从政府相关举措中实实在在地获益了什么。① 通过视角转换，记者超越了做政府的"传声筒""代言人"角色，与广大司机站到了一起，拉近了政府与群众之间的心理距离，增强了报道的吸引力和感染力，也因其直接关注了群众切身利益而深化了报道主题。

综上所述，深度报道主题是报道的灵魂，引领着选题确定和素材选择，也决定着报道的社会效果。重视主题确立、遵循主题确立原则、充分运用主题确立方法，对深度报道的正常运行具有重要意义。

第二节　深度报道叙事

叙事是语言、文学等学科领域的一种重要理论体系，广义上讲任何文本或话语都是一种叙事。罗兰·巴特就此指出，"世界上叙事作品之多，不计其数；种类浩繁，题材各异，对人类来说，似乎任何材料都适宜于叙事。"② 而所谓叙事学研究，就是"在对意义构成单位进行切分的基础上，探讨叙述文本内在的构成机制，以及各部分之间的相互联系与内在的关联，从而寻求叙述文本区别于其他作品的独特规律。"③ 将叙事理论运用于新闻文本除了可以丰富新闻写作的表现手段，也可以更好地揭示文本所蕴含的话语或权力本质。

简单来说，所谓叙事即是对世界的语言或话语呈现。新闻是对事实的呈现，就纸质媒介而言，原初事实需要用语言进行叙述，其意义才能被认知并得以传达。本节主要就深度报道叙事的基本规范和要求进行论述。

---

①　乔栋. 同行 1800 多公里，跟着货车司机跑长途［N］. 人民日报，2022-02-07（16）.

②　张寅德. 叙述学研究［M］. 北京：中国社会科学出版社，1989：2.

③　谭君强. 叙事理论与审美文化［M］. 北京：中国社会科学出版社，2002：1.

一、坚持"用事实说话"

谈及新闻，第一反应就是：新闻是真实的、客观的、公正的等，承载着社会公众的理想和期待。新闻职业安身立命的基础就是传播信息，但新闻并非超然存在。新闻是对人类社会的反映，并内嵌于特定社会结构，不可能不受系统结构的影响，并且作为思想和精神内蕴于信息的生产者和传播者，新闻业也不可能不被各种社会权力主体所征用。因此，被西方新闻业奉为圭臬的所谓"新闻客观性"只是一种理想或理念。但历经数百年的运作实践，面临现实社会各主体间的角力，新闻业秉承客观性理念并形成一套成熟的操作规范以坚守自身独立的公众形象，因此所谓的新闻客观性既是一种理念，又是一套方法论，即为业界耳熟能详的"用事实说话"。有学者就"用事实说话"和"新闻客观性"的关系指出，"严格地说，客观性报道的形式与新闻业的客观性规范，在意涵上稍有不同：前者是一种报道的呈现方式，后者则是专业的理念、守则。"①

新闻的基本功能是信息传播，其他社会功能的实现以此为前提，但选择哪些信息进行传播却有一定的标准，新闻价值和宣传价值是选择的主要标准和依据，而这些标准的形成往往具有特殊意味。因此，一般而言，新闻总要通过传播特定事实或信息而传达某种主题或观点，即"用事实说话"。对于动辄几千字的深度报道而言，若非如此，则显得莫名其妙。毛泽东说："我们反攻敌人的方法，并不多用辩论，只是忠实地报告我们革命工作的事实。"② 有学者认为"用事实说话"是新闻写作规律，也有人认为"用事实说话"是写作形式，还有学者认为"用事实说话"不是规律，而是宣传手段。不拘泥于"用事实说话"所属范畴，其作为基本操作规范为新闻行业所遵循却是客观存在的。

---

① 彭家发. 新闻客观性原理 [M]. 台北：三民书局，1994：61.
② 毛泽东新闻工作文选 [M]. 北京：新华出版社，1983：5.

　　不同于通讯报道和报告文学等体裁，深度报道总体叙事规范可以归结为"用事实说话"，尽管其容纳了描写、议论、说明、抒情等多元表达手段，但"用事实说话"的规范则一以贯之，并且形成深度报道叙事的总体特点。前述深度报道《山区农村"撤点并校"调查》在开头部分叙述了记者去山区一教学点的情形：

　　10月20日上午8点，记者从昊宝出发去阳店镇南部山区的纸窝村小学采访。过了阳店镇，再往前行便进入山区。由水泥铺就的山路依山蜿蜒，路的另一侧便是崖谷或者山地。路不宽，勉强能够错车通行。再加上弯多坡陡，车行起来有点让人提心吊胆。

　　9点半，经过一路颠簸，记者终于赶到了纸窝小学。小学就在路边，背靠大山，坐北朝南。说是小学，其实更像一个农家小院。院子里是水泥地，一溜平房的白色墙壁和红色屋顶在阳光下有些晃眼。

　　这段叙述，看似闲笔，实际上意在表达"如此偏远的山区教学点没有被撤销，正是反映了国家要求的'因地制宜'撤点并校"。这也是一种以"客观"的形式来"说话"即表达主题的方式。

　　深度报道叙事还可以通过展示背景资料来"说话"。前述深度报道《农村家电，谁来维修？》里提供了背景资料，其意在表达"农村家电维修难问题突出，亟须重视"：

　　有关统计显示，2011年我国家电行业销售额达到1.2万亿元，同比增长11%。从2007年12月至2011年11月30日国家实施家电下乡政策期间，我省累计销售家电下乡产品2830万台（件），销售额640亿元，发放补贴近70亿元，销售量、补贴额均居全国首位，1700多万农户从中受益。仅2011年，全省销售家电下乡产品就达 1258 万台（件），销售额 325 亿元。

"平常小家电坏了，或者家电有啥小毛病，我一般都是自己动手或找村上的人捣鼓着修修，实在修不好才不得不拉到乡里或县上去修。"周云山说。

随着家电在农村的日渐普及，随之而来的是家电维修难。家电维修乱象丛生，老百姓对此颇多怨言。据省工商局今年上半年对12315 消费者申诉情况分析，"家用电子电器申诉量居首位，手机、空调、冰箱等质量问题突出"；而据省工商局对 2011 年的同类情况分析显示，"家用电子电器类申诉高居榜首"。其中，相当一部分申诉涉及家电售后维修服务环节。

深度报道叙事也时常通过他人之口直接"说话"，而不是记者直接站出来发表观点，规避了报道的主观性之嫌。前述深度报道《洛阳试水"先看病、后付费"》，就多次使用了这种方式进行"说话"：

毋庸讳言，医患关系紧张的状况在医疗卫生实践中长期没有得到根本改观。然而，在实行"先看病、后付费"诊疗模式的新安、嵩县两家医院，医患关系正在发生好的变化。

"过去我们也不断地进行医护作风整顿，但形式化地喊喊口号效果并不大，"李新玲兴奋地说，"'先看病、后付费'成了我们转变医患关系的切入点和倒逼机制，效果显著。过去患者对医院的投诉屡见不鲜，现在几乎见不到了，通过对患者回访的调查，满意率达到了 97%。"

新安县卫生局局长王军说："过去说'看病求医'，意味着医患之间是不平等的，'先看病、后付费'则从根本上摆平了二者之间的关系。如果医护人员不负责任、态度不好，患者就可能因此而欠费、逃费，来自上级的监督变成了来自患者的监督，逼着医护人员放下架子，为患者提供优质服务。"

在嵩县人民医院五官科病房，患者张靖云老人高兴地说："原来不交钱不给看病，钱一花完就不给治疗，医院只认钱不讲人情，让人反感、心冷；现在没人来催费了，很有人情味，态度也好得很。"

这里通过医院、卫生局和患者三方之口，表达了"先看病、后付费"诊疗模式对缓解医患矛盾带来的积极影响，意在肯定该诊疗模式改革的意义。

除此之外，也可以通过选择富有感情色彩的词将要"说的话"完全渗透在事实的叙述当中，其主观色彩更加隐蔽；也可以通过一些富有意义的细节进行"说话"等，以完成深度报道的主题表达。

二、做到"准确、简洁、生动"

基于效果诉求，我们认为党报深度报道叙事总体上应做到准确、简洁和生动。

1. 准确

所谓准确就是语言对表述对象的呈现要尽最大可能地符合实际。准确不仅要求对事实表述准确，还要求对事实的概括也要准确。准确与否不仅牵涉到事实表述是否存在偏差，有时还可能会导致政治性错误。前些年，国家开始实施"二孩"政策，很多媒体在报道时都写成"二胎"政策，很显然两者含义差别很大，对政策解读出现偏差，会给老百姓带来误导。如果说基本的数字、人名、地名及基本事实出现表述错误还比较容易识别，那么对事实的认知理解出现偏差甚至错误，就不太容易被发现。比如有篇稿件通篇把专业社工誉为"职业雷锋"，很显然是对社工职业缺乏常识性了解。一篇《省羽毛球名人邀请赛收拍》的新闻写道：

经过一天激烈角逐，2012 年"安利杯"河南省羽毛球名人邀请赛，于 8 月 11 日在郑州光华大酒店落下帷幕。最终，刘宏斌/赵耀、杨志忠/闫亚明、王毅/鲁玉获本次比赛厅级组前三名；处级组前三名是马全钧/陈中立、赵凌晨/孙宏洲、顾建钦/王福建。

本次比赛是由省羽毛球协会和省体育记者协会联合主办，郑州市羽毛球协会和安利（中国）日用品有限公司承办，共吸引了来自全省各地的 60 多名厅、处级干部参赛，比赛分为厅级组和处级组两个组别，比赛项目为男子双打。

该报道将厅级、处级干部视为名人，很显然与"名人"含义有较大差距。还有一则图片报道的文字说明写道：

眼下，全国多个城市都饱受"雾霾"天气困扰，但就在 1 月 29 日，记者登上太行山，发现昔日的太行风景多了一层轻盈的"纱帐"，"雾霾"让这里的美景又多了几分别致。

在人们饱受雾霾污染之苦、怨声载道之背景下，记者竟然将雾霾视为美景加以赞美，欣喜之情溢于言表，记者对事实的认知很显然存在偏差。

还有一篇稿件写某县"功勋"企业家喜领工资，说该县重奖有突出贡献的企业家，除高额奖金外，还给 14 位三星级以上企业法人代表发放工资卡，并给企业家划分星级，不同星级对应享受正处级、副处级、正科级和副科级待遇等。政企不分向来是要改革掉的弊端，而且也与近些年党和政府倡导的构建新型政商关系不符。记者将其拿来当新闻进行宣传，很显然对该县的做法缺乏正确认识。

用词不当也会造成带来报道的不准确，之前有报道将某省委书记在媒体发表的署名文章誉为"一篇闪耀着辩证唯物主义思想光辉的重要文章"；称党委政府文件是"马克思主义中国化、河南化的最新成果"，这些表述显然是夸大其词。

深度报道叙事的首要要求即是准确，除了基本的事实叙事要与实际相符，更重要的是要将事实置于宏观背景下去观照，做到更高层面的概括事实准确，尽可能地符合事物本质。深度报道做到叙事准确，看似简单，坚持常年如一日地做到实属不易，既考验着记者的职业精神和工作作风，也要求记者不断提高自己的知识素养、理论素养、政治素养等新闻专业能力。

2. 简洁

自古作文讲求"以少少许，胜多多许"，即强调文章要平白如话、言简意赅。新闻强调时效，为此要求把稿子写短，当然这会倒逼记者写作时"字斟句酌"，但根本的还是要追求叙事简洁，做到惜字如金、以少胜多。下面是一篇写"黄河开闸放水助力河南抗旱浇麦"的报道：

> 3月25日，记者从河南黄河河务局了解到，目前黄河河南段44座闸门已开启39座，每天约2000万立方米的水量从黄河汩汩流入我省，母亲河正全力支持我省抗旱浇麦。
>
> 由于近期全省大部分地区降水偏少，且气温日渐升高，一些地区出现了不同程度的旱情。日前，省政府下发紧急通知，要求各地切实加强以抗旱浇麦为重点的麦田田间管理。
>
> 记者从河南黄河河务局获悉，春灌前我省引黄主要用于居民生活用水等领域，全省引黄流量只有六七十立方米每秒。进入春灌期后，我省引黄流量逐渐增加。3月16日以来，我省引黄流量已持续保持在200立方米每秒以上，最高时达251立方米每秒，我省日均引黄水量达2000万立方米，约相当于两个西湖的蓄水量。目前，河务部门已将全省44座引黄闸门开启39座，全力支持我省抗旱浇麦。

近年来，河南黄河河务局坚持以黄河水资源服务我省经济社会发展。为保障春灌用水，该局1月份就对沿黄灌区农作物的种植结构和面积、引黄取水口门及引渠淤积情况、春灌引水时段、引水需求等进行了全面摸底调查，编制了春灌用水计划，全力服务我省的春灌引黄需求。

据悉，整个3月份黄河预计将向我省供水约3亿立方米。目前，全省引黄灌区达2300多万亩。

这篇稿子全文400多字，仅重复使用"我省""全省""河南"等词高达16次（如上，以下划线标识）。很显然，这种表述太啰唆、繁复，且毫无必要，让人无法卒读。

深度报道一般篇幅较长，但并不意味着对叙事简洁没有要求，并且不只是一味追求简洁，还要明了，让人看得懂。著名记者艾丰就此指出，"新闻语言应该是一种白描性的语言，或者说是以白描为主要特征的语言。"① 何谓白描？鲁迅在文章《作文秘诀》中写道："白描却并没有秘诀。如果说有，也不过是和障眼法反一调：有真意，去粉饰，少做作，勿卖弄而已。"

深度报道做到叙事简洁，首先是要求记者具备一定的文字表达水平，着意锤词炼句，以精益求精的精神追求"增一字则繁、减一字则陋"之境界，但这并不意味着靠删减来实现简洁，关键还是看前期采访是否扎实、所获素材是否有足够的选择空间，以便于写作时精心选择。深度报道做到叙事简洁，更要求记者具有较高的正确认知和深刻把握事实的能力，如果"以其昏昏，使人昭昭"，也不太可能做到叙事简洁。深度报道做到叙事简洁，更为根本的是要求记者"有真意"，心里装着读者、装着群众，心怀国之大者，怀有为人民而歌的民本情怀，才能书写出时代的壮歌。

---

① 艾丰. 新闻写作方法论［M］. 北京：人民日报出版社，2010：241.

3. 生动

对深度报道来讲，动辄几千字的篇幅，在当下新的传媒格局重构和受众阅读习惯碎片化背景下，如果不充分挖掘和发挥文字表现的优势和魅力，不消说传播效果，报道能不能为受众接触，恐怕就不乐观。深度报道的叙事方式是多元的，它综合运用叙述、描写、议论、说明、抒情等多种表达方式，充分发挥每种表达方式的表现力，使报道吸引人、感染人，为人所喜闻乐见。但深度报道多元表达方式的综合运用，与文学有一个根本区别，即要坚守真实性这一新闻安身立命的根基。以此为前提，遵循新闻操作规范，能够有助于深度报道表达的各种方式都可以为我所用。这里强调深度报道叙事追求生动的效果，就需要综合运用多种表达手段，充分发挥文字的表现力。

首先是叙述，即用文字把事物表述或呈现出来。对新闻这一体裁来讲，叙述是最基本的表达方式。叙述可以详叙，也可以略写；或者说可以具体，也可以抽象。叙述越具体，给读者的感受就越形象，而抽象则往往令人生畏。人的一般认知路径就是由具体到抽象的，所以具体的东西往往令人感到亲切。就深度报道叙事而言，强调叙述要具体、力避空洞，并非不要抽象，关键是要把握好语言从具体到抽象链条上的具体或抽象的程度。通篇具体描述则显散乱，反之则大而无当，应以具体表述为主、抽象表达为辅，这样报道才会显得舒缓有致、流畅可读。

其次是描写，即用文字对事物情状进行描摹。既然是描写，就意味着是具体的表述，但深度报道叙事要求的描写不是浓墨重彩，而是浓淡相宜，更多是点到即止的白描。白描是中国画的重要技法，要求简练、传神。借鉴到写作上，就是运用质朴文笔，力避浮夸，简练、直接地对事物进行勾勒，以实现简洁明快、形象鲜明的现场感和画面感，增强表达效果。前述深度报道《"圆桌庭审"彰显法律"柔情"》，其中对"圆桌庭审"的情形进行了白描（以下划线标识）：

　　6月23日下午，一起普通的民事诉讼正在漯河召陵区法院开庭审理，而该场审判的法庭设置及审理却与以往显著不同。<u>洁白的墙壁、高悬的国徽、葱翠的花木使法庭显得活泼而不失庄严；墙壁上悬挂的"家和万事兴""和为贵""三思而后行"等书法牌匾，也使法庭变得古朴而温馨。围绕着圆形审判台，原告和被告分坐在审判员和书记员两旁。审判员王卫东态度和蔼、言语温和，原、被告也心平气和、谦恭礼让，整场审判有点像是在开座谈会。</u>这是自今年初被省高院确定为"圆桌庭审试点"以来，漯河法院在一些案件审判上变化的一个缩影。

　　最后是抒情，即通过语言来抒发情感的表达方式。深度报道叙事尽管着重于事实叙述，但并不排斥情感，只是一般不采用直抒胸臆的方式来表达情感，而是将情感蕴含在事实的叙述当中，用不动声色的叙述来激发读者的情感共鸣。前述深度报道《刑事被害人民事赔偿为何屡成"白条"》，其中关于受害者状况的描述：

　　　　儿子惨遭毒手、妻子被砍14刀、嫂子重伤，何林茶饭不思、"神志不清"。袁遂玲则日日以泪洗面、精神恍惚。何林年迈而体弱多病的双亲整日喃喃自语、老泪纵横。

　　记者以简洁笔法对受害人一家的精神状况进行了描述，没有用感情色彩强烈的词语，但其中蕴含的对受害者的同情和对犯罪分子的痛恨却跃然纸上。有时根据题材及要传达的主题，也会采用较有诗意的表述来增强报道的气势，前述报道《永远屹立的精神丰碑——写在红旗渠通水五十周年之际》就采用了这种方式来表达情感：

　　　　"有一种精神，总是充满着激荡人心、催人奋进的力量。

1960 年 2 月，太行山上的开山炮声，拉开了林州（原林县）人民'十万大军战太行'的序幕。那时候正值'三年自然灾害'，是共和国最困难的时期，缺水的林州人民不等不靠，凭着一锤一钎一双手，迎难而上，向大自然开战了。

这一战，就是十年。

1965 年 4 月 5 日，红旗渠总干渠举行通水仪式。

1969 年 7 月，全长 1500 公里的红旗渠工程全部竣工。在巍巍太行的层峦叠嶂中间，从此多了一条代表水的蓝色曲线。红旗渠是一条渠，它从此结束了林州人民吃水难的苦难历史。

红旗渠不仅仅是一条渠，它更是林州人民树在太行之巅的一座丰碑，是中原儿女刻在太行山上的中国力量和中国精神。风雨数十载，弹指一挥间。

如今，缠绕于太行山腰的红旗渠，仍然在崇山峻岭中静静地流淌着，但随着时代的发展，历久弥新的红旗渠精神，已经成了一面精神旗帜，正引领着林州人民和全省人民在中原崛起、河南振兴、全面建成小康社会的道路上阔步前行，汇集着中华民族实现'中国梦'的强大正能量……"

该报道是"应景之作"，通过营造仪式感来弘扬红旗渠精神。同样以简笔勾勒红旗渠建设的历史节点及人民群众所彰显出的"敢教日月换新天"的民族精神，读来大气磅礴、荡气回肠。除此之外，说明、议论以及运用细节等表达方式，都在深度报道叙事中发挥着重要功能。应该说，就写作而言，表达方式没有优劣之分，只有适宜与否，记者要根据实际，敢于创新、善于创新，立足大地，书写时代华章。

第三节 深度报道结构

结构是事物的组织方式，对深度报道来讲，由于其报道规模较大、篇幅较长，具有较大的叙事空间和明显的叙事特性，因此要讲求报道结构的选择优化和谋篇布局，以更好地表现报道主题和增加报道的吸引力、感染力和影响力。

一、深度报道之开头

一般谈到新闻报道的结构，第一反应就是倒金字塔结构。相对于动态新闻，深度报道称得上是"长篇叙事"，但从整体架构上讲，其结构安排仍然遵循了"倒金字塔"结构的理念：即将报道中最重要、最精彩、最新鲜、最具有新闻价值、最能吸引人的信息放在开头部分。深度报道的开头在版面呈现形式上，一般有两种方式，一是以"核心提示"或"阅读提示"的形式展开，即将报道内容高度凝练成一小段文字，置于报道的开头部分，并以编辑手段进行特殊、醒目处理。深度报道《"廉政食堂"能否破解乡镇招待困局》，就采用了这种开头处理方式。①

阅读提示

2011年11月1日，许昌市78个乡镇（不含办事处）全部建成"廉政食堂"并正式投入运行。按照规定，乡镇日常必要的公务招待一律安排在"廉政食堂"，并严格限定消费标准，禁止烟酒。新政一出，叫好声众，但也不乏"作秀"的质疑。

在"三公经费"成为媒体及公众关注焦点的背景下，"廉政食

---

① 闫伊默. "廉政食堂"能否破解乡镇招待困局［N］. 河南日报，2011-12-19（4）.

堂"的推行无疑具有现实意义。但如何确保其长期有效运行，考验着施政者的勇气和智慧，并值得公众期待。

另一种处理方式是，报道没有明显的开头设置，直接进入报道正文的展开。深度报道《一场交通肇事逃逸案引发的思考》，即是如此。①

一场噩梦

2月27日下午一点多，汝南县古塔街道办事处果园村的孔喜茹骑电动车送儿子杨磊（化名）去县城上学。

当他们骑行到汝南县环城公路和汝正公路（汝南至正阳）交叉口附近时，一辆小车突然从对面正常行驶的一辆货车后窜出来强行超车。随着"哗啦"一声响，坐在电动车后面的杨磊被甩了出去，孔喜茹和电动车被拖行20多米后也被甩出，肇事车逃之夭夭。

除了身上两处擦伤，杨磊幸无大碍。然而，孔喜茹却没那么幸运，肠子被截去90厘米、右小腿粉碎性骨折，被鉴定为重伤。

同村的咏梅（化名）送孩子上学回来看到孔喜茹坐在地上呻吟，忙让人拨打120，同时捡到了肇事车被撞掉的车牌及断落的前保险杠及车标。

这种处理开头的方式并不常用，因为作为"长篇报道"的深度报道要顺应当下受众的阅读习惯和需求，把最重要的内容拎出来进行突出处理，以供读者选择是否继续阅读正文。该篇报道之所以这样处理开头，是由于报道内容的第一部分本身具有较强的吸引力。

深度报道开头可以使用类似消息导语的形式，开门见山、直陈其事。《父亲留在了火神山》在武汉新冠肺炎疫情报道中，是第一篇连接起新冠遗体捐献者家庭和遗体解剖团队的深度报道，记录了一个普通武

---

① 闫伊默. 一场交通肇事逃逸案引发的思考［N］. 河南日报，2011-04-26（11）.

汉家庭在疫情中的坚韧、善良、奉献，以及中国军民同心战"疫"的故事。报道开头写道：①

> 武汉火神山医院的病房陆续空下来，贴上了封条，但70岁的蔡德润永远留在了火神山，确切地说，他身体的一部分留在了这里——他因新冠肺炎抢救无效去世后，家人捐献他的遗体用于研究，帮助世人"认识新冠肺炎的发生发展机理"。

此开头点题，直接交代了报道内容。对具有较大报道规模的深度报道来讲，采用开门见山式开头，一般对报道内容有要求，即报道内容本身足够意义重大、足够感人或对读者有足够吸引力，应该说主要是靠题材本身的力量来达到引人阅读的效果。

深度报道也经常使用悬念式开头，即在报道开头部分设计某个悬念，引发受众一探究竟的欲望。深度报道《不能说的优秀》的开头写道：②

> 12月5日上午10点，南京市孝陵卫初级中学的升旗仪式正在举行。校长冯静在国旗下讲话，突然，一个孩子蹿上主席台又蹦又跳，随后跑向教学楼。
>
> 只愣了一秒，冯静就回过神来：一个"特需儿童"！体育老师追出去安抚孩子，她继续讲话。
>
> 冯静之所以如此淡定，是因为在这所九年一贯制学校，像这样的特需儿童有24个，她早就"见怪不怪"了。
>
> 让特需儿童在普通学校随班就读的这种"融合教育"，南京在江苏乃至全国都走在前列。迄今，全市约有一半特需儿童都在普通

---

① 耿学清. 父亲留在了火神山［N］. 中国青年报，2020-04-15（5）.
② 谈洁，钱红艳. 不能说的优秀［N］. 南京日报，2022-12-30（A7）.

学校接受融合教育。

　　然而，面对这样一份优秀的成绩单，更多校长在提及时顾虑重重，宁愿"只做不说"。

报道先是提供了一个让人生疑的场景：学校庄重的升旗仪式上，一个孩子突然蹿上主席台又蹦又跳。随后解释，原来那个反常的孩子是"特需儿童"，让人们明白该校实施的是允许特殊孩子在普通学校随班就读的"融合教育"。随后，报道又抛出悬念：面对融合教育走在全国前列的优秀成绩，该校校长却顾虑重重，宁愿"只做不说"。报道在开头设置环环相扣之悬念，有效延续和保持了读者的阅读兴趣。

深度报道还可以场景化开头，营造镜头感或画面感，并为报道确立总体基调。深度报道《无主遗体的"摆渡人"》的开头部分写道：①

　　来到这个世界 31 天后，一个男婴停止了呼吸。小小的他静静地躺着，不知道家人已经悄悄离开了医院，再未出现。

　　这具小小的遗体没有被火化。从 2004 年 9 月到现在，他一直躺在昆明医科大学第一附属医院的太平间里，在零下 18 摄氏度的冷冻柜中度过了 16 个年头。和他一起在太平间长眠多年的，还有 20 多名逝者，其中有 86 岁的老妇，也有出生仅 1 天的弃婴。

　　家人或许已将他们彻底遗忘，但，在昆医大附一院，有人还在寻找他们的亲人，为他们的后事而奔忙。

该报道呈现了不为人们所熟知的领域，开头部分提供了医院无主尸体被陈放的凄凉画面，为报道做了基调铺陈，在此背景下揭示了医院太平间工作人员为无主尸体找家所默默付出的艰辛和他们身上所闪耀着的人性的光辉。读来让人既唏嘘，又感到温暖。

---

① 张萌. 无主遗体的"摆渡人"[N]. 都市时报，2020-12-18（A11-A13）.

实践中，深度报道的开头设计并非只限于上述类型，但不管如何处理和设置开头，其所遵循的总体原则不变，就是要将最能够吸引读者的信息放到报道最前面，这也是符合新闻写作基本规范的做法。

二、深度报道之主体结构

深度报道正文的谋篇布局，实际上就是如何将报道内容简洁明快、井然有序而又吸引人地讲述出来，也就是要解决"怎么说"的问题。实践中，深度报道在结构安排上主要体现为以下几种方式。

（一）组合式结构

组合式结构是将若干同类题材内容进行组合成文的方式，组成深度报道的各部分内容一般为并列关系，各部分之间的组合不再严格遵循其他逻辑结构。深度报道《高考重压下的面孔和声音》，其报道内容组织就采用了典型的组合式结构。① 具体而言，该报道内容各个部分的小标题为：备战的考生、忐忑的家长、"盯防"的老师、不懈的努力，分别涉及学生、家长、老师及政府四个主体的行为。应该说，这四个部分的内容不管如何调整顺序，差别都不大，并不影响整篇报道的呈现和主题表达。这种结构形式比较简单，但不常见，要根据实际题材情况灵活使用。实践中，深度报道旨在开掘深度，客观上会形成一定的结构逻辑，但往往不适合这种"平面组合"式的结构形式。

（二）递进式结构

递进式结构是指将报道内容按照由"点"到"面"、由浅入深的逻辑顺序进行安排的结构形式。这种结构比较符合深度报道自身运作逻辑，就是在题材和主题上不断地拓展和掘进。深度报道《刑事被害人民事赔偿为何屡成"白条"》，对法律实践中因刑事案件导致被害人民

---

① 闫伊默. 高考重压下的面孔和声音［N］. 河南日报，2013-06-06（11）.

事赔偿无法落实的问题进行了探究。① 该报道内容包括三个部分，各部分小标题如下：惨祸突如其来、法律判决屡成"空判"和多方探索图破解。第一部分是讲述了一个刑事被害人难获赔偿的典型个案，是一个"点"；第二部分过渡到"面"，即该类问题已经成为一种现象和问题，而对该现象原因的分析，实际上已经实在将报道推向深入；最后一部分谋求解决之道，是从解决问题层面将报道继续向深度开掘，这是深度报道经常采用的、典型的递进式结构。

（三）因果式结构

因果式结构是指将报道内容按照因果逻辑关系进行组合，而不论先因后果还是先果后因的结构形式。这种结构方式应该说也要根据报道内容的实际情况来决定是否适用，如果报道内容呈现出较为明显的因果逻辑特征，可以使用因果式结构；否则，仅仅是报道内容具备因果逻辑关系，则不一定适用因果式结构。深度报道《辅导班为何"高烧不退"》就使用了因果式结构形式。② 该报道内容的三个小标题为："我在这里上辅导班呢"、择校考试成背后推手、"退烧"还需要良药。第一个小标题的内容叙述了辅导班风靡的景象，第二个小标题的内容是分析原因，最后一个小标题的内容是提供解决办法，因果逻辑的结构形式非常清晰。

（四）时序式结构

时序式结构是指按照事实产生、发展的时间顺序来安排报道内容的结构形式。这种结构形式，局限较大，大多用于事件型深度报道，结构也比较清晰，比较符合读者对世界的自然认知习惯。深度报道《王宽：卖唱养孤儿"感动中国"》，即采用了这种内容结构方式。③ 该报道属

① 闫伊默.刑事被害人民事赔偿为何屡成"白条"［N］.河南日报，2010-04-20（13）.

② 闫伊默.辅导班为何"高烧不退"［N］.河南日报，2013-08-09（5）.

③ 闫伊默.王宽：卖唱养孤儿"感动中国"［N］.河南日报，2015-12-30（12）.

于典型人物报道，讲述了王宽卖艺养孤儿的感人故事。该报道各小标题包括：忘不了浓浓乡愁、见不得孤苦伶仃、为糊口茶楼卖艺、好家风大爱传承。实际上是梳理了从王宽当兵离家——转业后为回报乡亲收养孤儿——为糊口茶楼卖艺——好风在后代身上的传承等整个人生行善的历程，时间链条比较清晰。但应当注意的是，这种结构形式较无"波澜"，很容易造成平淡无奇、寡淡无味的阅读感受，其魅力更多的来自内容本身的吸引力和冲击力。

综上所述，文无定法，结构亦如是。深度报道内容的结构形式绝不仅限于上述四种，报道实践中完全可以不断创新，但总的原则是量体裁衣，做到内容形式两相宜。

三、深度报道之背景

新闻是新近或正在发生的事实的报道，时新性是新闻重要特性，但这并不意味着新闻就完全排斥已经发生了的事实。其实，新闻报道中有大量既往事实的存在，一定意义上讲，"历史"是新闻不可或缺的重要组成部分。这里说的"既往事实"或"历史"，实际上就是新闻报道中的新闻背景。作为新闻的事实，总是存在或形成于一定的时空情境，并且总是渊源有自，有自身发展过程，纯粹单一的当下事实如果不置其于历史或现实大背景下，可能就看不出其意义何在。因此，新闻主题或意义的有效传达，离不开新闻背景的映射，而对以内容丰富和思想深刻为旨向的深度报道而言，新闻背景的使用更是必不可少。深度报道实践中，甚至以背景材料为主而构成的深度报道也不鲜见。因此，背景材料在报道中发挥着说明解释、凸显意义、传达主题等重要功能。新闻报道实践中的背景资料大致呈现为以下类型。

（一）历史类背景材料

当下报道的事实总有前因后果、来龙去脉，将其置于"历史"发展的链条去观照，才能够把事实说清楚，也才能够彰显出事实本身的意义。深度报道《一个山区小镇的"国学实验"》，其第二部分内容就是由历史类背景材料组成的（以下划线标识）。①

"国学治村纠民风"

在全镇搞国学教育，离不开镇党委书记朱志鹏的推动。今年44岁的朱志鹏是个"老基层"，至今已先后在乡镇工作了17年。此前在竹沟镇当副镇长期间，他曾因带领群众养蘑菇并在当地电视台传授养蘑菇技术被老百姓亲切地称为"朱师傅"。如今，因在新安店镇力推国学教育，他又被人称为"国学书记"。

"在全镇推行国学教育不是一时心血来潮，也不是短期行为，这里面有观念认识问题，也有很强的现实针对性。"朱志鹏说："有几件事对我触动很大，使我觉得必须从根本做起，在改善政风民风上实现底层突破、强根固本。"

2011年底，朱志鹏从相邻的留庄镇镇长一职调任新安店镇党委书记。在跟镇法庭庭长聊天时，他了解到2011年该镇有13起因子女不孝引发的官司。"这不是个小数字，在农村不到万不得已，父母决不会撕破脸去告自己的孩子。"朱志鹏说。

在当地群众中流传的"小熊庄"的说法，也让他感到心酸。"父母年轻时任劳任怨，儿子娶妻抱子、成家立业了，却把老人赶出了家门。老百姓自嘲'人年轻时姓百家姓，老了都是一个姓，那就是姓熊（熊公公、熊婆婆，当地骂人的话）'，都住到了'小熊庄'（农村田间地头的小'趴趴房'）。"朱志鹏说："羊羔还有跪乳之恩，现在农村生活好了，为啥有人不愿养父母了？不孝不是小问题，会影响一片，互相攀比、学赖不学好，也会影响下一代。"

朱志鹏上任后首次给村干部拜年却屡吃"闭门羹"的经历，

---

① 闫伊默. 一个山区小镇的"国学实验"［N］. 河南日报，2013-11-15（5）.

更是让他感到改善民风之迫切。2012 年春节后上班第一天，他想下乡熟悉环境、了解情况，顺便给村干部拜个年。由于是春节期间，他决定事先不打招呼，随便转几个村，村干部在家就见个面、认认门，不在家就通个电话。

朱志鹏转了几个村，却转了一肚子气。前两个村，给村支书打电话说明来意，对方都说"顾不上，忙着哩"，就挂断了电话。第三个村的支书说"我马上回去"，却一个多小时不见人影。第四个村的支书说"我在外面有事回不去"，而电话里传来的是搓麻将的声音……

"之前我从没来过新安店镇，与他们也素无冤仇。第一次下去调研，他们就是这态度！退一步讲，就算不是镇领导，大过年的，这些村干部也不至于连最起码的礼节都没有吧？"他感到不解。

上述背景材料都属于历史类背景材料，主要用来解释说明该山区小镇搞"国学实验"的原因，是整篇深度报道不可或缺的部分。由上述背景材料，我们才能够明白该镇之所以搞"国学实验"，是因为有敢于创新的乡镇书记大力推动以及由民风败坏带来的基层社会治理需求。如果没有背景材料交代，读者就会对该镇的开展"国学实验"不明就里、一头雾水。

（二）时政类背景材料

深度报道具有较强的政治性，其选题要"围绕中心、服务大局"，主题站位高，具有主流性。与此相应，深度报道实践中，时政性背景材料使用就比较普遍。这类背景材料包括党和政府的方针政策、法律法规、规范性文件、领导重要讲话等。深度报道《农业保险如何"保险"农业》关于农业保险情况的介绍基本上用的是时政类背景材料（背景材料以下划线标识）。①

我省农业保险发展迅速

农业是基础产业，但也是弱势产业，其受旱涝、风雹、低温及病虫害等自然灾害的影响较大。

据统计，仅 2010 年，全国各类自然灾害就造成约 4.3 亿人（次）不同程度受灾，因灾直接经济损失高达 5339.9 亿元，其中，农作物受灾面积达 3742.6 万公顷，其中绝收面积达 486.3 万公顷。面对巨灾，分散的农户很难抵御。

过去，农业灾后损失补偿手段不外乎政府的救济或灾害扶持，这无疑是一笔巨大的财政负担，而通过保险分散风险，可以使农民迅速恢复再生产能力，从而在一定程度上改变了农民"因灾致贫、返贫"的状况，稳定农业生产。

其实，农业保险并不是新生事物。早在 20 世纪 50 年代，我国就曾开展过农业保险。1982 年，我省也恢复了农业保险，"当时管理比较粗放，实行'收支两条线'，没有利润考核，导致巨额亏损，无法持续经营，后来随着保险自身体制的演变，农业保险就日渐萎缩了"。中国人民财产保险股份有限公司河南分公司农险部副总经理邹豫阳告诉记者。

中华联合财产保险股份有限公司河南分公司总经理刘祖疆说："通过农业保险的方式补贴农业发展，是国际上的通行做法，符合WTO 的'绿箱政策'。"

事实上，在我国，农业保险也得到了党中央、国务院的高度认可和重视。在 2004 年至 2012 年中央发布的 9 个中央一号文件中，有 8 个文件都明确提出要发展"农业保险"。

2007 年，国内猪肉价格波动较大，对老百姓生活造成一定影

---

① 闫伊默. 农业保险如何"保险"农业［N］. 河南日报，2012-05-24（8）.

响。当年 7 月 30 日，国务院发布了《关于促进生猪生产发展稳定市场供应的意见》。据此精神，我省迅速在全省范围内开展能繁母猪保险工作，"标志着我省中央财政补贴农业保险工作正式起步，也拉开了我省农业保险快速发展的序幕"，河南省保监局有关同志说。

2008 年，我省被列入中央政策性农业保险试点省份，在信阳市试点开展水稻保险，在南阳、周口两市开展棉花保险，标志着我省中央财政补贴农业保险试点品种开始覆盖种、养两业。

基于河南在全国农业生产中的定位，《国务院关于支持河南省加快建设中原经济区的指导意见》中，也将"加大农业保险支持力度，发展具有地方特色的农产品保险品种"作为"加大强农惠农政策支持力度"的重要内容之一。

去年，省政府发布《河南省农业和农村经济发展"十二五"规划》，在保持农业和农村经济发展的主要政策措施中，农业保险被单独列出，成为保障河南省农业和农村经济健康持续发展的重要措施。

上述背景材料实际上是梳理了国家有关农业保险的政策文件，以说明农业保险历来为国家所重视，为当下新的事实即"新的农业保险条例修改和实施"宣传做氛围铺垫。

（三）共时性背景材料

所谓共时性背景材料，即指与所报道事实同类的横向相关材料。当然，共时性背景资料所涉事实多数情况下也是过去发生过的，但不同的是共时性背景资料与所报道事实是一种平行类似关系而非因果关系，其主要以"量的事实累积"来强化某种意义。深度报道《高考重压下的面孔与声音》在谈到河南优质高等教育资源稀缺时，就用了共时性背景材料（以下划线标识）。①

声音：大学校长的呼吁

"河南有1亿多人口，200多万名大学在校生，可是没有一所'985'高校，没有一所教育部直属学校，没有一所中央财政直接支持的学校，没有一所中央财政直接支持的科研院所。"今年3月，全国政协委员、河南大学校长娄源功第6次在全国两会上为河南高等教育鸣不平："不兴这啊！"

据了解，目前，我国39所"985"高校、112所"211"高校等优质高等教育资源主要集中在江苏（11所）、北京（26所）、上海（10所）等省市，河南仅有郑州大学是"211"高校，没有"985"高校。我国高等教育优质资源配置明显失衡，由此可见一斑。

从重点高校在国家战略经济区的分布上看，高等教育优质资源也极不平衡。据统计，环渤海经济圈"211"和"985"高校达40所，中原经济区是唯一一个没有"985"高校的经济区，只有郑州大学一所"211"高校。

上述背景材料涉及北京、上海、江苏等优质高等教育资源与河南的对比，以凸显高等教育资源分布不均衡，公平原则需要坚持，以缓解河南高等教育面临的尴尬状况。

（四）知识性背景材料

知识性背景材料，是指对报道中涉及的专业知识或理论进行解释的内容。作为大众传播的新闻当然要通俗化，但不可避免会涉及相对一般公众来讲比较专业的领域，这就需要对此进行解释和说明，以便于受众

---

① 闫伊默.高考重压下的面孔与声音［N］.河南日报，2013-06-06（11）.

理解整篇报道的内容和意义。深度报道《"钱荒"对楼市影响几何》中就运用了知识性背景材料对相关专业概念进行解释（背景材料见以下划线标识）。①

　　但所谓的"钱荒"仅指银行流动资金暂时短缺，而当前我国经济金融运行总体平稳，总体上流动性总量并不短缺。央行数据显示，5月末，金融机构备付率为1.7%，截至6月21日，全部金融机构备付金约为1.5万亿元。通常情况下，全部金融机构备付金保持在六七千亿元左右即可满足正常的支付清算需求，若保持在1万亿元左右则比较充足。由此看来，"钱荒"其实是一个伪命题。

　　有关人士指出，随着银行间市场的快速发展，目前，同业业务逐渐从不起眼的边缘业务发展成为诸多银行的重点甚至核心业务。他举例说，银行通过同业拆借（指金融机构之间为了调剂资金余缺，利用资金融通过程的时间差、空间差、行际差来调剂资金而进行的短期借贷）以很低的成本（比如3%）从其他金融机构获得大量资金，再通过杠杆投资和期限错配在其他市场（比如影子银行）获得更高（一般高达10%~30%）回报。这种运作，只要合理安排好到期资金计划，通过循环往复的交易，就可以实现无风险地套取可观的利差。但是，一旦某个环节出现问题，所谓的"钱荒"也会随之而来。

需要注意的是，尽管背景材料对深度报道叙事具有重要意义，但背景材料的使用仍然是服务于报道内容呈现和主题传达的，使用与否以及如何使用都要根据报道实际，不能为使用而使用。同时，深度报道在使用背景材料时，可以独立使用，可以组合使用，也可以将背景资料糅合到内容的叙述之中，其选择仍然需要依据报道灵活处理。

---

① 闫伊默.《"钱荒"对楼市影响几何 [N]. 河南日报, 2013-07-03（10）.

第四节 深度报道要学会讲故事

20世纪80年代以来，深度报道开始在我国传媒实践领域勃兴。同时，为更好地实现传播效果，将"故事化"作为深度报道的路径诉求也一再被强调。将传统文学范畴的"故事"用之于新闻范畴的深度报道是否合适？该如何实现二者的有机融合？结合长期从事深度报道的实践，著者认为深度报道不但要讲"故事"，更要学会如何讲"故事"。

一、为何要讲"故事"

在新闻传播实践领域，深度报道源于19世纪末20世纪初美国的调查性报道。这一方面是不同介质传媒基于自身传播优势竞争的结果，也是社会转型期经济社会发展复杂化的产物。传统较为单一的消息类报道无法满足受众对复杂世界的认知，以"信息量大、思想深刻"见长的深度报道便应运而生。深度报道为何要强调讲"故事"？

从传媒生态的角度看，不同介质传媒的"叠加式共存"是传媒发展的规律。在传媒生态中，各种不同介质的传媒都以"扬长避短"来谋求生存和发展。相对于视听传媒的"形象化"传播优势，深度报道要讲"故事"就显得非常必要。在信息呈几何级增长态势的现代社会，"读图时代""悦读时代"是受众信息接受的典型特征。随之，对信息进行"故事化"整合与包装就成了深度报道谋求传播效果及参与竞争的路径选择。

从故事的功能来看，作为人类记忆及文化传承的有效载体，故事与人类相伴而生。故事之于人类的烙印，已经作为一种"集体无意识"成为人们内在的心理需求。正如作家毛姆所言："听故事的欲望在人类身上就像对财富的欲望一样根深蒂固。"① 有学者从文化整体的高度观照故事之于人类的意义，认为故事就是对人的生存活动的"换挡减速"：人需要在生存活动的持续性中制造断裂和延宕，以获得审视、评价和欣赏生存状态的机会。深度报道通过对信息进行"故事化"传达，能够实现与受众的心理契合，也较易与受众产生心灵共鸣，从而实现较好的传播效果。

深度报道的内在规定及形式特征也为讲"故事"提供了可能。何为深度报道？可谓众说纷纭，并无定论。为此，有人干脆提出一篇优秀的深度报道应包括 12 项具体指标的部分或全部："事件、背景、有关资料、说明、原因、意义、过程、分析、前景、时效、时态和建设性意见。"② 一般而言，深度报道并不简单地意味着要"长篇大论"，但"篇幅较长"却是深度报道的要求和特征，这就为讲"故事"提供了可能，很难想象单一的消息报道能够容纳复杂的"事实铺陈和思想深度"。

同时，在有关深度报道要不要讲"故事"的争议中，反对者认为将新闻报道"故事化"会为虚假新闻打开方便之门。一般认为故事隶属于文学范畴，但凡故事就意味着虚构。其实，新闻和文学都是反映客观世界的手段，只是运作规范和模式不同而已。从符号的角度看，它们使用的意义传达符号是相同的，都是一种有着各自规范的叙事。强调深度报道要讲"故事"，绝不是要模糊新闻与文学的区别和边界，而是在坚守新闻专业主义规范的前提下，借鉴文学的表达方式以增强深度报道的感染力，而不是批评者所谓的"新闻对文学的回归"。

二、"题好文一半"

英国诗人格雷夫斯写道："有一个故事，而且只有一个故事，真正

① 罗伯特·麦基. 故事［M］. 周铁东，译. 北京：北京电影出版社，2001：13.
② 陈作平. 新闻报道新思路［M］. 北京：中国广播电视出版社，2000：154.

值得你不断地讲叙。"① 这里的"故事"实际上是文学叙事范畴的"母题"。1932 年，美国学者汤普森提出："一个母题是一个故事中最小的、能够持续在传统中的成分。要如此，它就必须具有某种不同寻常的和动人的力量。"② "母题"是构成故事的基本元素，它们的数量是有限的，但通过不同的排列组合，可以构成无数的作品，并能组合到各种文学体裁及其他文化形式之中，它们在文化传统中不断地重复出现，表现了一个人类命运共同体的集体意识。

文学领域的"母题"为深度报道选题提供了思路，在此意义上，深度报道可以更多关注蕴含着"灾变、死亡、英雄、撒旦"等"母题"的题材，借此揭示人类的生存状态和其所承载的愿望和梦想。

在新闻实践中，尽管深度报道要讲"故事"已基本成为共识，但是要避免将其泛化：但凡深度报道就是要讲"故事"。从深度报道实践上看，并非任何深度报道选题都能够用讲"故事"的形式来完成。因此，要力避勉为其难，不能"为讲故事而讲故事"。深度报道讲"故事"的前提是要找到适合讲"故事"的选题，在此意义上可谓"题好文一半"。

谈到讲"故事"，人们津津乐道的就是西方新闻特稿的"华尔街体"：以人物故事开篇、中间是事实的"故事化"铺陈、最后以开篇提到的人物故事结题。但这仅是深度报道的一种类型，并不意味着所有的深度报道都要讲"故事"。

从实践上看，泛化深度报道"故事化"的结果不是造成记者选题困难和偏差，就是造成勉强而失败的"故事化"深度报道。国内某报曾以北京一家小饭店经营状况的"故事化"描述来反映席卷全球的经济危机这一重大主题。尽管该报道写得很有"故事性"，但却因仅局限于对饭店的描述而没有与大的背景相关联，报道显得单薄而空洞，甚至

① 张首映. 西方二十世纪文论史 [M]. 北京：北京大学出版社，1999：114.
② 汤普森. 民间故事分类学 [M]. 郑海，译. 上海：上海译文出版社，1991：499.

让人有故弄玄虚之感。也有的深度报道只是在开头描述一个场景，引入主题后，就再也没有了"故事性"元素，报道主体部分依旧是宏观的、抽象的、概括性的叙述，记者自认为这就是深度报道的"故事化"。究其原因，都是没有找到适合讲"故事"的选题。现实中，有报社领导谈及新闻业务，言必称"要学会讲故事"，而又提不出可操作性建议，这种不讲求实际的口号式表态是盲目的，也对深度报道实践带来不好的影响。

深度报道要讲"故事"，报道题材本身要具有"故事性"元素。在文学上，故事要有人物、情节、悬念、细节、情感、冲突等种种元素，只有这样才能建构成故事。就深度报道的"故事化"选题而言，也要从报道题材本身考虑是否具备这些"故事性"元素。如果这些"故事性"元素缺失，文学可以虚构，而以真实为生命的新闻则只好选择放弃。当然，寻找适合"讲故事"的深度报道题材，并不是要像文学那样，所有"故事性"元素都具备并且比较集中，但题材本身必须具备一定的"故事性"元素，以利于报道的展开。

简单而言，所谓深度报道主要体现为报道的思想深度和报道所能展现的事实的广度。以此标准考量报道题材，记者应该对题材能否进行"故事化"报道有一个基本判断。2012年6月20日，《中国青年报》刊登了深度报道《出西海固》，该报道以记者现场记录的方式，以王志珍一家搬离西海固为线索报道了当地因生活条件极端恶劣而进行"生态移民"的事实。安土重迁是中国人的传统心理，移民题材中必定蕴含着"故事性"元素：对故土恶劣环境的恨、对生养土地的留恋、对易地而居不确定性的惶惑、对新生活的向往、历史、现实、传统、现代、政治、经济、心理、人性……这些元素相互交织、勾连，为读者展示了宏观背景下人们的生存状态。正是这些"故事性"元素成就了该报道震撼人心的魅力。

实践中还有一种现象，即将几个人物的经历或梦想写成小"故事"

堆成半个版或一个版，或者做成连续报道以形成报道强势，认为这就是"故事化"的深度报道。这种现象较多地出现在主题性宣传报道方面，比如对中国梦的主题宣传，当下很多媒体的深度报道就是这样处理的。这些人物有"故事"吗？所谓的经历和梦想恐怕每一个人都有，那些得以报道的人物其新闻价值在哪里？这样的深度报道有效果吗？这实在是对深度报道要讲"故事"的误解。深度报道本来就是新闻宣传价值实现的一种形式，讲求"故事化"的初衷也正在于追求好的传播效果。对主题性宣传报道，深度报道"故事化"不应该简单而直白地"注释和图解"，而是要精心选题并将主题尽可能地"具体化"为生动、感人而鲜明的故事。

三、用叙事"编织故事"

深度报道有了好的"故事题材"，还要有好的表达把"故事"精彩地讲出来，这就牵涉到深度报道的叙事。美国学者伯格说："我们的一生都被叙事所包围着，尽管我们很少想到这一点。"① 从叙事学的角度看，叙事在根本上就是一种意义交流活动。在此意义上，任何文本都是一种叙事，新闻亦不例外。

传统消息类报道因其基本功能在于迅速传达信息，由此形成了特定的叙事模式，而深度报道要讲"故事"，就必须借鉴文学叙事的模式，以增强报道的感染力和影响力。在此意义上，叙事不仅仅是组织材料的写作技巧，其本身也是一种力量。

借鉴叙事学理论，结合新闻传播的内在规定性，我们认为深度报道讲"故事"要特别注重以下两个方面。

（一）要特别注重细节

细节是叙事中最小的组成单位，对表现主题往往有着"以小见大"

---

① 伯格. 通俗文化、媒介和日常生活中的叙事 [M]. 姚媛，译. 南京：南京大学出版社，2004：1.

的效果。就表现人物的细节而言，其往往来自人物无意识的流露，从心理学角度讲，这些细节却最为真实。新华社前社长穆青强调要"抓细节"："在外国记者的一些成功新闻报道中，我们看有两个东西比较突出：一个是评价，另一个是要注意抓细节。"① 从传播效果看，往往是细节成就了报道，留给人们的印象最为深刻，也最为意韵悠长。2011年6月22日，《中国青年报》刊发深度报道《生命的礼物》，讲述了"年仅22岁的大学生张磊因车祸离世，父母忍痛捐出他的器官"的感人故事。当医生骆钢强发现张磊身体健康，尝试着向张磊的父亲张天锐提出，眼角膜、肝脏、肾脏和一部分皮肤都可以捐献。报道写道：

> 眼前的夫妻俩，除了悲伤，反应很平静。张天锐想了一会儿，问道："是不是捐得太多了？孩子身上要到处动刀子，疼啊。"
>
> "捐一个器官和捐几个器官的程序是一样的，都要开刀。不过，捐的器官越多，做出的贡献越大。好多人等着救命啊。"骆钢强劝说道。
>
> "总是捐，不如多捐些。"张天锐用劲地抹了一下眼泪，和妻子在早已准备好的器官捐献协议书上颤颤抖抖地写下了名字……

这是一个感人至深的细节，把父母对孩子的爱展现得淋漓尽致，读来让人无不为之动容。深度报道强调要抓细节，对记者采访作风和新闻敏感度提出了要求，细节来自记者的现场观察而不是来自办公室的想象。在"抓细节"上，要坚守新闻的真实性。

同时，细节不是"眉毛胡子一把抓"，而要考虑细节对表达主题有无价值，如果"为细节而细节"，势必造成报道的冗长堆砌。著者曾编辑过一篇报道，洋洋洒洒6000多字，把记者何时从哪个车站坐大巴车，走高速公路去采访地，花费多少时间，当地领导已在高速路口等待迎接

---

① 穆青. 新闻散论［M］. 北京：新华出版社，1996：277.

等都进行了详尽的描述，但这些细节跟主题没有关系，也无助于表现人物的个性，我们认为这是对强调"抓细节"的误解。

（二）要在"矛盾"中凸显人物个性

文学叙事在塑造人物形象时，惯于将人物置于错综复杂的矛盾冲突之中，矛盾越集中、冲突越激烈，人物形象就越鲜明。深度报道讲"故事"完全可以借鉴这种叙事方法，无论在结构上，还是在人物形象塑造上都注重发挥"矛盾"的力量。

深度报道《一个共产党员的坚守和追求》，报道了河南省新乡市辉县孟庄镇南李庄村党支部书记范海涛一心为民、无私奉献的先进感人事迹。① 报道的意旨就是要展现范海涛无私为民的情怀，在该主题下，范海涛所做的好事很难穷尽。报道则"择其要而述"，将范海涛置于"两大矛盾"之中：范海涛在公司资金缺口非常大的情况下，仍然坚持出资1.6亿元为村民建设新社区；面临生态环境恶化的现实，范海涛果断关闭落后生产线而不惜企业遭受巨额损失。报道通过展示范海涛在矛盾中的言行和情感，使读者形象地感知到了他的优秀、无私、高洁和纯粹。这种将人物巧妙置于矛盾冲突中的处理手法，既能够对繁杂的素材进行"提纲挈领"的驾驭，从而使报道显得简洁明快；又能使所要塑造的人物形象栩栩如生，从而易于为读者所深刻感知。

四、用人文成就张力

"人文主义"是源于欧洲14世纪以来的一种哲学或社会思潮。英国哲学家布洛克归纳了人文主义的三个特点："集中焦点在人的身上""每个人都有人的尊严，其他一切价值的根源和人权的根源就是对此的尊重""对思想十分重视"。② 人文主义关注人性、重视人的理性、崇尚

---

① 王俊本，史稼轩.一个共产党员的坚守和追求 [N]. 2012-11-27（1）.

② 布洛克.西方人文主义传统 [M].董乐山，译.北京：生活·读书·新知三联书店 1997：233-235.

人的尊严，追求人的终极价值，思考人类的命运和痛苦，具有超越意义和悲天悯人的情怀。

深度报道讲"故事"，要强化人文意识、在选题和采写上灌注人文理念。"故事"必须要有人，以人为报道主体，关注人的生存状态和命运。只有这样，深度报道所讲的"故事"才能引发受众的心理共鸣，实现与受众的"深度交流"。深度报道《生命的天平》讲述了"84 名官兵耗费 120 多个小时寻找芦山'4·20'强烈地震中被掩埋的普通农民李安全"的故事。① 这是一场"令人绝望的拯救"，甚至是"毫无意义"的拯救，因为李安全已没有存活的可能，而当时余震不断、险象环生，84 名官兵的生命随时受到威胁。就在这样的"矛盾中"，"生命的天平"没有摇摆，一直保持着平衡。此时，生命没有"数量"之分，也没有"贵贱"之别，有的只是对"生命至上"的尊奉。也正是在这一刻，人性迸发、光芒万丈，映照着人间的美好。

新闻报道强调"三贴近"和目前新闻界持续开展的"走转改"活动，无不是在倡导一种"以人为本"的新闻传播理念。这就要求记者要树立正确的受众观，以一种平等的姿态通过报道实现与受众的交流。深度报道讲"故事"要关注"人"，是顺应尊重受众的内在要求。

从接受美学的角度看，新闻文本一旦离开作者就不再由其"控制"，受众接受与否、如何接受完全取决于受众自身。在此意义上，有效的新闻传播只有经过受众的参与和检验才能够完成。这也要求深度报道讲"故事"，必须关注"人"，从受众的角度去观照大千世界，实现新闻文本的审美体验。2013 年 4 月 17 日，深度报道《升旗仪式上的爱情表白》报道了一名中学生在严肃的升旗仪式上表达爱情以及由此引发反响的故事。② 这是一个早恋的故事，也是一个表达的故事，更是一个人性张扬的故事。报道选题本身就让人感动，而社会对这个少年的宽

① 刘世昕，林衍. 生命的天平 [N]. 中国青年报，2013-04-26（4）.
② 秦珍子. 升旗仪式上的爱情表白 [N]. 中国青年报，2013-04-17（12）.

容所折射出的时代进步更让人欣喜。

实践中，很多深度报道也讲了"人的故事"，但仍然没有跳出"高大全"的窠臼，将人写成了神。在这类报道中，受众既看不到人，也感知不到人性的丰富。而将"人"写成"神"的深度报道，则是将受众置于一种被引导的位置，结果只能是受众对报道敬而远之，是对"以人为本"理念的背离。

在社会变迁和媒介技术演进的时代背景下，纸质媒体面临着严峻挑战。无论是传媒竞争，还是传媒社会功能的发挥，深度报道之于纸质媒体的意义都不容忽视。强调深度报道讲"故事"只是一种探索，如何充分发挥纸媒深度报道的功能以实现有效传播还需要我们继续做艰苦的努力。

后　记

历经数月的淫雨霏霏，7 月的广州进入酷暑。

天气湿热，有着广州特有的调性：并非每个日子都是白花花的太阳当头照，碧空如洗交替着阴云翻滚，时而晴空里还会有微雨飘洒；草木枝叶密实如盖的葱翠欲滴与层叠累积的满地金黄交相辉映。一如心情，一如人生。

在繁重的教研任务和无尽的俗务间隙，本书最终得以完成。

不想说学术，只言感谢。

本书汲取了众多专家学者的智慧和洞见，在此，向他们致敬并表示诚挚谢意！

感谢我的家人，尤其是让我一直惦念不已而自己又不能承欢膝下的母亲，感谢她一贯的平和与包容！感谢我的兄姐，感谢他们替我承担了太多！

感谢妻子为我们这个小家一如既往地任劳任怨！

感谢儿子的成长不断带给我反思与期待！

感谢本人任职的华南师范大学教育信息技术学院，尤其是新闻传播系给我提供了良好的平台，感谢院、系各位领导和同事们给予我的大力支持！在这个友爱的大家庭里，充满温暖和力量！

需要说明的是，书中征引了众多一线新闻工作者的深度报道作品，感谢他们为新闻理想所付出的努力！例析作品，乃一家之言，论有错谬，敬请批评指正！

　　书短意绵，是为后记。

闫伊默于广州石牌寓所

2024 年 7 月 14 日